成功绝非偶然

陈欧的人生哲学与创业经验

杨欢◎著

时事出版社

前言

别担心，奋斗才刚刚开始

2014年5月16日，短短4年的时间，陈欧创造了一个属于80后的创业神话。这一天，聚美优品正式在美国纽约证券交易所挂牌上市，而他也成为纽交所历史上最年轻的CEO。他用4年时间实现了聚美优品市值从零到40亿美金的飞跃。他有着“高富帅的脸”和“屌丝的心”，做着别的男人不好意思做的事情，创造了一个美丽的奇迹。

在这样一个时代，陈欧身上聚集了许多标签：80后、天才少年、名校海归、斯坦福大学MBA、年轻创业者、纽交所历史上中国最年轻的上市公司CEO……面对这一个个光环，陈欧坚持做自己，为自己代言，在这个时代发出了属于80后的声音。

1983年，陈欧出生于四川德阳，自幼天资过人，小学时拿过数不清的奥数奖项，有“天才少年”之称。16岁时，年少叛逆的陈欧为了摆脱家庭的束缚，通过努力争取到当年德阳全额奖学金留学项目的名额，顺利考取新加坡南洋理工大学，远渡重洋，开始了自己的追梦之旅。

大学四年级时，这个闲不住的年轻人创办了风靡一时的在线游戏对战平台GG，并由此获得了人生的第一桶金。为了给梦想插上远飞的翅膀，陈欧没有被眼前的利益所禁锢，而是选择了在本科毕业后去斯坦福大学商学院攻读MBA学位。

硕士毕业后，陈欧没有因美国的高薪职位而停下脚步，而是遵循本心，毅然选择了回国创业。几经挫折后，陈欧在天使投资人徐小平的帮助下，将目标锁定在化妆品团购行业。事实证明，做别的男人不好意思做的行业，有时候恰恰是个机会。

陈欧第一次出现在公众的视野里，应该是在2011年。那年夏天，各个公交车站、地铁站的大幅广告牌上都是聚美优品的宣传，海报上陈欧和韩庚各站一边。这是一场别出心裁的“双代言”，一个“为自己代言”，一个“为美丽代言”。陈欧把自己像肉弹一样扔出去，这种CEO营销的创意营销模式为聚美优品赢得了巨大的关注度，也让这个年轻的CEO成为聚美优品的名片。

陈欧携手聚美优品一路走来，人们看到多少风光，背后就有多少艰辛和汗水。就像风靡一时的“陈欧体”说的：“你只闻到我的香水，却没看到我的汗水；你有你的规则，我有我的选择；你否定我的现在，我决定我的未来；你嘲笑我一无所有，不配去爱，我可怜你总是等待；你可以轻视我们的年轻，我们会证明这是谁的时代……我是陈欧，我为自己代言。”

未来的道路上，鲜花与荆棘并存，而陈欧肯定会坚持初心，即使遍体鳞伤，也要活得漂亮。本书将带你走进陈欧的世界，看他如何从 “天才少年”一步步走到今天，成为80后创业群体的骄傲；他的梦想如何扬帆起航；创业初期他如何排除万难、坚持到底，如何费尽心思挖掘人才、管理团队，如何在产品和服务上双管齐下；他如何将自己像肉弹一样抛出去，为自己代言，成功为聚美优品营销；他如何克服重重难关，打造专属于聚美优品的企业文化，并在资本大战中独善其身。在这本书中，你将看到一个鲜活的陈欧和一段真实的创业经历。

目录
CONTENTS

NO.4 你只闻到我的香水，却没看到我的汗水
——陈欧的“经营课”

NO.5 我是陈欧，我为自己代言
——陈欧的“营销课”

NO.9 奋斗才刚刚开始，80后的我们一直在路上
——陈欧的“人生课”

NO.1

所谓光辉岁月，是无人问津时的坚持
——陈欧的“梦想课”

梦想，可以很渺小，也可以很伟大。而梦想的征途上，总会有一段默默无闻、无人问津的日子。正是那段日子里所有的辛劳和汗水，才会浇灌出梦想最芳香的果实。就像陈欧说的：“当每一个人愿意去奋斗、去拼搏、去追逐自己梦想的时候，才会更强大。”

·1·

表达自我，在高压下冲破管束

陈欧的家庭教育一直为媒体所津津乐道。在陈欧本人眼中，父亲是一个非常强权的“封建式”家长，用陈欧的话来说就是：“我很powerful，这是被我爹打出来的。他从小对我的要求接近‘封建’，很苛刻，也很专制……他每次说了我，我就必须要咬牙证明自己，不停地提高自己。”

尽管如此，在这个年轻的80后创业者心中，没有父亲对他的严格要求，就不可能有今天的他、今天的聚美优品。就像陈欧在接受采访时所说的：“虽然您从来没有民主过，但没有您的严格，也没有今日坚强自立的我。”正是从小生活在父亲严苛的“高压”政策下，才培养了他百折不挠、愈挫愈勇的个性。

“猫捉老鼠”的游戏

在陈欧的记忆里，他的整个童年岁月都是在与父亲的斗智斗勇当中度过的。虽然陈爸爸对陈欧要求严格，但和其他男孩子一样，陈欧也很痴迷游戏世界。这是因为父母对陈欧的教育非常严格，即使陈欧在同龄的孩子里表现已经非常优秀了，还是很难得到父母的表扬。而沉醉在竞技游戏中，每一次游戏中的胜利都可以弥补陈欧这种心理上的缺失。

长大后的陈欧回忆起那段时光，还很唏嘘：“当时玩游戏很大程度上也是受虚荣心的影响。当时想得很简单，我学习好，老师就会喜欢我；我游戏打得好，同学们就会崇拜我。”

和那个时代的其他父母一样，在陈欧父母的心中，沉迷于游戏的陈欧简直就是在浪费生命、荒废学业。为了让陈欧“戒掉”游戏的瘾，他与父亲之间隔三岔五就会上演一次“猫捉老鼠”的游戏。有时候“猫”会捉住玩游戏的“老鼠”，有时候“老鼠”会侥幸逃脱“猫”。然而只要每一次“猫”捉住了“老鼠”，“老鼠”都免不了被打一顿。

陈欧的家境还算不错，所以他刚刚进入高中时，家里就已经添置了电脑。为了防止陈欧偷偷玩游戏，陈爸爸特意把电脑放在自己的卧室中。每次父母前脚刚迈出门，陈欧后脚就溜进了父母的卧室中，一头扎进了游戏世界中。“那段时间，他（爸爸）每次回家第一件事就是摸摸电脑，如果是热的，那一顿暴揍是免不了了。我越哭，打得越惨，他还说男儿有泪不轻弹。”陈欧在采访中回忆起从前的往事，印象仍旧很深刻。

陈欧很快意识到，在家里玩游戏免不了陷入“被动挨打”的境地，于是他转移了战场，开始去外面的游戏厅玩游戏。但是他的“小算盘”很快就被父亲发现了。有一次，陈欧正在游戏厅里玩得兴起，被母亲一把从椅子上揪了起来。原来母亲回家发现陈欧不在，挨个网吧找，总算在这个离家并不近的网吧里发现了他。很快，陈欧的父亲也赶来了，一顿揍肯定是免不了的，父亲甚至让陈欧在游戏厅里当众下跪认错。

这种“猫捉老鼠”的戏码时不时在陈欧家上演，一直持续到他16岁远赴新加坡读大学。其实像陈欧这种严苛的“高压”家庭在中国并不少见。在这种家庭环境下长大的孩子往往是两个极端：一种是屈服于“权威”，成为乖乖仔；另一种则是冲破高压，表达自我。陈欧显然是后者的典型代表。“父母管得越严，玩得越嗨！”也许正是这场“猫”与“鼠”的较量，才养成了陈欧日后特立独行、不屈不挠的个性。

人生路，自己走

回想起来，在年少叛逆的那段日子里，陈欧觉得自己的人生被父亲牢牢地掌控在了手中。他很想看看外面的世界，很想在更广阔的天空中呼吸一下自由的空气。他想按自己的规划去走人生的道路，而不想永远看着父亲手中的指挥棒，让他往东就往东，让他往西就往西。

有时候，命运的改变往往就在一瞬间。你抓住了，从此一切都发生了变化。16岁那天一个平淡无奇的下午，陈欧正在教室里昏昏欲睡地做着复习题。突然班主任急匆匆地来到了教室，宣布了一件彻底改变了陈欧人生的事：这一年四川德阳市政府将推出全额奖学金项目，帮助品学兼优的同学在大学阶段就有机会出国念书。

前一秒还睡眼惺忪的陈欧马上就竖起了耳朵。他在心里暗暗下定决心，一定要好好把握这次机会。从那天起，平时在学习上有点“吊儿郎当”的陈欧完全像变了一个人似的。他制订了严格的复习计划，每天早晨6：30准时起床，晚上做完练习题经常12：00了。幸运的是，陈欧凭借着过人的资质，再加上一番苦学，最后顺利地拿到了全额奖学金，并考上了新加坡南洋理工大学。

“一旦走出去，就能够按照自己的人生规划去走，就能做自己想做的事情”，就是这个想法支撑着陈欧走过了那段埋头苦读的日子。让陈欧没有想到的是，父亲这次居然格外支持自己去国外念大学，也许这最符合父亲心中“万般皆下品，唯有读书高”的观念吧。事实上，陈欧出国以后牢牢地把握住了这次机会，他再也没有向家里要过一分钱。

多年以后，回忆起这段往事，陈欧仍然感慨万千："我觉得人生的控制权终于落到了自己的手里。如果没有这次机会，我也不可能放开手脚去打游戏比赛，去挣钱。"他凭借在竞技游戏中的过人天赋，几乎在所有比赛中都能拿到非常靠前的名次，并且取得不菲的奖金。他是天生的冒险家，有了这第一桶金，他才放开手脚开创了GG游戏平台，从而确定了一条不一样的人生道路。

·2·
要找到一件愿意为之赌上青春的事情

在很多人眼里，沉迷游戏就是荒废青春、不务正业，而陈欧却把游戏玩成了事业。离开父母，来到千里之外的新加坡南洋理工大学读书，陈欧这时才觉得自己的青春终于开始了。"没人逮你了，爽，我觉得很爽。"经济独立的陈欧开始享受真正的自由，对于极具理想主义情结的他来说，再没有比找到一件事情并为之赌上青春更为浪漫的了。

《魔兽争霸》，一炮走红

在南洋理工大学读书期间，陈欧学的是计算机专业。在他看来，"这是一块不错的跳板"，他可以正大光明地玩游戏，大大方方地打比赛、赢奖金。所以说，陈欧的业余爱好，与其说是打游戏比赛，倒不如说是挣钱。大学期间，陈欧和当时的很多大学生一样，时常参加游戏比赛。但是，不像别的许多参赛选手将打魔兽当成了生活，陈欧永远处于“三天打鱼，两天晒网”的状态中，只会在赛前两三天才抽空练习一下。陈欧在游戏竞技方面有着惊人的天赋，他的比赛一直保持着非常漂亮的成绩单。当时他最好的成绩分别是四川省《魔兽争霸》比赛第三名和新加坡的前三名。

可以说，在陈欧的心中，相比起比赛的结果，如何赢得比赛才是最重要的。当时《魔兽争霸》的玩家很多喜欢通过选人族、圈地、开矿的方式，用钱来把对手砸死。但陈欧更注重策略和操作，他格外青睐不死族。因为这个看上去很屌丝的族群总会在最后一秒绝地反击，秒杀对手。在陈欧看来，用钱砸出来的胜利一点也不漂亮。

这款风靡一时的竞技类游戏很快让陈欧成为南洋理工大学的风云人物。但是陈欧的注意力并没有局限于游戏本身。当时盛大旗下的浩方对战平台才刚刚兴起，很快在中国掀起了一股高潮。但是放眼世界，在东南亚地区并没有一个跨洲的对战平台。陈欧牢牢把握住了这个商机，他决定要建立一个实现跨洲的游戏对战平台。

用青春做赌注

当时盛大旗下的浩方想要打入东南亚市场，但是浩方的产品和本地化做得不尽如人意。陈欧说干就干，他要做的就是搭建一个可以与浩方相抗衡的游戏对战平台。

创业的第一步当然是资金。这对当时的陈欧来说并不是一件太困难的事情，他已经在竞技游戏比赛中赚到了第一桶金。陈欧是计算机专业出身，编程方面是专业里数一数二的高手。但是要搭建起一个跨洲的游戏对战平台，光靠一个程序员是不够的。陈欧四处招募编程高手，却处处碰壁。这所知名学府里自然不乏编程高手，只是大家都很现实，没有人能从年轻的陈欧身上看到未来，都觉得是不现实的。

陈欧的一个朋友见他处处碰壁，就把自己同样是编程爱好者的弟弟介绍给了陈欧。这个人就是刘辉，也是陈欧后来创业路上的左臂右膀。两人第一次见面是在学校餐厅，点了几个简单的小吃，陈欧就迫不及待地向刘辉描述起了自己的种种设想。可以说，陈欧营销的天赋在当时就可见一斑了："Steven（刘辉的英文名），你现在大一，你想过没有，在你大三的时候，就可以有自己的企业，而不是毕业之后每天挤进地铁去上班！"

虽然是第一次见面，也刚刚听说这个创业的梦想，但是这两个年轻人一拍即合。当二人从学校食堂走出来时，他们甚至已经为未来要搭建的游戏对战平台想好了名字——GG，即Good Game的缩写。

两人说干就干，用陈欧打比赛攒下来的几万块钱作为创业的启动资金，开始了他们逐梦的征途。

一定要凭才华成功

最开始这个小小的团队只有两个拥有满腔热血的年轻人，但两人的分工十分明确：陈欧主要负责游戏平台的服务器和客户端的开发，而刘辉则负责搭建网站社区和数据库。

为了让游戏平台在使用体验上超越未来的竞争对手浩方，陈欧一边学习编程，一边实践。好几个月的时间里，陈欧窝在房间里，没日没夜地编程。累了就爬到床上睡上几个小时，醒过来又接着工作。饿了就自己做番茄炒蛋，或者叫外卖。那段时间，陈欧的书桌上总是堆满了咖啡的易拉罐，是咖啡因陪他度过了一个又一个不眠的夜晚。

那段时间里，曾经在《魔兽争霸》竞技平台上风靡一时的陈欧消失得无影无踪。他就像一个归隐山林的隐士一样，在昼夜都亮着灯光的小屋子里，一动不动地坐着，全神贯注地盯着电脑屏幕。

一天傍晚，敲完一行代码后的陈欧长长地舒了一口气，他伸了个懒腰，才发现自己从早上到现在还什么都没有吃。他随手套了一件衣服，悠悠哉哉地准备下楼寻觅点吃的。走到楼下，碰见了一个同学，对方看到陈欧胡子拉碴的样子，大声惊呼："你最近在干吗呀？"当陈欧告诉对方，自己正在没日没夜地编程，想要打造一个游戏对战平台时，却遭遇了对方杂糅着同情和无奈的目光。的确，在人们的眼里，这个连大学都还没毕业的年轻人说要创业，简直就是痴人呓语。

经过几个月的努力，陈欧一边学一边写，最终GG平台的代码基础在一个写字板上被创造出来了。虽然在刘辉这种编程高手眼中，陈欧的代码有很多地方都不规范，"但神奇的是，居然都管用"。

GG平台正式诞生那天，陈欧和刘辉相约一起去校门口的小饭馆里吃饭、喝酒、聊天。虽然一切才刚刚起步，但是这两个年轻人仿佛看到了未来正在向他们招手。他们大声地谈笑着，尽情地畅想着，大口地喝着，最终两个人都喝趴下了。

时隔多年，2013年财富全球论坛"对话中国新未来：创业如何改变命运"的主题活动上，陈欧在接受采访时回顾起了自己第一次创业的点点滴滴，他说："我鼓励大家找到一个愿意为之赌上青春的事情，找到一个愿意为之赌上青春的人。如果没有，加油，现在来得及；如果再不加油，再过几年你只能纪念你逝去的青春。"

·3·

对失败说不，对失败的自己说不

“无数个比赛选手都在强调：结果不重要，过程最重要。我们为什么不能大方地表达自己的想法：过程很重要，结果也很重要。好的过程是一种收获，好的结果是一种鼓励。”陈欧在2013年财富全球论坛上说了这段话。

这是陈欧作为80后创业群体的一员，在追逐梦想的征途中的大胆宣言。年轻，就是要敢于追逐，不仅享受追逐的过程，也要追求追逐的结果。当结果不尽如人意时，要勇敢地说“不”。

GG平台，一飞冲天

随着GG游戏平台的诞生，陈欧开始着手将它投入市场，最开始“试水”是让职业玩家测试。让陈欧没想到的是，GG游戏平台得到了职业玩家的一致好评。因为GG游戏平台实现了点对点的连接方式，有效解决了在游戏对战中的延迟问题，这一点上已经大大超越了竞争对手浩方。陈欧开始利用几年时间里在电子竞技圈里积攒的人脉为GG平台的首秀牵线搭桥。在他的努力下，当时竞技圈里的两位顶级魔兽高手：WCG（World Cyber Games，即世界电子竞技大赛）和ESWC（Electronic Sport World Cup，即电子竞技世界杯）的两位冠军得主在GG平台上首次交战，这场巅峰对决一时之间在电子竞技圈内掀起了轩然大波。

GG平台也因为这一场史无前例的对决一夜成名。对决当天，陈欧和刘辉守在电脑屏幕前，随着比赛渐入佳境，用户数不断刷新，呈几何级数攀升。仅仅一个晚上，这个游戏平台声名鹊起，以发射火箭般的速度飞速发展。短短几个月的时间，GG平台从一个东南亚本地游戏平台发展成为了能够实现洲际对战的国际性平台。对于GG平台的管理，陈欧和刘辉没有采取开放注册的方式，而是向游戏玩家发送邀请码。陈欧利用自己在电子竞技圈里积攒的人脉，顺利地邀请到了数位圈内殿堂级的高手加入平台。一时之间，能获得GG平台的邀请码成了对身份的一种认可。

面对失败，勇敢说不

随着GG平台的发展壮大，陈欧用来作为启动资金的几万块钱已经远远不够了。要想让GG平台存活下去，最迫切的事情就是吸引投资。其实随着GG平台一飞冲天，当时新加坡当地、欧洲、中国的很多公司都向陈欧他们抛来了橄榄枝。但是陈欧明白，在诱人的资金支持背后，是必须要以牺牲GG平台的控制权为代价的。在陈欧看来，这些都不是有利于GG平台长远发展的合作伙伴。

那段日子里，陈欧一门心思想着怎样在不丧失GG平台控制权的前提下，为平台取得投资。他结束了白天的编程任务，晚上八九点钟回到租住的公寓里，经常会写各种商业计划书发送给各家风投公司。但是结果往往不尽人意，寄出去的商业计划书很少能有回音。

一天，陈欧总算收到了一家风投公司的回信，约他在一家咖啡馆见面。陈欧打开衣橱，取出白衬衫，用熨斗仔仔细细地熨了一遍，确保没有任何褶子。走出门前，他又在镜子前来来回回走了好几遍，确定着装上没有任何失误。他这才走到办公桌前，将端端正正摆放着的那份商业企划书装进公文包里。临出门了，陈欧回头对刘辉等一干人大声说："兄弟们，好好干，等我的好消息！"

几个小时后，陈欧回来了。他扯掉了脖子上的领带，把商业企划书扔在桌子上，一屁股坐在椅子上，双眼无神地盯着地面。刘辉一再追问，才知道，原来陈欧那天下午到咖啡馆等了足足两个小时，才接到对方的电话，被对方临时放了鸽子。

从GG平台一夜成名，到争取投资屡屡受挫，陈欧的心情一下子从云端跌到了谷底，他不知道下一步到底要怎么走。

之前陈欧一直在给自己打气，他认为，只要平台的用户能达到5000人，就一定会有投资人相中GG平台。随着用户数量的一路攀升，很快就突破了5000人大关，然而陈欧依然没有拿到梦寐以求的风险投资。陈欧开始思考，为什么GG推出的产品在业内这么优秀，却不如那些产品一般的公司更能吸引投资人的目光呢？陈欧多方打听，最后才得知，原来投资圈也是个看"出身"、看背景的地方。那些能够顺利拿到风投的团队多半都有美国斯坦福大学的MBA留学背景。比起陈欧这帮还没有走出大学校门的"小毛孩"，投资人更信任斯坦福专业打造的创业者。

陈欧骨子里有一种英雄主义情结。在他看来，无论是他最初创建的GG平台，还是他日后成立的聚美优品，都是在创业路上雕琢那个属于自己的英雄梦。也正因为如此，每当他遭遇挫折的时候，他身上超出常人的韧劲就会爆发，就像弹簧一样。陈欧当时在心里想："既然名校MBA好融资，那我就去最牛的学校念MBA。"陈欧已经在心里计划好，去美国进行深造，他就可以一边读书，一边把握机会接触美国的投资人，肯定能为GG平台融到更多的资金。

打定主意以后，陈欧又开始了一段挑灯夜读的日子。那段时间里，那个每天西装革履四处拉融资的“高富帅”不见了，一个戴着眼镜、捧着书本的“书虫”出现在了大家面前。白天，陈欧要花大量的时间来维护GG平台，只有晚上的时间能够用来复习GMAT。

开始陈欧还犹豫如果把出国深造的打算告诉刘辉，这个一路走来的伙伴会怎么想，他会认为自己是逃兵吗？让陈欧没想到的是，当刘辉得知自己想去斯坦福继续攻读MBA时，他脱口而出：“太好了，我支持你！”陈欧心中那块悬着的石头终于落地了。

2007年初，经过几个月的努力，陈欧顺利地收到了斯坦福商学院寄来的录取通知书。这一刻，这个年轻人心中五味杂陈。一方面，他希望凭借自己的努力，为GG平台开创更加美好的未来。另一方面，GG平台已经成为他心中难以割舍的一部分。那天晚上，陈欧与刘辉两人在第一次见面的小饭馆里喝得酩酊大醉。借着酒劲，陈欧抱着刘辉号啕大哭，把这半年多来心中积压的所有委屈和迷茫都发泄了出来。

但无论如何，面对失败陈欧没有放弃，他决定换个思路来完成自己未尽的梦想。

·4·

另辟蹊径，换一条路就是海阔天空

如果一条路走不通会怎么办？毫无疑问，当然是换另外一条路来走。懂得这个道理的人很多，但真正能退一步的人却是少数。因为人性的本能决定了人们很难放下眼前的得失，将目光看得更加长远。

创业路上总是一个陷阱连着一个陷阱。有时候掉入一个陷阱以后，不要急着往前走，而应该冷静下来，分析利弊，想想换一条路是不是能走得更快、更好。

你认为对的，可能是错的

虽然取得了斯坦福商学院的录取通知书，但陈欧心里还是放心不下自己一手打造起来的GG平台。他希望自己在离开GG平台去美国之前，帮助GG平台渡过眼前的难关。于是陈欧把更多的时间和精力都投入到了GG平台的运营中。情况一点点好转，到了2007年年初，GG平台推出的产品更加丰富，用户数很快就突破了1万。随着用户数量的不断增长，很多广告商自己找上门来，要与陈欧合作。GG平台有了稳定的收入，继续存活已经不存在问题。

面对GG平台一天天好转起来的情况，陈欧原本已经坚定出国深造的想法又有了一丝丝的动摇。他的梦想是创业，而不是出国深造。他很享受创业带给他的豪情万丈的成就感，这是在校园中、课本中完全无法获得的。但是陈欧不知道如何去跟父母解释，他知道，在思想传统的父母心中没有什么比读书深造更重要的了。陈欧的父亲甚至威胁他："你不读书，我就和你断绝父子关系。"

陈欧心里明白，斯坦福这个MBA他是非读不可了。其一，是为了以后能为GG平台赢得更多的投资资源；其二，是为了让原本已经非常微妙的父子关系不至于降至冰点。但陈欧还是有所顾忌，无论如何，平时跟他比肩作战的伙伴们和他一样，都是校园里稚嫩的学生。只是维护游戏平台，对于具有专业知识和技能的他们来说并不是难事，但如果要管理一家公司，则太缺乏实战经验了。陈欧寻思着要为GG平台物色一位职业经理人。

很巧的是，陈欧的一位朋友为他介绍了一个名叫Forrest的职业经理人。Forrest性情温和，脸上总是挂着和煦的笑容，再加上他也毕业于斯坦福商学院，这一层校友的身份更加坚定了陈欧对他的信任。陈欧约Forrest见了一面，就决定把GG平台托付给他。

事后回想起来，陈欧觉得自己当时太天真了："当时想得很简单，他是斯坦福MBA毕业的，当时我对斯坦福、哈佛有一种神一般的敬仰。他让我做总裁，自己做CEO，说公司是总裁说了算。"于是陈欧听从Forrest的意见，将所持有的90%股份中的40%免费让渡给了Forrest，并由他出任公司CEO，代替陈欧全权管理GG平台。

换一条路，海阔天空

陈欧将自己一点点打拼出来的GG平台安心地托付给了Forrest。这个24岁的年轻人豪情万丈地坐上了飞往美国的飞机，他对未来暗暗憧憬，"成为斯坦福最年轻的中国毕业生，听起来就觉得自己特牛"。

然而让陈欧没有想到的是，自己毕竟还是太年轻，看人的眼光有时候也没有那么老辣。刚刚进入斯坦福的那段时间里，因为要适应全新的环境，陈欧的注意力一下子从GG平台转移到了全新的学习和生活上来。他完全没有意识到，自己已经犯下了一个致命的错误。当时GG平台仍处于发展早期，当发展遇到苦难时，陈欧选择了借助外力来解决苦难。让他没想到的是，当外力进来时，他自己也在不知不觉中被卷入了一场利益的纠纷当中。

虽然当时陈欧名义上还是公司的创始人，但是随着Forrest出任CEO，陈欧已经在公司被逐渐边缘化了。2008年2月，陈欧刚刚离开GG平台不到半年时间，Forrest就在陈欧毫不知情的情况下将GG平台更名为Garena。8月份，Forrest再次将公司的名字从刚刚创立时的Ocean Technologies Media（欧新科技）更名为Garena Interactive。从此以后，GG平台可以说已经完全易主，Forrest在接受采访时也一律说自己才是公司的创始人。

对于这一切，远在千里之外的陈欧当然是后知后觉。当他终于有所察觉的时候，作为公司的第一大股东，他的名字已经完全从公司消失了，甚至没有留下一点痕迹。用陈欧自己的话说，当时的情况就是“可能一群人都不认识我是谁，而且等于把命运交到了另一个人的手上，股份无法套现”。

陈欧当时内心非常痛苦，自己的劳动成果就这样被别人不费吹灰之力地夺取了。同时这也是社会大课堂给这个年轻的创业者上的第一堂课，在这堂课上他明白，人心叵测，永远不要轻信于人。思虑再三，陈欧决定，一山不容二虎，与其双方都浪费大量的时间和精力来“互掐”，倒不如早点放手。2008年年中，陈欧卖掉了自己手中剩下的公司股份，套现了3000多万元现金：“我想最好的办法是离开，至少对以前的兄弟有一个交代。”

卖掉公司以后，陈欧渐渐走出了当初懊恼的情绪。远在美国的陈欧第一次拿起手机，拨通了家里的电话，这一次陈欧父子俩难得地达成了一致意见。电话里，陈欧对父亲说：“老爸，你是对的。虽然我失去了GG平台，但是在商学院里我学习了上千个创业相关的案例，也积攒了争取投资的人脉，这对我以后的创业有非常大的帮助。”

年轻就要允许失败。面对挫折，不要一味自责，而应该换个思路来思考问题。有时候只要小小地拐一个弯，也许就能看到一片新天地。

·5·

李想给我的启示：用专长去赚钱，要行动起来

有关80后创业故事的网站是这样定义李想的创业经历的——硅谷式创业。所谓硅谷式创业，就是以大学或科研机构为中心，科研与生产相结合，所得到的科研成果迅速转化为生产力和商品。

作为80后“创一代”的代表人物，李想是泡泡网的首席执行官，是汽车之家网站的创始人和前总裁。他身上太多太多的光环决定了他为人们所瞩目。1998年，李想还在上高中时，就开始做个人网站；2000年，李想注册并开始运营泡泡网，凭借着骨子里对IT产品的疯狂热爱玩成了滚雪球般的资本积累，也让只有高中学历的李想在中国互联网行业声名鹊起；2006年，李想带着他的团队，从原来的IT产品向汽车行业转型，创建了汽车之家。现在，汽车之家已经成为全球访问量最大的汽车网站。

用专长赚来第一桶金

1981年，李想出生于河北石家庄。小时候李想在农村外婆家长大，记忆中全是自己赤着脚在田野里奔跑的场景。直到小学二年级，李想才回到自己家中和父母生活。李想的父母都是文艺工作者，毕业于中国戏曲学院。相比起同龄人的家长，从事文艺工作的父母对李想的教育方式更为自由民主。

李想记得，小时候他成绩还是不错的，中考考上了当地的重点高中。1997年，李想读高一，那一年他拥有了人生中的第一台电脑。当时电脑还很贵，这台电脑花费了8000多元，CPU是奔腾133。当时李想很喜欢读各类电脑杂志上硬件测评的文章，读得多了，他自己也想动手写一写，于是他写了一篇关于新电脑的硬件配置如何选购的指南。李想把他的第一篇文章投给了《电脑商情报》，结果很快这篇不足5000字的文章就被刊登了，而且基本上没有做任何修改。李想也得到了500元稿费，这是他人生中第一次靠自己的能力赚钱。后来，李想频频给《计算机世界》、《电脑报》和《中国计算机报》等电脑类的报纸杂志投稿。陈明辉是《家用电脑与游戏》的编辑，他在接受采访时说："知道他是高中生，我并不感到惊讶。因为中国互联网是突然出现的，就是为年轻人准备的。他的稿子很有水平，就成了完美的固定作者。"

1998年，拨号上网的价格还比较贵，每小时要12元，包括4元钱的电话费和8元钱的上网费。到了暑假出台了一向优惠政策，上网费降低到了1元，也就是一小时总计5元。当时李想是中国第一批网民，开始在网上冲浪。一个月下来，电话账单经常是七八百块钱，但当时才高二的李想靠着稿费每个月已经有2000块钱左右的收入。

飞翔鸟是当时比较有名的硬件网站，李想也经常在上面浏览自己感兴趣的内容。但很快他就发现了问题，比如说上面的内容常常要两三天才更新。于是在1998年年末，李想创办了他的个人网站“显卡之家”。

当时李想的职业理想是成为一名专业的IT媒体编辑。随着经验的积累，年轻的李想发现自己在业内已经有了一定的话语权。甚至有一些厂家会来找他，拿样品给他评测。“有一次，有一款显卡的BIOS出了问题，我写了一篇文章，厂家特意把这批货召回了。”

当时的一家网络广告联盟叫作Media999，他们找到李想谈合作，把广告放置在李想的个人网站上，每显示一万次就支付10元钱。李想一口答应了下来，将他们的广告投放在了网站上，第一个月靠着广告就进账6000多元。而当时，李想父母一个月的收入也不过是1000多元。这时，才读高二的李想已经有了放弃高考的打算。因为前期已经做好了各种铺垫，所以当他提出这个想法时，他的父母并不觉得意外。用李想的话说：“他们完全能够接受，毕竟念大学出来，最终还是要就业的。”

术业有专攻，角色有不同

李想高中几年的稿费加上广告费，有了10万元左右的积蓄，这是他创业的原始资本。当时看来，“显卡之家”的发展空间已经非常有限了。李想的创业前景并不容乐观，因为架设新的网站需要有更多的技术支持，而且李想不仅没有管理经验，也没有任何销售背景。

不懂怎么写代码，也不知道如何管理服务器，李想正发愁的时候，他认识了后来的合作伙伴樊铮。樊铮毕业于河北科技大学计算机系，当时正在深圳的一家IT杂志社工作。两人一拍即合，决定以此创业。他们注册了一个新的域名——pcpop.com，也就是后来被用户们称之为“泡泡”的网站。

很快，李想团队的第三个合作伙伴出现了，他就是邵震。邵震之前在"走进中关村"工作，认识李想后他主动提出愿意来泡泡网，帮助李想拉广告。邵震给自己开的工资很低，月薪2000元，然后从广告收入中拿提成。李想一口答应了下来。

邵震从联想集团的QDI主板部拉来了1.4万元的广告费，然后用这笔钱买了三台电脑。2001年年底，李想也从石家庄来到了北京，在北京林业大学附近的一个小区里租了一套60平方米左右的公寓。那个小小的公寓既是办公场所，又是生活起居之所。这之后，泡泡网的运营逐渐走上了正轨，每天的IP访问量能达到4万—5万。

到了2002年年初，李想他们搬进了中关村硅谷电脑城的写字楼，正式开始商业化的网站运作。后来李想回忆起来说，当时只有三个人，虽然赚的钱不多，但已经很够用了。2002年，李想已经买了车子和房子，但他总觉得少了些什么。

随着公司规模的扩大，这家年轻公司的很多问题也相继爆发，最严重的是李想和樊铮的关系一度降到冰点。樊铮很冷静地看到了李想的问题："比较年轻，太抓住自己的观点不放。"李想事后也反省："我是一个很容易着急的人，有时候急了甚至会骂他，但他总会让着我。"

2003年的一天下午，让李想没想到的是公司有一多半的人集体辞职，都跳槽去了他的竞争对手那儿。李想给这些昔日的员工一个个地打电话，但却没有任何效果。没办法，李想冷静下来，第二天只能自己亲自去大学里招人，再一个一个地培训。静下心来后，李想开始阅读一些管理类的书籍。时过境迁，2008年7月，李想在接受《广州日报》采访时说："一开始我只知道要管事，后来事不管了，就单纯管人。再后来，我总算明白，管人和管事要分开，在不同领域要扮演不同的角色。"

·6·

扎克伯格当我的“梦想导师”：走上自我发现之路

作为Facebook的创始人，现年33岁的马克·扎克伯格头上顶着许多光环，比如“下一个乔布斯”、“盖茨第二”等，但私下扎克伯格仍然以非常低调的方式生活着。

在陈欧眼里，扎克伯格所做的不仅是开创了一个改变所有人社交习惯的网站，他身上独属于80后团体的满满的“正能量”更让人钦佩。“人生因梦想而伟大，人生因梦想而精彩”，对于扎克伯格和陈欧这些年轻的创业者来说，创业是一条早就注定了不得不走的发现自我、追求自我的道路。

痴迷电脑的小“网虫”

扎克伯格1984年出生于纽约郊区多布斯菲利的一个富人区，父亲爱德华是当地颇具名望的一位牙医，母亲凯伦则是一名心理医生。他是家里的第二个孩子，也是唯一的男孩。

在扎克伯格的印象里，父亲是一个非常风趣幽默的人，教育子女的态度也非常开明。在父亲的牙科诊所外面常年挂着一张照片，上面是一个因为牙疼而愁眉苦脸的病人。

可以说扎克伯格能够与电脑和网络结缘，与父亲有很大的关系。扎克伯格10岁生日那天，父亲送给了他人生当中的第一台电脑。从此扎克伯格一头扎进了网络的世界中，如痴如醉。为了解决那些让自己困惑的计算机问题，他经常去书店看书，一次他无意中翻阅了一本有关编程的书。他坐在书店的木地板上看得津津有味，花了一下午的时间把书上的内容都看完并且掌握了。

当父亲发现儿子如此狂热地热爱着与计算机和网络有关的一切时，他决定要充分发掘儿子在这方面的天赋。父亲并非计算机专业出身，所以无法给扎克伯格提供任何专业性质的指导。于是在扎克伯格11岁时，他专门花重金聘请了软件研发专家大卫·纽曼来指导扎克伯格，除了教授他计算机的相关课程，还专门教他编程。就连大卫这样的专业人士也不禁感叹："扎克伯格是一个神童，有时候我都跟不上他的进度。"

很快，一周一次的家庭辅导已经完全不能满足扎克伯格对于计算机知识的渴望。于是，父亲为扎克伯格在莫瑟尔学院报了名，让他去那儿学习电脑相关课程。就这样，扎克伯格开始了自己在计算机领域的启蒙。

学心理，却偏爱编程

2002年秋天，18岁的扎克伯格考入了哈佛，开始了他的大学生活。当时扎克伯格学的是心理学，但他内心仍然放不下自己最爱的计算机。当时在哈佛的校园里，扎克伯格经常穿着一件印有"程序猿"字样的T恤走来走去。课余时间里，扎克伯格经常编写一些简单有趣的程序，既能够娱乐同学，也能满足自己对编程的渴望。

后来有一天，扎克伯格突发奇想，创建了一个名为Facemah的网站。在这个网站上，扎克伯格放了一些女生的照片和名字。哈佛所有的大学生都可以在这个网站上对这些女生的身材和外貌等进行点评。虽然这只是扎克伯格一时兴起之下玩的一个小小的恶作剧，但是让他没想到的是，这个网站很快就在哈佛校园里火了起来，并成为同学们重要的网络娱乐场所。

在人才济济的哈佛校园里，热爱编程的“网虫”当然不止扎克伯格一个。很快，这帮希望有朝一日能在互联网世界里有所作为的年轻人就聚集到了一起。这些人一块儿住在柯克兰楼里的H33号宿舍里。也就是在这间小小的宿舍里诞生了日后的社交帝国——Facebook。

因为之前的Facemash已经在哈佛校园里积攒了大量的人气，所以随着Facebook在2004年2月正式上线，注册用户数量就急速增长着。最开始在Facebook上注册的用户主要是哈佛大学的校友，但是很快这家神奇的社交网站就被一传十，十传百。当时，Facebook的用户都以邮件的形式来邀请其他同学，然后加为好友。Facebook的用户一路攀升，刚上线的第三天达到了700人，第五天就已经超过1500人。一时间，Facebook成为哈佛校园中最热门的话题。任何时间、任何场所，都有人在聊着扎克伯格和他的“脸书”。

最夸张的情况是，在一栋总共有300多人的宿舍里，经常一秒钟内就有十几个人在同时注册Facebook。虽然团队的其他成员都在为Facebook爆发出来的惊人人气而欣喜，但扎克伯格并不满意。在他看来，他更希望未来Facebook可以发展成为一个网络世界中的通信录，作为一个人们建立和联系亲情、友情和爱情的纽带。在接受《哈佛深红报》采访时，扎克伯格说：“我的想法很简单，希望在这个平台上，每个人都可以传递快乐，也可以感受到周围的人带给他的快乐。”

2004年年底，经过大半年的努力，Facebook茁壮成长，注册用户突破了100万。

20岁，成为“哈佛辍学生”

扎克伯格的梦想没有因此而止步，他知道，自己的战场应该在哈佛之外更为广阔的天地里。

暑假来了，扎克伯格决定去高科技的聚集地加利福尼亚感受一下。要知道，硅谷可是所有高科技创业者心中的伊甸园。他选择了帕罗阿尔托作为目的地。在他看来，帕罗阿尔托就是一个圣地，是所有高科技的发源地，他要去那儿朝圣，要去那儿一探究竟。

当时扎克伯格和他的创业团队在帕罗阿尔托临时租了一套小公寓，七个人都在里面工作和睡觉。当时虽然Facebook还处于起步阶段，但在扎克伯格看来，这已经不是一时兴起用来玩乐的玩具，而是一项需要投入所有时间和精力的事业。当时他们七个人每天早餐过后就会疯狂地投入到工作中去。狭小的房间里被几张办公桌挤得满满的，桌子上除了电子设备以外，就是各种咖啡罐。这些人当中，扎克伯格永远是睡得最晚的那一个，他几乎每天都会加班到凌晨两三点。

暑假结束了，那个曾经穿着“程序猿”T恤在哈佛校园里四处乱逛的年轻人再也没有回去。这一次，他选择了将自己放逐，他成为继比尔·盖茨和许多前辈之后，哈佛的又一名“辍学生”。2006年，扎克伯格接受了《福布斯》杂志的采访。回想起来，正是比尔·盖茨2004年重返哈佛校园演讲时的一席话，促使扎克伯格做了辍学创业的决定。

扎克伯格回忆说：“他说，希望我们能在课余时间多钻研自己的爱好，或者想想未来想从事哪个项目。”而当时哈佛的风气也是鼓励它的学生能够出来自由创业。扎克伯格笑着说：“如果失败了，也许我也会选择重返哈佛。”

·7·

茅侃侃给我的灵感：理想实现有先有后

在茅侃侃心里，“所谓形象，跟年龄和年代都毫无关系”，而“反叛”已经成为他人生的主旋律，贯穿了他30多年一路走来的大多数时光。作为时代美兆的股东，同时也是企业的管理者，茅侃侃每年的工资不过几十万，他笑着说：“跟李想的工资也差不多，区别在于他有3个多亿的私房钱。”在茅侃侃看来，他也好，李想、高燃、戴志康也好，虽然在不同的领域做着不同的事情，但他们都在朝着自己所定义的成功努力着，只是理想实现的过程往往有先有后。

理想照进现实，不走寻常路

茅侃侃出生于北京部队大院中，和他的同龄人一样，他很小的时候就接触了计算机。茅侃侃6岁的时候，下海经商的父亲就给他买了一台apple的进口计算机。少年时期的茅侃侃，对程序和软件等计算机系统非常痴迷，因此他很快自学成才，成为了一名电脑高手。12岁时，茅侃侃已经玩转了各种软件的安装和拆卸，到了15岁时，他已经成为瀛海威时空最年轻的一名BBS版主。

而这种对于计算机的热爱和偏执，也造成了茅侃侃在学习上的偏科。2000年，17岁的茅侃侃在读高一，当时必须会考全部通过才能取得高考资格。而让茅侃侃没想到的是，他的地理会考居然没及格。

地理没考好一度让茅侃侃非常遗憾。茅侃侃后来回忆，其实中学时代最喜欢的老师就是地理老师。当时教他的地理老师是全北京市最好的，讲课非常幽默生动，茅侃侃也很爱听。茅侃侃后来总结，当时地理会考没有考好的一个主要原因在于老师上课讲的内容都是扩展性的，考试并没有考到；而考试要考的内容，茅侃侃自己又不愿意背。当然还有一个原因是，当时茅侃侃迷上了花样自行车。

望子成龙的父母并没有放弃茅侃侃，又把他送到了四川绵阳的一所重点高中继续读书。但是还不到一年的时间，平时乖巧的茅侃侃再次向母亲提出，希望能够退学，而理由居然是想参加工作。

茅侃侃的理由很简单："我有计算机技术。"拗不过他的母亲在答应的同时提议他去计算机培训班和英语培训班充电。两个月后，他拿下了微软MCP(微软认证专家)、MCSE(微软认证系统工程师)、MCDBA(微软认证数据库管理员)三项认证，当年在全亚洲18岁拿下三项认证的只有两人。半年后，他完成了英语的学习。

此后的6年中，在青春荷尔蒙的催化下，少年的冲突与这个世界的冲突没有丝毫平缓的迹象。从网站管理员转到办公软件研发，从成立公关公司到进入北京市科委负责整个中心CI项目的运行，凭着包裹着冲动的兴趣，他接连跳槽，6年间换了6份工作，并且另外成立了一家公司和创建了一个Linux技术网站。一次，他对着自己的客户大拍桌子骂道："你懂还是我懂？"他也因穿着随便我行我素而被领导叫去谈话。

性格的冲动加上年龄的叛逆，他初入社会的几份工作都无果而终。2005年底，他根据之前积攒的人脉和资源成立了一家自己的公关广告公司。其间，他和一位在北京市科委认识的长辈——北京时代远望科技有限责任公司副总裁林琪聊天，在国有企业转型的问题上林琪提出如何依靠新项目来带动和促进民营企业的股份制改造。由于茅侃侃在科委期间参与了北京市石景山区的数字娱乐产业基地项目的立项工作，他向林说："是否可以从数字娱乐产业类的项目入手？"一句话引来了对方的兴趣，之后经过数次沟通，将网络游戏搬到实景中游玩的"真人实景数字引擎"创意逐渐清晰。2006年，Majoy(时代美兆)公司成立，23岁的茅侃侃成为公司的CEO。

在当时"80后是垮掉的一代"呼声高涨的舆论中，茅侃侃等人则意外成了80后的代表。

我有理想，我有态度

从现年32岁的茅侃侃身上一点也看不出沉浮商海多年的老道，反而仍保留着青春叛逆期的外形。他留着一头随性的中长发，长长的刘海经常会垂在眼睛上，经常穿一身大嘴猴的休闲装，活脱脱像一个正在玩着cosplay的"非主流"男青年。

一次茅侃侃接受记者采访，采访当天，记者如约来到茅侃侃的办公室里。只见他随意地穿着一身白色T恤，胳膊上布满了青灰色的文身。他冲记者点了点头，就踩着一双粗布休闲鞋带着记者坐着电梯径直来到了办公楼的二楼。他急匆匆地走到二楼前台，要了一杯咖啡，又快步走到会议室里，一屁股坐在了办公桌前。他这才放下手机，跷起二郎腿，点了一根烟，吐出了一个悠长的烟卷儿。他这一系列的动作一气呵成，与他的语速一样快，让他整个人的气质在慵懒上又多了一层莫名的严肃。

当时正值奥运期间，很多公司都在休息调整。但茅侃侃却很忙碌，也很烦恼，他跟记者抱怨说："我不擅长销售，却不得不培养销售队伍。"

这一个多月的时间名义上是在战略调整，其实他每天都和新招聘的20多个销售员工朝夕相处。

如今茅侃侃流传得最广的一句名言就是“我年纪还小，还难以做到通盘的权衡利弊，所以只要一个机会来了，别管好坏，就冲上去通通拿住。换一种环境，过一种体验，这不就是年轻人该干的事吗？”从这话中我们或多或少可以察觉出，一路走来，这个表面上颓废的年轻人其实内心是“颓而不废”，他只是习惯在游戏中跌倒后再爬起来认真反思。

北京工体北门角落里的一家酒吧茅侃侃经常前去光顾，有时候一周还会去好几次。茅侃侃曾经在接受采访时说，那些经常在京城酒吧里混的人物没有他不认识的。茅侃侃总是毫不避讳地在公众面前表现自己懒散的态度。即使是好几次去大学进行演讲，茅侃侃也非常善于拿自己调侃，总是在不经意间以非常诙谐的方式抖出自己若干年前的不羁往事。

懒散与严肃的矛盾结合体，也许这就是身为双子座的茅侃侃在追求理想的道路中表现出来的态度和腔调。

·8·

张适时教我“点金术”：三个“傻瓜”也能成就金融梦

2009年，三个有想法的80后小伙儿从一本英文杂志上了解到了国外很流行的P2P网贷公司Lending Club，由此萌生了在国内创业的想法。就像印度电影《三个傻瓜》里面的故事一样，人人贷的三个创始人都放弃了原本一片光明的职业前景，踌躇满志地踏入了资本市场的泥潭之中，以独特的方式追逐着他们的非主流金融梦。

三个"傻瓜"的金融梦

人人贷创始人之一的张适时，毕业于清华大学经济管理学院金融系，创业之前曾经在自己的家族企业工作多年。另外两个联合创始人——杨一夫和李欣贺本科均就读于北京大学金融数学系，创业之前，杨一夫在荷兰攻读硕士学位，李欣贺则供职于渤海基金。

大四的时候张适时已经在德意志银行实习，当时德意志银行非常看好这个年轻人未来的发展潜力，并且希望他毕业以后能留在德意志银行工作。张适时家境优渥，家人希望他能够出国深造，或者风风光光地留在德意志银行。张适时表面上看起来文静内敛，其实内心有极为叛逆的一面。他最终拒绝了国外高校发给他的录取通知书，也拒绝了德意志银行向他抛来的橄榄枝。他一个人背起背包，选择去丈量一下世界的宽度。

这并不是张适时一时冲动的选择，"很多人的成长轨迹是读书，走入社会，有一份说得过去的事业，然后成立家庭。一辈子辛辛苦苦，到了快退休时才做起了环游世界的梦"。而张适时要做的就是把这个人们眼中既定的人生轨迹扭转过来。当时张适时花了8个月的时间，用了20万，足迹遍布欧洲、南极、北美洲和南美洲。虽说张适时固执的旅游计划在当时一度引发了家庭大战，但他一点也不后悔。正是这次旅行让他看清楚了自己的内心，也明白了自己未来的路要怎么走。

一个偶然的机会，张适时结识了李欣贺，相似的教育背景以及对金融共同的兴趣很快让这两个年轻人走得很近。在决定创办人人贷之前，张适时与李欣贺已经在一起探讨过很多不同的创业模式，比如消费类型的连锁店、典当行或者担保公司，甚至还想过去淘金矿。张适时家的生意主要是矿产投资，工厂主要分布在内蒙古和新疆。为了验证淘金矿是否可行，张适时还专门去新疆进行了一番实地考察。然而，张适时和李欣贺都是理想主义者，对他们而言，创业不仅要创造财富，更重要的是创造价值。而淘金矿只能“把一个山头变成一堆沙子”，这与两人创造价值的观念相悖。

经过一次又一次的讨论、推翻、再讨论、再推翻，最终两人将创业的目标锁定在了他们都喜欢并且擅长的金融行业。很多热爱数学的理工生往往喜欢搞研究，对他们来说研究数学模型或者论证霍奇猜想是最有意义的事情，但是李欣贺的兴趣点却在创业上。决定与张适时一块创业后，李欣贺又把自己本科时的同学杨一夫介绍给了张适时。杨一夫非常擅长逻辑分析，曾经是北京德州扑克比赛的两届冠军。从荷兰留学回来以后，杨一夫开了一家酒店。虽然说酒店的生意还不错，但杨一夫总觉得缺少想象的空间，做起来也没有“激情”。

印度电影《三个傻瓜》里有一段很经典的对白：“如果你们都陷入比赛中，就算你是第一，这种方式又有什么用，你的知识会增长吗？不会，增长的只有压力。”

这三个年轻人认为自己代表的是年轻一代的草根阶层，他们要追求的并不是成为金融领域的主流精英，而是把金融与互联网和大量数据结合起来。“开创更多人可以参与其中的、低门槛的金融公司”正是他们所追求的，而P2P模式正好可以满足他们的需求。

用P2P模式撬动大众生活

2010年5月，人人贷商务顾问有限公司在北京正式成立，初始的注册资金为100万。公司地址在北京CBD核心商圈的万达23层。最初公司只有四个人，即三个创始人和一个财务人员。

在那个可以俯瞰北京CBD的100来平米的办公室里，三个年轻人满怀豪情。也许，一种全新的借贷模式将在他们手中诞生，他们要做的就是中国版的“Lending Club”。当时这种个人对个人的网络借贷模式在国内还很少见，只有花旗银行和渣打银行在国内少数几个城市里做试点。P2P模式的借贷公司也很少，只有拍拍贷和宜信，并且规模很小，很少有人知道。

所谓P2P借贷又称为人人贷，是指一些具有资质的网站作为中介平台，借款人在平台上发布借款标，投资者则通过竞标的形式向借款人发放贷款。网络借贷则是指借贷过程中的资料、资金、合同和手续等环节都在网络上实现。

三个人前前后后筹备了近一年的时间，直到2010年10月，人人贷网站才正式上线。线上筹集的第一笔贷款资金纯粹是打的友情牌，是三个创始人从家人和朋友那里筹集来的。

人人贷的第一个合作对象是某信用卡网站。为了推销，李欣贺每天都往返于各个公司之间，前前后后跑了几十家公司。当时P2P借贷模式在国内还非常小众，所以李欣贺只能反复跟人们解释Lending Club等几个少数案例。但是能接受他们这种新模式的公司很少，对于传统金融机构来说他们的思维太新潮，也太冒险。

后来张适时接受《中国企业家》采访的时候说，创业起步阶段他们算是金融界真正的“屌丝”，因为非常小众，比许多小型借贷公司还要草根。再加上三个创始人都是刚刚走出校园不久的年轻面孔，所以每次他们去跟别人推销的时候，没人把他们当回事。但他们坚信，互联网和金融结合将是未来的大势所趋，并且会给人们的生活带来全新的体验。在他们眼中，这种模式具有划时代的意义，就像苹果公司改变了人们的通信方式一样“酷毙了”。

人人贷成立后，张适时他们将主要的用户群体定位在工薪阶层和个体商户，因为这一部分人群数量众多，而且对短期资金周转的需求也比较大。

2012年，经过两年时间的发展，人人贷实现了全年3.54亿的交易量，同比增长803%。同时线下友信也开始在全国范围内发展起来，正在一步步实现人人贷在全国范围内的布局。

庆功的那一天，这三个年轻的80后创业者仍选择了周末的一天。像往常一样，他们聚在一起讨论工作，甚至情绪上都没有太大的起伏。对于80后这一代来说，很多人从小就活在父母的庇佑下，永远是父母在决定他们未来要走向何方。而这三个做着金融梦的“傻瓜”现在最大的收获就是“明白自己要的是什么，并为之努力”。

NO.2

过程很重要，结果也很重要
——陈欧的“创业课”

陈欧说：“今天再不创业，就是对人生的背叛。”创业，是一种美好的生活方式；创业，是将青春赌在一件自己所热爱的事情上；创业，是百折不挠的精神勇闯难关；创业，是绝不辜负青春的勇气。创业路上，一路爬坡，一路高歌，唯有经历九九八十一难，方能取得真经，修成正果。

·1·
创业是最美好的生活方式

提起陈欧，恐怕没有人能否认他符合人们对时下流行的“霸道总裁”的所有幻想：时而斯文内敛，时而犀利敏锐，一表人才，谈吐不凡。身为公司CEO，他每次面对公众和媒体都能幽默又不失礼数，回答问题永远精准简洁。作为偶像，也许他的棱角有点过于分明，但这又何妨呢？因为他是陈欧，他为自己代言。

创业可以说是陈欧梦想的延伸，是陈欧所奉行的最美好的生活方式。生活，皆因创业而美好。就像陈欧说的，“与其说是牺牲，不如说是选择，这是我自己选择的生活方式”。

创业于我是一种生活方式

年仅31岁的陈欧对自己的现状非常满意。对于大多数30出头的年轻人来说，生活的重心应该是每日奔波于生活与家庭之间，而31岁的陈欧每天应该是这样度过的：他每天都有几场会议，随时要见人，几档电视节目的录制也在同步跟进中。他手下有一个接近1000人的庞大团队，还有一个市值估价超过一亿美元的公司。他是一个有着天马行空想象力的人，如果你向他取经如何管理团队，他会告诉你，如果他生在古代，他肯定是一个可以带兵打仗、驰骋沙场的大将军。即使在现实生活中，独特的创业豪气、匪气和快意恩仇仍然让他深深地着迷。是的，陈欧就是这样一个有着英雄主义情结的人，他的情怀从始至终没有丝毫改变，执着地想要做到极致。

在陈欧心里，创业并不是简单地为了致富，而是自己选择的一种生活方式。他在接受采访时说："我26岁从斯坦福的MBA毕业，如果毕业以后投入金融行业，理论上讲我有更多挣大钱的机会。但是钱并不是人活着的唯一追求，我总想着要做点自己的事情，而不是去为别人打工。大学的时候出于兴趣，我就开发了一个叫GG的游戏平台，从斯坦福毕业回国后我又尝试着做了一个将广告植入游戏网页的平台。"是的，刚刚踏出大学校门的陈欧一头扎入商海，既没有人脉，也没有资金，一无所有的他为了创业吃了很多苦。但即使在当时困难重重的环境下，他仍然把事情做成了，而且做得非常漂亮。所以当他有了更好的平台，身后有了更好的团队和更多的资源来支持他的时候，这个从来就天不怕地不怕的年轻人还会有什么惧意呢？对陈欧来说，后面的创业历程已经是一种享受了。

陈欧在新加坡学的是计算机专业，他深知卖3C类的电子产品说到底其实是在"卖货"。而聚美优品卖的化妆品则不一样，是在贩卖美丽，而且市场的潜力更大，前途更加光明。对陈欧来说，在电商平台卖化妆品不单单是一桩数字生意，而是在做一个艺术性的感性生意。"我们的产品可以带给客户幸福，我自己也会觉得很快乐。"陈欧不无幽默地说，"而且说句实在的，女性的美其实可以解决很多社会问题。都说冲冠一怒为红颜，特洛伊时代不是曾经因为一个美女而引发了一场战争吗？我们就是想避免这种情况，社会上美女多了，男生们就不会再打来打去的了。"

所以，在陈欧心里，做与美丽相关的生意，不仅自己会感到享受，同时也能让社会大众感受到美好，何乐而不为呢？

为了创业，做点牺牲算什么

谈起团队创业，陈欧提到，当时三个创始人为了一起创业，刘辉放弃了在新加坡高薪的工作和期权，而戴雨森则提前结束了在斯坦福的学业。“别人可能没法儿理解，觉得我们疯了。但我们知道，这样选择才会每天都快乐，因为我们做的是自己。”陈欧曾经总结过他们三个合伙人都有一个共同的特点，才能一路携手走来，相互扶持，让聚美优品越走越远，越做越强，那就是：不看重钱。

对于这三个年轻人来说，从创业成功中所获得的心理上的成就感远远比金钱重要。他们都是靠成就感驱动的人，而不是靠金钱驱动。刘辉曾经说过一句话让陈欧很感动：“我宁可错过拥有金钱的机会，也不能错过和陈欧一起创立伟大公司的机会。”

正是这几个年轻人抱着这种积极乐观的创业态度，才让聚美优品以超乎寻常的飞快速度快速发展着。2010年5月，聚美优品上线仅仅2个月，就有超过1万名用户在聚美优品上购买了物美价廉的美妆产品。2011年7月，上线仅16个月时间，聚美优品已经有了超过300多万名注册用户，而且继续以每天2万多名新增用户的速度在增长。最初，聚美优品的月销售额不足10万元，如今每天已经接近500万元，而且月销售额已经突破亿元大关。现在全国约有5500家团购企业，聚美优品惊人的销售额让它们无不为之惊叹。

2014年5月，聚美优品正式在美国纽交所上市，陈欧也成了纽交所历史上最年轻的CEO，这也许是他对自己在创业过程中所经历种种坎坷的最好交代，也是对自己最好的证明。一个属于陈欧的时代才刚刚拉开序幕。

一个企业家要想取得成功，必须发自内心地热爱那份属于自己的事业。只有享受创业，从容面对创业中的种种苦与乐，才能开创美好的未来。

·2·
月亮不一定是外国的更圆

时间一晃而过，2009年，陈欧在斯坦福商学院的硕士学习生涯即将结束。他很兴奋，也很雀跃，他知道自己再次创业的时机马上就要来临了。

这次陈欧去斯坦福大学攻读MBA学位的目标非常明确，就是为了在今后的创业中融资和积攒人脉做准备。在这个全球商业精英荟萃的地方，陈欧耳濡目染，如今的他已经不再是几年前那个初出茅庐的毛头小伙儿了。MBA在读期间，陈欧一直在为之后的创业做准备。别人去旅游，去玩乐；陈欧在想，下一步要做什么。他一方面频繁地跟当地的风险投资人打交道，用他的话说是“先混个脸熟，到需要钱的时候弄不好会给你钱”；另一方面，他参加了很多学生创办的创业沙龙，结识了很多有创业意向的华人学生，其中就有戴雨森——他未来的创业伙伴。

把外国月亮带回国内

2009年7月，斯坦福大学的毕业典礼刚刚结束，陈欧就急匆匆地踏上了回国的班机。他按捺不住内心的澎湃，要回国折腾一番属于自己的事业。两年时间的沉淀，让他积蓄了更多的能量，只等待着释放的那一刻。于是，在毕业后的第三天，陈欧就回到了国内。

其实陈欧第二次创业的想法早在2008年在谷歌实习的时候就有了雏

形。当时谷歌的工程师们都觉得办公室来了一个名叫“陈欧”的疯子。这个名叫陈欧的实习生看上去斯斯文文，却总有一股折腾不完的精力，每天把手头的工作干完后，他就口若悬河地鼓动着工程师们出来和自己创业。然而，当时还是斯坦福一名普通学生的陈欧手上根本没有任何具有吸引力的资源，当然也无法说服任何一名在谷歌拿着高薪的工程师头脑一发热，跟着他回国大干一番事业。

然而就在斯坦福大学校园一家小小的酒馆里，陈欧的师弟、同样是资深游戏玩家的戴雨森却被陈欧说动了。当时在美国，做社交游戏的内置广告平台非常火，他们认为把这个拿到中国去做，市场肯定很大。为了追随陈欧回国创业，戴雨森甚至放弃了马上就能拿到手的斯坦福毕业证书。就像戴雨森后来说的：“他是那种天生就要创业的人，当他在斯坦福的俱乐部演讲的时候，所有人都认定他一定能创业成功。关键是他有一种能把事情做成的说服力，让你愿意相信，并且追随。”其实两人第一次见面时，就是在一个由中国学生创办的沙龙里。陈欧为了多积攒人脉，在这种聚会场合经常说个不停，再加上他外形出众，很快就会成为众人的焦点。当时还是新生的戴雨森，一走进沙龙，就在众人当中看到了陈欧。他并没有上前和陈欧聊天，只是静静地听他说话，却惊讶地发现这个人各方面的想法都与自己惊人地相似。

所以回国后的二次创业，陈欧仍旧选择了自己最感兴趣且最擅长的游戏领域，开发社交游戏中的内置广告。陈欧当时很看好这个项目：“有个东西在美国很火，就是网页游戏通过内置广告获利。比如你是游戏用户要买游戏币，以前是花钱去买，现在可以去注册账户或者安装软件，我们会送你游戏币。”“中国消费者买方市场较北美而言更加成熟，玩家付费模式清晰……但是，中国目前还缺乏与之匹配的商业模式企业，相信在市值20亿美元的中国在线游戏产业将大有可为。”

理想很丰满，现实很骨感

陈欧回国以后拿到的第一笔投资来自天使投资人徐小平。当时徐小平只跟陈欧聊了短短20分钟，被陈欧说得云里雾里，尽管如此，他还是当即决定投资给陈欧。徐小平投入的第一笔钱是18万美元，占股10%。此外，徐小平还将自己在海淀黄庄地铁站出口处的一套公寓无偿提供给陈欧使用。

在那间公寓里，这个小小的创业团队再次凝聚在了一起，不仅有追随陈欧回国的师弟戴雨森，还有当年在新加坡第一次创业时的伙伴刘辉。当时刘辉已经毕业，自己经营了一家酒店，虽然收入不菲，但他觉得“不折腾点什么，就觉得没意思”。于是，在陈欧的邀请下，刘辉也毫不犹豫地加入了进来。

这一次创业对于有过创业经验的陈欧来说可谓驾轻就熟。很快，在那套有些简陋的公寓里，一个名为Reemake的游戏广告公司诞生了。所谓Reemake，即再创造、突破性创造的意思，也表现了陈欧革新创造的理念。

然而让陈欧这几个年轻人跌破眼镜的是，这种在美国很吃香的游戏内置广告运营模式，在国内却遭遇了严重的水土不服。好几个月的时间里，公司没有一分钱的收入，每一分每一秒都在烧钱。公司最初成立时规模虽然不大，但也形成了20多个人的规模。随着公司每况愈下，员工也一个接一个地离开了，最后只剩下四个人。也就是说，除了陈欧他们三个创始人，只剩下一个管行政的小妹。

时值2009年冬天，看着公司账面上仅剩的30万元流动资金，陈欧心里很清楚，如果再不采取措施，公司马上就会走到破产的边缘。冬天的夜总是早早地降临，那天晚上陈欧一个人去了一家路边的小饭馆，一连喝了好几杯酒，冷冰冰的心才开始有了温度。他蹒跚着走回那套租金低廉的出租屋，走进黑漆漆的卧室，蹲在墙角，号啕大哭。创业多年来的艰辛和委屈都涌上了他的心头，而所谓的前景如同这眼前的夜色一样迷茫。

然而，第二天从醉意中清醒过来的陈欧开始冷静地思考。他想通了，当前公司要做的最重要的事情就是盈利，有盈利才能活下去。他终于承认："外国的月亮不一定都是圆的，同样的路在中国不一定走得通。"

·3·

创业路上困难重重，看谁大难不死

2010年3月，这个成立不久的公司已经走到了崩溃的边缘。陈欧意识到，作为公司的CEO，要做的最重要的事情不是判断兴趣在哪儿，而是判断机会在哪儿。

周国平在《碎句与短章》一文中说过："我相信，从理论上说，每一个人的禀赋和能力的基本性质是早已确定的，因此，在这个世界上必定有一种最适合他的事业，一个最适合他的领域。"创业道路上困难重重，而那些能绕开所有陷阱、最终存活下来的企业，必然是找到了最擅长、最适合的方向。

顺势而为，赢得一线生机

那段时间，陈欧、刘辉和戴雨森三个人整天窝在北京海淀黄庄那间公寓里，激烈地讨论着公司未来的出路。

陈欧快速意识到："现在的大环境是我们几个小孩无法搞定的，必须转型，顺势而为才有一线生机。"

作为一个资深投资人，徐小平劝他再等一等。但这次陈欧并没有采纳徐小平的意见，他后来说："我愿意去否定自己，游戏是我喜欢的东西，但你喜欢的未必是能做成功的。创业者要坚持的未必是你喜欢的，而是对成功的追求。"后来连徐小平都多次称赞陈欧的决策能力，正因为他的果断，才快速地在逆境中找到了突出重围的出路。

手中的资金只剩下30万，要把"跑道"换到哪里，才能好好利用这仅剩的资金呢？最初戴雨森提议做社区，因为互联网行业是他们三个IT出身的人最为熟悉的，风险也最小。但是陈欧并不认同，因为社区需要有一段比较长的培养期，才能拥有属于自己的用户，而他们显然已经等不到那一天了。

在为Reemake拉广告的时候，陈欧曾经接触过一些化妆品公司，他提议以电商为平台，做化妆品团购。因为化妆品团购是离钱比较近的一件事情，只有先把现金流做起来了，才能把公司养活。

但戴雨森并不看好陈欧的这个提议，因为在他看来，电商行业是他们三个人都没有接触过的陌生领域，而且他们都缺乏采购和零售方面的实战经验。最让人担心的是，如果这样一脚踏进去，最后尸骨无存，那创业的梦想就彻底泡汤了。这时候陈欧的领导者气质得到了很好的发挥，他坚持自己对于市场的敏锐洞见。在他看来，当时中国市场中的化妆品电商平台正处于起步阶段，还没有形成一个领跑者。他们要做的就是把握时机，顺势而为，在市场中赢得一线生机。

做点其他男人不好意思做的事情

与雷军这类资深创业者不同，在实践之前，雷军喜欢先把局布好再开始。而陈欧则需要在实践中不断摸索，不断积累。

陈欧花了两天的时间，就把网站搭建起来了。因为当时手中的流动资金只剩下30万，为了保险起见，他们决定先试着做一下化妆品团购业务，但同时不要轻率地砍掉原来的游戏广告业务。当时中国市场已经兴起了一股团购的热潮，比如说王兴的美团网就已经很火了。因此，陈欧他们也追风，为自己的网站取名为“团美网”。

当时陈欧手头没有资金做宣传，就开始“人工”宣传。一方面，戴雨森亲自注册了100多个小号，去各大知名论坛和社区里宣传。结果出乎陈欧意料的是，网站推出的第二天就有人下单了。当时公司人手短缺，3个创始人再加上1个行政，只有4个人，既要管网站的运营，还要手动将单子加入进网站，再打包发货。陈欧想招人，但却根本招不到新人。当时好不容易来了个实习生，待了两天就要走，陈欧承诺给他5%的股份，但实习生觉得这个公司挂掉是迟早的事情，毅然决然地走了。

陈欧他们采取Groupon的运营模式，每天只做一件商品的团购。最开始在团美网上卖的是化妆棉。随着订单量的增多，陈欧开始在网站上加入一些高端品牌的化妆品。一旦有订单进来，陈欧就跑去专柜原价将化妆品买下来，再以5—6折的价格卖给用户。

虽然刚刚开始每天都在赔钱，但是陈欧心里很高兴。在他看来，只要有用户注册，有订单，就证明这个商业模式在市场中是可行的，就值得咬咬牙，坚持走下去。

公司刚刚转型的时候，陈欧还觉得几个大老爷们儿凑在一块卖化妆品，有点不太好意思。一天，陈欧给徐小平打电话汇报情况，还说自己做的事情不够“decent”（得体）。“但后来一想，如果我们不好意思，别人也会不好意思，所以更有机会，更有市场。事实证明，后来做化妆品团购的全是男人。”为了表示对陈欧的支持，徐小平又再次为陈欧投资了200万元。

2010年9月，陈欧正式将原来的“团美网”更名为“聚美优品”，表达的是“聚集美丽，成人之美”的意思。随着美国Zulily和国内的唯品会推行的闪购模式的兴起，陈欧也及时调整自己的销售模式。限时特卖可以更有效地刺激用户的冲动消费。同时，陈欧还适时发展移动客户端，让用户可以利用碎片化的时间来增加购买的频率。靠着这些好点子，短短三年时间内，聚美优品的活跃用户就增长了整整10倍。

陈欧回忆，最开始和大牌公司谈合作困难重重。他没有固执，而是另辟蹊径，专门去找那些二、三线的品牌谈独家代理。比如说美国的丝芙兰，同样是先通过二、三线品牌抢占用户，再反攻大牌，这同样也适用于聚美优品。现在，陈欧已经顺利拿下了国内外众多化妆品品牌的独家代理权。而在他的带领下，聚美优品也开始了一路狂奔的旅程。

·4·
别担心，战斗的鼓点刚刚敲响

2014年5月16日，聚美优品正式挂牌美国纽交所，股票代码为“JMEI”，市值约为38.695亿美元。当时31岁的陈欧成为纽交所222年历史上最年轻的一位上市公司CEO。根据新的融资比例，陈欧所持股份由原来的40.7%稀释为35%左右，并自此晋升为名副其实的“高富帅”，身价为13.6亿美元。此外，聚美优品的另一位创始人戴雨森也跻身亿万富豪榜单，聚美上市以后所持股份比例为5%左右，身价约为1.8亿。截至2014年7月4日，聚美优品的市值为248.03亿元，陈欧的身家达到88.3亿元，一跃登上《理财周报》《3000中国家族财富榜》的第95名。

然而，陈欧并没有被上市以后的胜利冲昏头脑。因为他知道上市只是一个新的起点，征途仍在远方。2014年5月19日，在聚美优品上市首日收盘较发行价上涨近10%的情况下，作为聚美的创始人兼CEO，陈欧发出了一封内部邮件：“狂欢之后，我们还得回归现实，上市不是个终点，相反，我们的旅程，才刚刚开始。”

4年时间，完成上市奇迹

聚美优品北京时间4月12日向美国证券交易委员会（SEC）提交招股

书，招股书显示，聚美优品计划发行950万股ADS股份，发行价区间为19.5至21.5美元。高盛（亚洲）公司、瑞信证券（美国）公司、摩根大通证券公司、华兴资本证券公司、派杰（Piper Jaffray & Co.）和奥本海默将担任聚美优品IPO交易的承销商。

从公司成立到站在纽交所的舞台上，聚美优品只用了短短4年的时间。哪怕走到了上市这一步，上市前夕仍然一波三折。聚美优品上市之前的那段时间，资本市场非常动荡，导致聚美的路演时间比其他很多上市公司都要短。屋漏偏逢连夜雨，当时芝加哥机场发生火灾，陈欧他们当天无法在芝加哥成功降落，于是路演的时间又白白浪费掉了一天。

尽管如此，上市当天，聚美优品仍然成为纽交所冉冉升起的明星。2014年5月16日，聚美优品CEO陈欧和聚美代言人韩庚、魏晨一同出现在了纽交所现场，一共见证了聚美历史上最为重要的时刻。

作为聚美优品CEO，陈欧一直奉行为自己代言的政策。早在2012年，陈欧和韩庚就携手为聚美优品代言，相传两人私交甚笃。而现在聚美优品的代言人是魏晨，这也符合聚美优品的消费群体定位。

聚美优品确实是一家将创意营销发挥到了极致的公司，这种由代言人去上市现场加油助威的方式，在无形中又赢得了粉丝更多的关注。

虽然上市路演一路走来磕磕绊绊，但聚美优品的上市成绩非常可观，股票认购率极高，在提高发行价和增加融资额度后，仍然逆市开盘大涨20%以上。不得不说，这是一个奇迹！

上市后，依然保持“屌丝心”

随着聚美优品顺利登陆美国纽交所，陈欧这位年轻的CEO再次成为业界所关注的焦点。曾经，他以一句“我为自己代言”而刮起了一阵“陈欧体”的旋风，如今又以区区31岁的年龄得到了“纽交所最年轻敲钟者”的称号。在陈欧看来，聚美优品是从一家“屌丝”公司一路成长起来的，这其中并没有“神话”，有的只是200%的努力与坚持，而今自己“依然会保持一颗屌丝的心”。

在接受采访时，被问及各种头衔和称号的光环都“压”在身上，是否感到有压力，陈欧笑着回答：“这些并不会成为我的压力。现在是一个快速发展的时代，超越我的人迟早会出现的。相较而言，我更加期待聚美上市能给化妆品电商带来正能量。”

化妆品电商的天然属性似乎就带有不被信任的“原罪”，消费者有很多质疑，想要获得信任很难。而陈欧希望的是，“聚美优品在上市以后可以变得更加透明，并且将所有财务税公开，这对获得消费者的信任、媒体的信任和行业的信任都有很大的帮助。作为一个上市公司，作为行业内的先驱者，聚美会有更强大的实力去整合供应链。”

对陈欧而言，上市以后聚美优品如何发展才是最值得关注的问题。他透露，借由聚美上市的契机，聚美正在和许多国际大品牌谈中国的独家代理权问题。陈欧和所有消费者一样，期待着在不久的将来，聚美会成为这些品牌在国内的独家代理，“相信到时候这些真假是非的问题就可以迎刃而解，信任问题也可以不攻自破。我们会推出专属的防伪码体系，让消费者打消顾虑，能够放心地在网上购买化妆品。这将是聚美优品上市带给整个行业最大的意义”。

虽然庞大的女性用户群体让陈欧对聚美优品未来的发展前景持乐观态度，但是纵观目前国内电商行业的大趋势，“烧钱”仍然是难以避免的。聚美优品在电商行业里可以算是融资最为成功的企业之一。据陈欧披露，这与聚美优品一贯坚持的成本控制是分不开的。“作为一家零售企业，成本控制尤为重要。成本方面我很抠，包括对我自己，我已经很长时间没给自己发工资了。在公司盈利前，我每个月给自己发5000块钱，现在也只增加到了3万块钱。”陈欧边说边笑，“我应该是中国电商行业里面工资最低的一个CEO了吧。对自己抠一点，才能玩转成本控制。”即使聚美优品成功上市，这家昔日的“屌丝”公司如今市值已经高达30亿美元，陈欧仍“每天中午用麻婆豆腐打发自己”。

看着聚美优品一步步走来，“我们没有瞎花一分钱，非常谨慎。聚美优品证明了，你不一定要融资好几个亿美元，才有资格站在纽交所的舞台上去。”在陈欧眼里，与国内其他的几家电商巨头比起来，聚美优品能走到今天，能成功上市，是真正上演了一场“屌丝逆袭”。就像陈欧说的，“我相信聚美优品的故事只是开始，未来会有无数人像聚美一样屌丝逆袭。而我依然会保持一颗屌丝的心，继续向前努力加油。”

·5·
资本只是锦上添花，不是雪中送炭

聚美优品成功上市之后，陈欧在接受国内连线采访时表示：“聚美优品的成功说明未来有更多的年轻人不靠资本也能成功。”

针对现场记者有关聚美优品的股票价格能否赶超唯品会的提问，陈欧坦率地说："股价并不重要，重要的是公司未来的发展。"同时，陈欧还表示："未来会有越来越多的品牌成为聚美优品的独家代理，而针对聚美的质疑未来也会越来越少。"

在陈欧看来，这次聚美上市融资的资金主要将用来建设用户信任，并且提升用户的购物体验。

资本不是雪中送炭

陈欧与他的天使投资人徐小平第一次见面是在2007年的时候。当时陈欧创办了GG游戏平台，正在四处寻找投资人。陈欧通过他在斯坦福的校友、兰亭集势创始人郭去疾牵线搭桥，二人约在北京的翠宫饭店见面。

第一次见面，徐小平就对面前这个帅气阳光的小伙子印象很好。两人一边喝茶，一边聊天，因为当天下午徐小平还要去苏州办事，所以聊天只持续了20多分钟。但就是这20多分钟，徐小平已经决定投资给这个小伙子。虽然徐小平对于陈欧正在做的游戏对战平台并不了解，甚至一窍不通，但他向来秉持的投资理念就是投人，而不是投事。徐小平承诺投给陈欧50万美元，占公司10%的股份，但是作为条件陈欧不能去斯坦福继续读书，而要留下来创业。

然而，陈欧的父亲非常希望儿子继续读书深造，甚至威胁陈欧如果不去念书就断绝父子关系。为了缓和陈欧父子的关系，徐小平甚至希望能够前去四川德阳亲自拜访陈欧的父亲，并且说服他让陈欧留在国内继续创业。然而徐小平一拨通陈欧父亲的电话说明原委，就被陈欧父亲一口回绝了。在这位父亲看来，没有什么事比陈欧去国外深造更重要了。

陈欧思索再三，还是选择了去斯坦福深造。如果他当年留下来，用徐小平投资的50万美金继续在GG平台发展，也许我们现在看到的又是另一个故事了。被问及为什么拒绝徐小平50万美金的投资，陈欧坦率地回答："如果拿了徐老师的钱又继续去念书，挺不好意思的。"

虽然第一次合作没能成功，但是陈欧和徐小平两人仍保持了联系。陈欧每次回国都会去找徐小平，和他喝喝茶，聊聊天，说一下自己新的想法。2009年，陈欧从斯坦福毕业前夕，再次拨通了国内徐小平的电话，向他表明了自己想要回国创业的意向。不出陈欧所料，徐小平大力支持，而且承诺："需要投资尽管来找我。"

陈欧回到国内，第一时间联系了徐小平。这一次两人约在了中国大饭店。陈欧所说的游戏内置广告模式在国内市场究竟有没有发展空间，徐小平并不能确定。但他觉得，陈欧既然有意要在国内干出一番事业来，就要给他尝试的机会。一顿饭还没吃完，徐小平就已经决定投钱给陈欧了，原因非常简单："两年前我就要投钱给他，现在他回国，有斯坦福商学院的留学背景，又有创业的经验，我不投给他还能投给谁呢？"就这样，徐小平投给了陈欧18万美元，占公司10%的股份，还把名下的一套公寓以低价租给陈欧使用。

作为80后创业者中的佼佼者，不时有人登门拜访陈欧，请教他如何才能获得投资。在陈欧看来，作为一个创业者，必须从一开始就明白，资本对于你来说永远只能是锦上添花，而非雪中送炭。因为一个好的商业模式即使在初期融不到太多钱，也是会发展起来的。

钱多了，智商别下降

其实有时候钱太多了很难说是一件好事还是坏事。很多企业在融到大笔资金以后，就不把钱当回事了，认为只要"烧钱"就能把公司做活。于是开始疯狂地砸钱，疯狂地营销，疯狂地扩张业务。一扩张，势必就要增加员工。到时候原本精简的公司变得很烦琐，大大小小的部门里几十号员工把办公室坐得满满的。有时候人太多了，反而会造成资本的浪费。当企业获得融资以后，对于人才的使用更需要有清醒的认识和把握。

在陈欧看来，资本这东西在招揽人才时，也只是为有能力、有才华的人锦上添花，而非为徒有虚名的人雪中送炭。当时聚美优品要开发自有品牌，陈欧需要招聘一位有丰富经验的主管。在招人的过程中，陈欧遇到过一位应聘者，时至今日仍让他印象深刻。

这位应聘者30出头，曾经是另外一家电商的高级主管。让陈欧不理解的是，这位应聘者不仅开出了远远高于聚美优品副总裁的天价工资，而且在经验方面也没有满足陈欧的要求。

陈欧直接问她："请问你能给聚美带来什么？"

那位应聘者不慌不忙地回答："我有烧一个亿买来的教训。"因为在过去一年的时间里，这位应聘者为她的前东家制造了高达一个亿的库存，怎么卖也卖不出去。

陈欧又问："那你要多少工资？"

应聘者脱口而出："都跳槽了，怎么也要涨50%吧。而且是高管，怎么也要给点期权吧。"

她这话一出口，陈欧竟然不知如何回答。对于这种对自身能力没有清醒定位的所谓"人才"，作为聚美CEO，陈欧也只能说一声"请走不送"。

电商行业的生存法则之一就是"烧钱"。但是最应该忌讳的就是，有钱了以后智商就下降，盲目的烧钱。烧出去的钱就像交出去的学费，总要学到一些什么东西才好。

·6·

我的创业逻辑：保持“屌丝”，学会质疑

聚美优品融资仅仅1300万美金，这在电商中绝对算得上“穷企业”。然而聚美CEO陈欧却带着他身后那一帮80后创业军团从一家屌丝企业摇身一变，成了市值40亿美元的企业。乔布斯有一句名言，“stay foolish,stay hungry”（求知若渴，虚心若愚），而陈欧心中也秉持着一条乔帮主风格的信条，stay doubtful（保持质疑）。

现代社会，保持质疑精神并不难，难的是保持对自我的质疑。就像陈欧说的，“质疑，不是质疑别人，而是学会对自己的质疑”。

学会质疑商业模式

创业者的自尊心是最强的，要创业者承认自己的商业模式存在问题，并不是一件简单的事情。创业者一贯的行为模式是一边小心翼翼地保护着自己的商业模式，生怕被别人知道了，另一方面又觉得所有不能理解自己苦心经营的商业模式的人都是成不了大气候的。就像那些已经登上巅峰的大佬们所说的：“今天很残酷，明天很残酷，后天很美好。”创业者永远相信自己的方向肯定是对的，真理永远掌握在少数人手里，不坚持哪里会看到希望。殊不知，大佬们所说的“坚持”，是对创业的坚持，对团队奋斗精神的坚持，而不是对商业模式的坚持，更不是对创始人内心骄傲的坚持。

马云最开始做的是黄页，后来经过了数次调整成功上市后，阿里从B2B模式转型做淘宝，正是马云自我质疑的精神成就了今日的千亿美金巨头；360早期是社区搜索，后来转型成为一个以安全为核心业务的百亿美金互联网巨头；至于聚美优品，最初做的是游戏内置广告，如果没有陈欧团队的质疑精神，没有他们对商业模式的不断探索，我们可能永远不会看到如今这样一个朝气蓬勃、时尚敏锐的年轻创业公司。

对商业模式的质疑是创业者成功的第一步。在接受采访时，陈欧说道："互联网是一个高速发展的行业，大佬们都要在激烈变化中寻找新的机遇，我们就更应该拥抱变化，享受变化。互联网高速变革，只有坚持对自我的质疑、对商业模式的质疑，才能找到更广阔的市场，得到高速发展的机会，顺势而为，寻找到真正的爆发点。"

任用员工时心里要有一个问号

也许每一位企业家都认为人才是公司最重要的资产，也都有一套自己的用人哲学。如何用人是一家公司长久生存的关键所在，但不可否认，很多公司都或多或少存在着用人的问题。

有段时间聚美优品市场部被挖人挖得很厉害。刚开始陈欧心里也很紧张，虽然走的人并不是公司的核心成员，但他们或多或少地知道公司的商业机密，而且这样挖墙脚的方式势必会导致公司内部的人事震动，人们会质疑公司的体系。但陈欧纠结了一段时间后就释然了，不出他所料，没多久那些从聚美挖人的对手公司都退出了市场的角逐赛。

陈欧说道："为什么对手公司在挖人时愿意付出这么高的溢价呢？无非两个原因：公司机密和品牌溢价。但是这些走掉的人是实实在在的核心成员吗？当他把所有的机密都卖掉以后，他还剩下什么呢？他不具备解决问题的能力，却会在对方公司里实实在在制造一个大坑，因为他的来到在对方公司建立了很高的薪资标准，这对对手公司的元老是一个很大的冲击。公司离心离德，这才是灾难的开始。”

所以说，在用人时心里始终要有一个问号。判断人才的价值，最核心的就是他解决问题的能力。在挖每一个“贵人”之前，先在心里反复地问自己，这个人是不是真的能为我解决问题。如果答案是肯定的，这个人真的能帮助你解决一个现实的、核心的问题，那付出多少钱都不要嫌贵。但永远不要为了所谓的光环买单，在自己公司里制造大坑。

面对广告，要“去伪存真”

聚美优品对广告的选择秉持着一贯的质疑精神，对广告的选择和投放非常谨慎，在做广告之前会先做足了功课。市场上无数公司在融资后把不入流的创意投到了不靠谱的渠道上，最后的结果是赔得一塌糊涂。很多公司资金雄厚，除了价格战以外，就是希望通过广告快速将对手从市场中驱逐出去，却经常得不偿失，在还没有做好充足准备的时候就把钱都花出去了。

对于广告，聚美的做法是先假设所有的广告媒体都是骗子，假设所有的营销手段都是无效的，然后竭尽全力去证明自己的观点，寻找他们作弊的蛛丝马迹。几次三番，如果无法证明，最后聚美才会考虑投放广告。

因为质疑，因为谨慎，陈欧带着聚美在创业的路上绕过了无数的坑。2013年“301”大促时，有一家媒体给聚美优品开出了非常优惠的价格，陈欧面对这样的诱惑一度非常心动，但最终他仍秉持了质疑的原则：只用自己了解的媒体，只用自己有信心的创意。最后的结果是，聚美在3月1日那天创造了“陈欧体”的奇迹，当天百度指数就冲破百万，取得了远超预期的效果。

2013年聚美的品牌广告总共花费了6000万元，不到其销售额的1%。因为陈欧非常清楚，他们的素材投放在什么媒体上最有效果，必须让花出去的每一分钱都是有价值的。就像陈欧说的，“所以，当你拿到钱时，千万不要头脑发热，一定要先学会质疑广告”。

“保持屌丝，保持质疑”，这就是陈欧创业的价值观。

如果没有对商业模式的质疑，就不会有今天崛起于电商之林的聚美；

如果没有对用人的质疑，聚美就不可能仅靠着一群20多岁的年轻人，就能赢过资源数倍于自己的对手；

如果没有对广告的质疑，聚美就会像其他的很多企业一样，把钱都烧在了收效甚少的广告上。

在创业的道路上，只有保持对自我的质疑，才能走得更远。

·7·

茅侃侃教我的创业“真经”：创业路上没有人是孙悟空

作为80后创业新贵的茅侃侃总是以洒脱形象出现在大众面前。这个30出头的男人好像一个永远也长不大的孩子，一点烦恼也没有。

其实，创业道路之艰辛，就如同唐僧师徒西天取经，必须历经九九八十一难，方能修得真经。就像茅侃侃说的，创业道路上“没有常胜将军，没有永远的胜利，更没有人是孙悟空……”茅侃侃让陈欧学会了要坦然面对在创业过程中自己的“无能”，也要接受自己并不是“全能选手”的现实。

想清楚，自己不是孙悟空

创业之初，往往是最缺人手的时候。面对很多突发状况，公司创始人免不了撸起袖子就要上，可以说女人当男人用，男人当牲口用，一个人拿来当十个人用的情况是无法避免的。

创业初期，创业者要追求的“全能”有两方面，其一是横向，其二是纵向。

横向指的是作为创业者，要横跨不同的领域，处理不同的工作。比如说技术层面问题、财务问题、市场问题、招聘问题，甚至是办公室的地点应该选在哪里，都需要创业者亲力亲为。也就是说，创业初期有那么一段时间，事无巨细，必须每一件小事都兼顾到。

纵向指的是在横向的N个方面里总有你最为擅长的一项。比如说，你最擅长的技术研发和产品设计，那就要让产品自上而下一气呵成。那么这个产品的每一处细节，比如架构、策划、内容等，你都要考虑清楚。

2005年年底，茅侃侃的时代美兆真人实景数字游戏平台的这个项目刚刚开始运作。那时候，整个团队加上茅侃侃只有12个人，其中还包括三位作为兼职的高级顾问。再除去航天集团的老板林总和航天改制前留下的三位擅长行政和财务工作的大姐，其实真正能够投入到公司起步工作中的人，加上茅侃侃也只有5个。也就是说，在半年的时间里，这5个人要完成平台的架构设计、基础代码、场地和建筑设计、对外事务联系、政府立项等一系列烦琐的事务。

也就是说，在创业初期是根本没有孙悟空存在的。常常有人说，有的人靠着好的想法，只是写了一份商业企划书就顺利拿到了好几个亿的投资。这种“空手套白狼”的事情在茅侃侃看来是不可能发生的，“我没赶上过，我也几乎没在我身边的朋友中见到，这一直是个传说，从未被验证”。

由于根本没有人是孙悟空，所以基本上每一个创业的起步阶段，作为创业者，你都必须要焦头烂额地面对一系列的事情。创业就好比西天取经，在一次次的磨砺中，把一个普通人锻炼成了有“十八般武艺”的孙悟空。也许，这就是创业的现实。

做该做的事，不要一竿子插到底

是的，确实有很多真实的报道，某些人一出来创业就很轻松地拿下了一大笔巨额投资。比如说，龚宇创办爱奇艺，拿到了百度的巨额投资；李开复一出来创办创新工场，他甚至还没有发话，一笔又一笔的投资与私募就已经在赶来的路上了。然而透过这些新闻报道的表象，我们要明白，作为80后的创业者，我们绝大部分人都不是龚宇，也不是李开复。这些人之所以一出来创业，就能够获得大笔的投资，是因为他们在创业之前，就已经有为人所熟知的漂亮成绩和丰富的社会资源及行业经验。这些创业界的精英元老们早就已经在社会这个“大染缸”里练就了“不死之身”，成为创业道路上的“孙悟空”了。

茅侃侃在这方面很有心得体会：“既然没有人是孙悟空，那么在创业路上走到一定阶段时，一定要告诫自己，做自己该做的事情，不要继续一竿子插到底。”

作为一个创始人，也许并不擅长管理方面的工作，但这是无法回避的问题。茅侃侃认为，在创业中最大的忌讳之一就是公司已经度过了最初的艰难时期，但作为创业者已经习惯了把什么都攥在手里的感觉。“看别人做什么都觉得不如自己来得放心，总是无法接受员工有可能出现的问题或错误。总是神神道道的，自己不放心，所以每天催问员工同一件事情无数次。久而久之，问题自然就来了。”

在茅侃侃看来，在度过创业初期最艰难的日子后，如果你还想要当一个无所不能的孙悟空，你不找问题，问题也自然会找上门来。

第一，患抑郁症是迟早的事情。虽然大多数熬出头的创业者都有过或轻或重的抑郁的经历。茅侃侃还调侃自己，“哥现在还留着当时医院的诊断证明，以鼓励自己前行”。

第二，很可能会一竿子捅到底。作为一个“全能”的领导，会造成一个混乱的局面：懒的员工更懒，越能干的员工越难受。那些能干的员工最后都会离开，因为在你的团队中他们的才华无法施展。而剩下的员工则是混吃混喝混日子的。

第三，容易让员工觉得领导并不信任他们。你这边是关心则乱，但员工眼里则是你对他们有所提防。这种心态会严重影响他们对公司的忠诚，最终也会导致他们离开公司。

第四，关心则乱，你越担心某件事情，就越容易出乱子。一个人的时间和精力都是有限的，作为一个创业者如果把太多的心神都放在琐碎的细节上，最后只会导致长时间的神经紧张。这时候，那些平时很容易办的小事情也会出现巨大的纰漏。那么最后的结果往往就是好心办了坏事。

当然不只是这几点，这后面还紧跟着第五、第六、第七……茅侃侃回忆说：“这是一系列的连锁反应，最后足以将一个刚刚走入正轨的公司带上绝境。相信我，因为我差点因为这样毁掉了时代美兆。”

创业初期的茅侃侃也是一个个人英雄主义情结很强烈的创业者。最初公司只有5个人，他只能撸起袖子自己干，久而久之他养成了“什么都要管”的习惯。当时代美兆走上正轨了，他仍放心不下。

有一段时间里，公司HR面试新员工，他要去听着；公司完善游戏平台，编程的种种细节他要亲力亲为；公司与石景山政府洽谈业务，他也放心不下，一定要和公关部的同事一起去……这一类的小事数不胜数。一段时间下来，茅侃侃意识到公司的气氛有点怪怪的。

一天早晨，茅侃侃去公司的茶水间冲咖啡。他走到门口，突然听到公司里两位人力资源的小姑娘在里头低声说话。

A说："公司前台招到合适的人选了吗？"

B说："找是找到了两个，但还没定下来的。"

A又说："不是都一个星期了吗？"

B说："这事还得老大定啊，但他一直没时间。"

茅侃侃才想起来，他已经完全忘了上星期前去"观摩"HR招聘前台这个小插曲了。就是这一件小事让茅侃侃幡然醒悟，如果自己一直要做"孙悟空"，那这家好不容易走上正轨的公司最终只会死在自己的"金箍棒"下。

·8·

希斯特罗姆教我走"捷径"：拒绝，也会变成一种幸运

如果不是社交网络的巨头Facebook以10亿美元的天价收购了Instagram，或许时至今日我们当中还有不少人不知道这到底是一家怎样的公司，而它的创始人凯文·希斯特罗姆又是谁。

Instagram是一家基于移动平台为用户提供图片分享服务的供应商。它

的同名程序先后在iPhone和Android平台上登陆，虽然员工只有十几位，但用户却一度超过了3000万。Instagram更像是硅谷生态圈中的一个缩影，是很多小公司的成长模式。这一家讲究创新的小公司虽然毫无收入，却被互联网巨头以天价收购，当前几近疯狂的科技投资也可见一斑。

创业中很多机会稍纵即逝，年轻的希斯特罗姆让陈欧明白，有时候要巧妙地利用“拒绝”的力量。有时候，拒绝才是打开幸运之门的那把钥匙。

Instagram从“拒绝”中诞生

事实上，早在2004年初，Facebook的创始人扎克伯格就因为机缘巧合与Instagram的联合创始人希斯特罗姆结识了。

当时，凯文•希斯特罗姆才21岁，是斯坦福大学管理工程学院的一名大二学生。也是在2004年，年仅20岁的扎克伯格和他的三位同窗好友一同创办了Facebook。当时扎克伯格白天都窝在宿舍里编程，晚上他会抽空去斯坦福和哥伦比亚大学转转，为的是寻觅各种人才。当时斯坦福大学也会举办各种学生沙龙，在一个编程爱好者的聚会沙龙中，扎克伯格认识了希斯特罗姆。

当时斯坦福大学的学生每天都会发送成千上万封邮件，还有不少带有附件的压缩文件，这让斯坦福大学的校园网络不堪重负。作为一个编程发烧友，希斯特罗姆觉得最好的解决办法是建立一个可以放置照片的地方，这样用户就可以在上面自由地下载各种照片。

最开始，希斯特罗姆开发了一个叫作photobox的工具来实现上面所说的功能。正是这个小工具吸引了扎克伯格的注意力。当时扎克伯格联系上希斯特罗姆，告诉他：“Facebook也正在开发一种类似的分享照片的工具，为什么不过来一起聊一聊？”

但是希斯特罗姆拒绝了扎克伯格向他发出的邀请，因为他还希望继续留在学校里完成学业。如今回头看看这次邀请，希斯特罗姆说：“其实我很高兴成为推动Facebook成长的一分子，但是那只是我第一次见到他们。”

之后希斯特罗姆去了一家名叫Odeo的公司当实习生，这家公司是Twitter的前身。2006年希斯特罗姆从斯坦福大学毕业，加入了Nextstop网站，担任产品经理的职位。巧的是，这家网站后来也被Facebook收购了。

所以说，如果没有希斯特罗姆第一次拒绝扎克伯格，那么他可能成为Facebook的一员，也就不可能有后来的Instagram诞生了。希斯特罗姆回忆说，Instagram诞生的契机其实是他在Nextstop工作时产生的。希斯特罗姆并不是计算机专业的学生，也没有经过任何系统的培训，当时每天下班后他就利用晚上的空闲时间学习编程。在这个过程中他产生了许多的小创意，其中有一个就是利用Foursquare的签到元素与Mafia Wars相结合，为之后开发的Burbn奠定了基础。据希斯特罗姆所说，当时他花了几周的时间来改进技术，然后在一次聚会上遇到了一位风险投资者。一番交流后，双方一拍即合，于是他顺利拿到了最开始的50万美元投资，并且快速组建起团队开发了这款新产品。

希斯特罗姆与他的搭档克里格将所有的时间和精力都投入到Burbn这款产品的开发中去，但是最终却没有太多人气，用户数量一直徘徊在几百人。最终，希斯特罗姆决定将产品纯粹化，去掉那些没有用的功能，专注于照片，包括拍摄、分享和评论等。

短短8周以后，Instagram诞生了。

用“拒绝”敲开资本之门

希斯特罗姆的创业经历和其他许多硅谷的年轻创业者一样，不是一帆风顺的。Instagram刚成立的时候，公司包括2名创始人在内也只有4名员工。他们和其他许多创业者一样，挤在旧金山南方公园周边狭小的公寓里。

当时Instagram的办公室的墙面都被刷成了暗灰色的，桌子上摆放着希斯特罗姆从宜家挑选来的暗色调的灯。灯光下，办公室无论白天还是黑夜，都像一个暗室一样。办公室里的办公桌是由四张小桌子拼在一起组成的。随着公司的发展，员工人数增多，Instagram才换了一个新的办公地点。

在Instagram的官网上我们可以看到，它名字的灵感来源于宝丽来相机，“能否像宝丽来相片一样，快速（instant）而魔幻（magic）地与朋友、与同学、与家人分享你的生活。”在希斯特罗姆看来，这更是他内心深处的一种抱负，“有关未来你想在哪里，我考虑得最多的是交流与分享，坦白地说，照片是开始这种方式的途径。”

从2010年10月开始，Instagram正式加入iPhone系统，它的用户也由此在一夜之间节节攀升。到了2011年初，短短几个月的时间里，希斯特罗姆已经从若干位风投手中拿到了700万美元的融资。当时公司的估价已经达到了3000万美元。同时，Instagram这颗冉冉升起的科技新星也吸引了Facebook和Twitter的关注。2011年年底，扎克伯格再次与希斯特罗姆见面，这一次Facebook直接向Instagram抛出了橄榄枝，提出了收购的请求。但是扎克伯格又一次被拒绝了。尽管根据《华尔街日报》的相关报道，希斯特罗姆是希望将Instagram打造成为一家独立的公司。但是，这位年轻的创业新贵是否是在借由这个契机为公司抬价也不得而知。

2012年，扎克伯格又私下与希斯特罗姆密切会面多次，最终他说服了希斯特罗姆。据知情人士透露，希斯特罗姆最终答应了扎克伯格的收购请求是因为扎克伯格向他承诺将保持Instagram的独立性，而且也有理由让希斯特罗姆相信Instagram未来会有更好的发展。

其实希斯特罗姆第二次拒绝扎克伯格，很好地把握了Facebook意图打入中国市场的契机。无疑，Facebook收购Instagram是为了多一条进入中国市场的途径。早在2011年，希斯特罗姆就公开表示了希望能进入中国市场。但是Instagram在中国大陆市场中的用户排名甚至挤不进前10名。随着Facebook收购Instagram，Instagram已经加入了新浪微博的分享功能，用户数量和分享数量都不断提升。

正是这种巧妙的“拒绝”成就了Instagram的团队成员“一夜暴富”的奢华。根据《连线》杂志的相关报道，作为公司的联合创始人，希斯特罗姆持有40%的股份，克里格砸持有10%的股份，其余的股份则属于风投公司和公司的其他员工。

·9·

刘兰玉给我的新理念：做好专业里的前“一万个小时”

陈欧不仅是创业队伍中的成功者，也是优秀的学习者，对他而言，创业不仅是努力拼搏的过程，也是积极学习的过程。从周围的创业伙伴身上发现闪光点，并学以致用，这是陈欧在创业过程中最真切的体会之一。

LANYU婚纱创始人刘兰玉也是中国80后创业队伍中的先驱。创业中刘兰玉考虑的最多的问题就是，你的产品是不是能够服众呢？手里捧着自己的产品，是不是能够给自己一个交代，再把产品拿到市场上去？刘兰玉说：“有太多聪明人了，那我们就选择做一些不那么聪明的事，慢一点、耐心一点，把手里的‘一万个小时’慢慢磨掉，再把自己苦心煎熬的产品拿出去。”

相较于时下一窝蜂的创业热情和急于寻求社会认同的饥渴感，陈欧从刘兰玉的创业精神中感受到的是，应该更为沉静地追求个性和自我的真实认知，用“一万个小时”来静心打磨，实现创业的真正价值。

追求个性反而能增强共鸣

刘兰玉学的专业就是设计，对她而言，创业的真正价值永远不在于增强社会共识，这是个伪命题。

在人们都追求个性与浪漫情怀的现代化社会里，婚纱在人们的心目中不再仅仅是一袭白纱，而应该更有趣，更有性格，这使婚纱成为刚性需求，成为当今婚纱设计师更加关注的焦点。而创业首先要有准确的定位，就像刘兰玉说的，“当今社会，生活上的硬件部分是需要达成共识的，比如说价值观、生活标准、法律规章，但对于大众生活的软件部分，其实是追求个性化的，最突出的例子就是审美。有一句话说的是，幸福的家庭总是类似的，不幸的家庭则各有各的不幸。事实上，幸福的感受也有千千万万，每个人内心的体会都不尽相同。具体到审美，必须要追求个性，才能引起一部分人的共鸣，从而创造出超越时代的作品”。

审美情趣是现代社会人们精神生活的一部分，如果没有人们对个性化的追求，那些做了50年苏绣的手工艺者就不可能存在了，因为这部分产品已经没有了大众消费群体，而是作为艺术品存在着。但为什么这些传统手工艺仍然存在着呢？这是因为现代社会对审美和个性的认可，社会生活软件部分的个性分化的加剧，反而能增强人们内心的共鸣。

追求个性是身为80后的刘兰玉最终选择从事婚纱设计行业的关键原因。

决定做婚纱之前她先做了一番市场调查，她发现日常的着装很多人在做，人们可以选择买她家的，也可以选择买别家的，它不会成为独一无二的。唯有婚纱，是一个女人一生中最重要的一件衣服。刘兰玉说："如果她真的重视这件嫁衣，她会花费所有的精力，也会给我的设计最大的发挥空间。"

陈欧从刘兰玉的创业理念中体会到，同样作为顾客群体以女性为主的创业者，只有关注消费者内心需求，满足她们欣赏美、追求美的渴望，才能引发消费者共鸣，在个性化的创业道路上成为赢家。

想让她们选择，就要成为最好的

很多人都好奇，为什么那么多明星在婚礼上穿兰玉的婚纱，一定是她的宣传和公关工作做得很好。但兰玉说，她的大部分顾客都是朋友介绍过来的，她们没有做过多宣传。因为兰玉始终相信，只要你的东西足够好，根本不需要去推销。

让刘兰玉打定心思真正开始做婚纱的人是女星罗海琼。当时刘兰玉为罗海琼设计的是一款抹胸的蓬裙，很多人不知道的是，那件婚纱的下摆特别沉，但是婚礼那天罗海琼穿了一整天都不觉得累。这件婚纱的设计对刘兰玉来说是很大的挑战，她费了很多心思，还要考虑穿上婚纱后如何让新娘的身形显得更加纤细柔美，经过刘兰玉的精心设计，最后新娘穿上婚纱后腰围才一尺六。

婚礼当天，兰玉被罗海琼深深打动了，在罗海琼之前，兰玉的视野里好像很少有人会去在意婚礼上新娘的婚纱到底是什么样子的，因为市面上的婚纱总是千篇一律，大同小异。但是罗海琼婚礼当日，很多媒体和现场的亲友都说她的婚纱很美，刘兰玉觉得没有什么比设计的成就感更让她幸福了。

刘兰玉认为，让明星乐意穿你设计的婚纱只有一个办法，那就是做到和那些国际大品牌相提并论，到那时，她们自然会认可你，选择你。

从刘兰玉身上，陈欧意识到，无论在哪个领域要开辟出一番天地，都必须成为这个领域里的佼佼者。只有拥有出色的产品，在激烈的市场竞争中才不会轻易被淘汰出局。

不忘初心，慢工出细活

创业初期，刘兰玉每次与周围创业的同学探讨与创业相关的话题时，她们经常不提项目，他们会先说，我拿到了多少钱，是谁投的，第二轮打算怎么样，等等。现在盛行一时的创业就是赚投资人的钱。等到C轮的时候，自己手中的股份可能已经稀释很多了，自己做一些项目没有成功，再转而做其他一些项目。三五年时间转眼即逝，手中赚到了不少投资人的钱，却没有在事业上取得成功。在刘兰玉心里，创业不仅是为了赚钱，更是为了实现个人价值，“永远不要忘记你创业的初衷，做一些不那么聪明的事情，十年磨一剑，要做就做专业里面的‘前一万个小时’”。

刘兰玉的创业是从卖设计图纸、赚三四千块钱开始的，她当时只有19岁，租了一套两居室的不足十平方米的次卧做裤脚。后来在工作中她慢慢发现，所谓的服装设计师初入社会就是小裁缝，一切都要从小裁缝做起。一直到2009年左右，刘兰玉才有机会接触明星，并为他们做日常服装。“每次走到门口，大家都会说，做衣服的来了，你要不要看一下。”回忆起创业初期的时光，刘兰玉笑着说。

到2015年为止，刘兰玉已经走过了十年孤独的创业时光。在这十年里，她从过去默默无名的小女孩儿成长为了中国乃至国际时尚圈炙手可热的设计师，她去巴黎做高级定制展示，得到了当地主流媒体和杂志的关注与认可，这对当年的她来说根本是无法完成的任务。

海外的时尚圈子很容易接受和认可的是卖弄中国符号，但这并不是刘兰玉想做的事情。“我们把我们真正的，但不一定是大家所认为的真正的，甚至包括主流媒体不认为是真正的——‘对中国美的认知’拿出去，拿到世界上去。”这才是十年前那个柔弱的女孩儿走上布满荆棘的创业道路的初衷。

刘兰玉漫漫十年创业时光让同样走在创业路上的陈欧明白，无论世事如何变迁，无论有所得，还是有所失，永远不要忘记创业时最初的信仰，那份初心将永远指引着你，告诫你，胜不骄，败不馁。

·10·
张旭豪带给我的新思路：网络订餐，“饿”出来

作为80后的我们，总是心怀理想，眺望大洋彼岸，在那里有着像乔布斯和扎克伯格那样的创业传奇人物。从本质上说，他们都是在某种强烈的个人英雄主义情结的召唤下，相信人要有创造精神，用创新来改变世界，改变人类生活。

“吃了么？”在国人的嘴里，这不仅是一个提问，更是代表了一句问候。

“饿了么？”在上海交通大学闵行校区的学生嘴里，这与其说是一个问题，不如说是一种提议。言下之意：不如上网叫一份外卖吧。

在“饿了么”联合创始人张旭豪的心里，“打工要争取别人的认可，而自己做的东西只要能得到市场的认可，就是有价值的”。同样作为创业

者的陈欧从“饿了么”的案例中明白，在互联网将所有人都联系起来的时代，人的衣食住行无一不潜藏着巨大的市场和商机。

饿着肚子谈出来的创业梦

2008年的一天，在上海交大机械与动力工程学院的宿舍里，张旭豪和其他几个室友一动不动地坐在电脑前，已经打游戏打了好几个小时。一不留神就已经午夜12点了。几个年轻小伙子的肚子也“咕噜咕噜”叫唤了起来。

有人提议，不如打电话叫外卖送一份宵夜过来吧。哪知道时间太晚了，电话要么没人接，要么打不通。实在没有办法，只能任由肚子闹着“空城计”，叽叽喳喳聊了起来。

“晚上为什么就不能送外卖呢？”

“那当然，晚上生意少，没什么钱赚，还得大老远跑出来，何苦呢。”

“那我们自己去取吧。”

“干脆自己动手，包个外卖来做。”

哪知道这几个硕士一年级的学生饿着肚子越聊越兴奋，甚至开始设计可行的外卖模式。时间不知不觉就溜走了，这次聊天一直持续到了凌晨5点钟。

躺在床上的几个年轻人情绪高昂，一点睡意也没有了。当天他们就行动起来了。首先，张旭豪他们几个进行了市场调研。他们利用课余时间蹲守在饭店门口，记录这些饭店每天会送出多少份外卖。然后他们主动出击，联系学校周边的那些饭店，承包了他们的送餐业务。当时张旭豪在宿舍里设了一台热线电话，两个人当接线员和调度员，又花钱聘请了十几个送餐员。这样一来，学生只要打一个电话就能知道学校周围各个饭店的菜单和价格，并且能够完成订单。然后，送餐员就去饭店取餐后送到寝室去，在寝室收钱。

张旭豪他们又筹集了几万块钱，印制了精美的“饿了么”外卖送餐手册。这1万多本手册不仅包括了交大附近的各个饭店菜单，而且还有周边商家的广告。如此一来，不仅起到了宣传“饿了么”的作用，还把制作成本收了回来。1万多本外卖手册被送到了交大的每一间寝室里，一时间交大学生没有人不知道“饿了么”。

每天从中午到午夜，“饿了么”总共会接到150–200份外卖订单，从每个单子里抽取15%的提成。最忙的时间里，张旭豪也得校内校外到处跑着送外卖。张旭豪不禁感叹：“现在这种情况，看来不休学还创不了业了。”张旭豪一不做二不休，正式从学校休学，开始了自己的创业生涯。

别出心裁，成就“饿了么”

当然这种外卖派送的方式是很辛苦的，最开始的团队中有两名成员招架不住，最终选择了退出。张旭豪也明白，这种模式长期下去只能把自己累垮。于是他决定取消代替饭店送餐和热线电话的服务。而是利用网络，实现顾客与饭店之间在网上的自助下单。

张旭豪的专长并不在网络方面，于是他在学校的BBS上发帖，认识了交大软件学院的叶峰。他们希望“饿了么”的网站能够人性化，提升用户下单时的体验。他们前前后后花了快半年的时间编制和开发了一个新的构架，新的网站有很多个性化功能，比如说顾客输入自己的地址，平台就能显示出周围饭店的地理信息和可以送餐的范围，以及一系列可选择的饭店列表等。同时饭店也能在网络上接到订单及送餐地址。在注册网站时，张旭豪也力求别出心裁，只用了简简单单的“ele.me”。

为了用最方便廉价的方式给“饿了么”打广告，张旭豪专门设计了一道程序，黑了学校的校园BBS，一夜之间，几乎所有的交大学生都收到了一份以校园BBS“站内信”形式发送的电子传单。虽然说，最后张旭豪因此受到站内处罚，账户也被封了一年。但收到的广告效果是惊人的，一夜之间，全校的学生可以说没有人不知道“饿了么”。

“饿了么”刚上线就拥有了30多家加盟店，每天的订单数量约有500到600单，并且以每个月60%以上的速度快速增长着。

“饿了么”，扫街扫出来的

对“饿了么”来说，最初的主战场交大闵行校区已经顺利拿下了，现在开始向外扩张。张旭豪首先要攻下的是和交大同处于东川路上的华东师范大学。如果说吸引学生的关注可以靠线上和线下两种广告模式，那么要吸引更多的饭店加入到“饿了么”，张旭豪就只能采取最原始的“扫街”方式了。那段时间，“饿了么”的成员通常两个人组成一组，沿着街道上的饭店一一推销。其中大部分饭店都是抱着将信将疑的态度，“凭什么我在你的网站上放一个菜单，你就要抽取8%的提成呢？”

张旭豪在这场扫街大战中充分利用了“谈”的策略。就像他说的，“你去谈，不断谈。当老板不想再跟你谈的时候，也就谈成了”。最忙的时候，每个小组平均每天都要去和100家饭店谈，并不是每家饭店都会给你好脸色。张旭豪记得，其中最难搞定的一家饭店他一共前去谈了40多次，才最终达成了合作。通过“扫街”和“谈”的策略，“饿了么”逐渐拿下了上海各个校区的学生，并且逐渐从大学生群体向公司白领发展。

张旭豪曾经是篮球二级运动员，还和姚明一块儿玩过球。现在，这位年轻的“80后”创业者有些许发福，带着一副圆框眼镜，有点像姜文，又有点像哈利波特。就像他说的，“饿了么”一开始考虑的并不是盈利，“我们是这样的人，即使没钱，也从不轻易低头。这个项目起码要做上3年、5年，甚至更长时间才能考虑其他的，因为要把规模做起来。”

其实很少有人知道，“饿了么”有一个很奇怪的公司名字，叫“拉扎斯”。所谓“拉扎斯”取的是梵文中“激情”的音译。在张旭豪心中，他的创业偶像是自己的同龄人马克•扎克伯格。年纪轻轻的张旭豪早已结婚，住在闵行郊区的一栋别墅里，每天与自己的伙伴们同吃、同住、同奋斗。在这些年轻的创业者中，有不少人为了梦想选择了海外深造或者是高薪的工作。而他们所坚持的，正是心中那团不灭的火焰，那份创业的激情。

·11·
程维给我的创业感悟：创业是一条没有尽头的路

创业就像是一艘船，航行在浩瀚的海洋上。无论如何，船长是不能弃船的，船沉了，船长就要跟着一起死。就像麦哲伦去探寻新大陆，他带着三艘船去远航，经历了无数的苦难。

就像程维说的：“人在没有希望的时候，是会疯掉的。但只要有坚定的信念，每天都清楚地知道自己要走的是哪条路，最终总会做到的。”

程维的创业经历告诉陈欧，也告诉其他所有的创业者，创业路上总是孤独的，只有咬紧牙关闯过一个又一个的关卡，才能成为最后的赢家。胜者为王，这是资本战场中铁一般的生存法则。

创业路上是孤独的

刚刚从阿里巴巴辞职出来创业时，程维就在心里下定决心，要专心做公司，三年之内不出来和其他人分享所谓的创业经验。“我觉得还在创业就出来分享，都是在吹牛。如果只做到了70或80分，就吹成100分；如果只做到50或60分，也会吹成70或80分。”

其实当程维还在阿里巴巴工作时，他就已经有了出来创业的想法。但是决定创业后，程维没有选择立即辞职，而是继续在阿里巴巴又待了九个月。这段时间里，程维主要在思考创业到底要做什么。创业前期确实需要冲动，需要一腔热血，但是创业不是紧靠着一股子的冲动就能成事的，而是要在磨砺中形成自己准确的商业判断。比如说美团网的创始人王兴，在创办美团网前已经积累了三四次的创业经验。正因为有了丰富的经验，所以对于商业和市场他才能有自己的准确判断。

在这个时代背景下，创业注定是孤独的，注定是要生活在行业巨头的阴影之下的。

早期是BAT创业的黄金时期，那时候的巨头是并不懂得互联网的万科、华为。但是进入互联网时代，所有的巨头都身处互联网行业之中。对于创业公司，这些巨头也很紧张，也有所顾虑。

有些事，你一辈子也理解不了

有些事情，在很多人眼里可能一辈子也理解不了，那就是拼搏和坚持。很多事情做没做成，做没做好，就看有没有用心。

经过几个月的努力，打车软件已经日臻完善，也有了线下司机和滴滴合作。这时候订单的压力就变得更大。对于这个平台来说，最重要的是运营，要实现线上和线下的平衡。

当时是2012年，那一年北京的雪特别大，特别多。一个下大雪的夜里，滴滴打车的订单在一夜之间超过了1000单。后来程维回忆起来，有点感慨："后来我想想，觉得有点后怕。2013年，2014年这两年很少下雪。如果说没有2012年的那几场大雪，我们今天可能要讲的又是另一个故事了。所以我们现在常开玩笑，说我们的市场部已经变成天气预报部了。"

是的，滴滴打车的运气确实好，占了天时地利人和。但是这些运气之所以能被运用到极致，是因为程维和他的团队一直在努力，把事情做到了极致。

平台战的关键是双边交易市场的模型，最重要的是门槛低。而在滴滴和快的的烧钱大战中，不仅连零门槛都没有了，他们还需要花钱去补贴用户。

一些和滴滴同一类型的创业公司走的是差异化道路，但是这些差异化是无效的。比如说，当时有一些租车公司主要把钱砸在硬件优化上，给出租车司机发iPad。但事实证明，这也是行不通的。当别的竞争对手都在进行基础建设，都在装硬件的时候，滴滴打车只专注于将自身做到最好，这样装到线下司机的硬件上去才是最有效果的。

跑得快，才能把业务变成资本

在A轮融资之前，程维没有见过任何投资人。和陈欧一样，程维对资本秉持着相同的理念："你要记住，投资人都是锦上添花的，没有雪中送炭的。你一定要等到公司做到了一个点，自己要知道到了这个点，再去找投资人。"

在资本急速膨胀的时代大背景下，钱已经不值钱了。当人人都有钱的时候，经常在资本的驱动下，有可能就会摧毁产品的短板。程维给创业者的忠告就是：要迅速、有效的去试错，去找到最有效的打法。

滴滴打车的策略就是，一开始最多在一两个城市先把自己的模式验证好，要把自己最精锐的部队放进去验证整个打法。

其实很多人就是死在速度上面。曾经有一家创业公司听了程维的分享，说最重要的是速度。结果，这家公司一回去就迅速扩展到北上广深，它招了很多人，接着就是大裁员。它买了房子借了很多钱，最后又回到了原点，现在借的亲戚的钱都还没还上。滴滴打车一路走来，烧了很多钱，也有了很多经验。一开始就打一个城市，要一个点打破了，再横向复制。迈出第一步是最难的。

在加盟滴滴之前，柳青的工资是400万美元。程维跟她说："工资的一半是你的，剩下的是我们的。"前前后后程维和柳青聊了一个星期，然后两人决定去拉萨。说走就走，两个人定了机票，一起走的一共有8个高管。几个人一起坐飞机到了西宁，计划开车开三天去拉萨。程维回忆说："我也不知道拉萨在哪里，就是有一个模模糊糊的目标。"

第一天，他们开车到了青海湖，原计划是要在当地住宿的。但是当时天还没有完全黑，所以他们决定继续往前走。结果走到一半下雨了，而且走的还是山路。好不容易开车到了一个小山村，看到了一家小宾馆，他们想着在里面凑合一晚上。结果走进去，又被吓了出来，因为里面全都是大狼狗。

没有办法，他们只能接着往前开车，一路上开了1700公里，好不容易找到了一个宾馆。当时开车的两个司机都发烧了，他们对程维说："这一路上我都是用胸口顶着方向盘开过来的，其实早就不行了。"到了宾馆里，一行8个人整整吸了3000块钱的氧气才缓了过来。

一行人一路将车开到了喜马拉雅山脚下，程维看着耸入云端的山峰，眼泪掉下来了。他在心里想："这就是创业的路。团队需要信任，而我把命交到了司机手里，我就无条件地信任他们。"到达喜马拉雅山脚那天，柳青给程维写了一条很长的短信，最后一句说："决定了，上路了。"

就这样，滴滴和快的这两家原本斗得你死我活的死对头成了资本市场中的一家人。

NO.3

你有你的规则，我有我的选择
——陈欧的“团队课”

俗话说得好，一个好汉三个帮，一个篱笆三个桩。在团队面前，个人能力再强，也都是渺小的。“谁做出成绩，谁努力，就给谁机会”，正是这种“狼性生存法则”让聚美优品这个年轻的公司走在了行业的前列，一路高歌奏凯旋。

·1·
聚焦实地，团队才更有幸福感

某种程度上，一个团队的气氛和氛围在整个团队的工作效率和最后的成败上都发挥着至关重要的作用。在包括美职篮、英超、西甲在内的许多职业体育团队都将比赛的成败归结于“更衣室的气氛”。所谓“更衣室的气氛”说的正是团队的气氛。如果“更衣室的气氛”总是火药味儿十足，或者团队成员之间相互冷漠无视，那说明团队成员之间关系并不融洽，存在着矛盾冲突或者思想上的不统一，试问这样的一支球队又如何能取得成功呢？所以团队的气氛是一种非常微妙的存在，它看不见也摸不着，但却真实地存在着，没有任何人能忽视它的作用。员工在工作中也会真切地感受到团队的气氛，进而影响到个体和团队的行为准则、价值观、期望值和政策制定等等。任何一个企业管理者都不会否认，良好的团队气氛对企业发展大有裨益，它不仅能激发员工的工作积极性，提高工作效率，而且能使整个团队和睦有序地发展。

作为聚美优品的CEO，陈欧在怎样提升团队气氛方面有着自己独到的见解，而不仅仅局限于加薪或增加福利等利益化的形式。

愿景和成绩，哪个更值钱

陈欧认为，对于一些组织完善、历史较长的大公司，愿景确实有助于团队气氛的建设。但是聚美优品非常年轻，而且正处于高速发展期，比起看不见、摸不着的愿景，陈欧更信奉一句话：行胜于言。身为水瓶座，陈欧除了有天马行空的想象力外，还有较一般人更加敏锐的洞察力。在他看来，如果想让自己公司的成员相信自己，相信公司未来的种种可能性，成绩必须摆在明面上，摆在大家都能看得到的地方。陈欧说过："其实愿景是一种管理手段，每个创业者、每个CEO都会讲愿景。但是愿景必须在恰当的时机、恰当的场合来讲，要不就成了空谈、成了吹牛。公司起步阶段，只有两三个人的时候，比起愿景，人们更关心的是找到一个合适的商业模式，公司能存活下来就是愿景。如果公司有了进一步的发展，作为管理者，你可以提前向前看一两步，但别走得太远。比如说公司刚刚起步，你就跟员工说你要向行业大佬挑战，要把公司打造成世界第一流，员工肯定不会信服你，反倒觉得你在吹牛。"

所以，愿景不可以是空中楼阁，而应该根植于现实的土壤。而土壤则是大家对于公司过往成绩的认知。如陈欧所说，当今时代，每个公司都会讲愿景，每个公司都会讲自己要做成中国行业内最大最强的。所以现在愿景已经不值钱了，值钱的是成绩。有了成绩再说话，员工才有信心展望未来。

所以，较之虚无缥缈的愿景，成绩更有说服力，也更让员工有幸福感。

领导是一套高尔夫球杆

团队中领导的风格往往会影响团队的气氛。相对于老牌企业，创业型公司的公司文化说到底是老板文化。就像我们时下流行的那句话，"21世纪最紧缺的就是复合型人才"。就像社会需要的是复合型人才，一个团队需要的也正是一个"复合型"的老板。

关于如何营造良好的团队气氛，陈欧有一套自己的办法，他将此形象地比喻为一套高尔夫球杆："说到底，如何营造良好的团队气氛是一种艺术。就像去打高尔夫球，不同的球杆适宜不同的情况，你不可能永远靠着其中的一个7号铁杆或者是1号木杆赢下所有的比赛。团队气氛有时候很难把握，瞬息万变，面对不同的情况，身为管理者要发挥自己的不同优势。”在打造团队气氛时，管理者所采取的手段经常可以分为民主、示范、关系、教练、愿景和权威等类型。愿景型的管理者并不是毫无优势的，他是团队的灵魂人物，就像灯塔一样为整个团队的发展指明方向，所有人只要信任他，跟着他往前走就行了。但是这需要管理者本人具备敏锐的洞察力、超强的市场前瞻性和广阔的视野。而很多中小型企业管理者的风格则以示范型为主，比如说当某项工作下属的能力难以胜任，完成得不及时或者结果不尽人意时，示范型的领导马上会撸起袖子亲自上阵。其实这种示范型的团队氛围对企业发展是非常不利的，长此以往企业老总都在干经理的活儿，经理则干了员工的活儿，员工反倒成了老板，每天无所事事。

在团队氛围的统筹中，陈欧将自己定位为资源的提供者和配备者：他负责找回合适的人员和资源，并将其安置在合适的位置上，再为公司找到一个正确的发展方向，如此一来，公司就能实现良性循环。

在聚美优品团队氛围的建设中，陈欧非常注重沟通，力图打造扁平化的沟通氛围，也就是说公司里的每个员工都可以去找他聊。同时陈欧要求每个岗位的职责必须明确。公司成立之初，上至老板，下到员工，陈欧一人几乎包揽了所有的活儿。现如今公司走上正轨、高速发展，则需要适当放权。这个阶段往往是最考验创业团队的时候，陈欧聊起自己的心得体会时说到：“放权是让接受权力的人去承担一个他能扛得住的错误。作为管理者，你要做的事情就是制定一定的规则，让每个人所在的岗位都能承担一个扛得住的风险。”

陈欧的公司团队以年轻人为主，每天下午会有固定时间让员工们做午间操，这样既解乏，又能提升活力，融洽气氛。只有结合实际，才能打造出更为融洽的团队氛围，才能让员工更为真切地感受到职场中的幸福感，感受到自己的成长和自我价值的实现。

·2·
谁努力，就给谁机会

2013年有一次陈欧接受采访时，记者问他："招聘员工时您最看重的素质是什么？"

显然这个问题在陈欧心中早已有了答案，他几乎没做任何思考，语速飞快地回答道："第一正能量，这是关键，人品一定要很好，我喜欢人品好、简单的、直接的、想做事的员工，简单一句话就是我喜欢用有潜力的年轻人。因为我在他们身上能看到快乐，看到希望。有了这些，给他们时间都能培养出来的。在培养员工上，很多公司就是按部就班，但是我们这儿会给年轻人充分的舞台，你想做，敢去拼，就能得到很多支持，在我们公司，大家都是平等的，谁做出成绩，谁努力，就给谁机会。"

永远不要轻视"年轻"

在聚美优品，没有什么论资排辈，只要你有想法、有能力，敢闯敢拼，就能得到更好的发展机会。每年陈欧都会破格提拔一些表现靠谱、又有潜质的应届毕业生。在陈欧眼里，一个人的潜质是最重要的，即使他因为年轻而经验不足也没有关系，这些都可以在之后慢慢培养。陈欧爱才、惜才，只要他从你身上看到了闪光点，就会给你充分的时间让你成长。这种自由而民主的团队氛围也迎合了当下80后、90后的思维模式，也难怪聚美优品在短短几年间就吸引了大批优秀的年轻人。

在奉行“中庸”的传统文化中，“野心”似乎并不是个好词。但是在聚美优品却恰恰相反，有野心、有抱负，才能获得更多的成长机会。在聚美优品内部，不乏基层员工在短短几个月的时间里就实现几级跳，成功跃升为公司的中层管理人员。肖瑛就是其中的典型代表。

肖瑛原本是一家省会广播台的主持人，她被聚美优品年轻而充满活力的企业文化所吸引，毅然辞去了原本稳定的工作，到北京的聚美优品应聘。本来肖瑛想加入聚美优品的市场部，但是不凑巧的是当时市场部已经没有空余的职位了，无奈之下肖瑛只能先做公司前台。

让肖瑛没想到的是，陈欧从公司的人力资源部那儿听说了她的故事，她入职的第一天，陈欧就专门叫她去办公室谈话。一番深谈后，陈欧被肖瑛身上敢闯敢拼的精神所吸引，第二天就将她调到了市场部。正式入职没多久，陈欧就派给了肖瑛以及市场部其他几个同事一个任务，让他们几人负责聚美优品的首场校园招聘会。当时聚美优品刚成立不久，市场部的员工都没有举办校园招聘会的任何经验。正当肖瑛等人束手无策之际，陈欧鼓励他们：“办法都是人想出来的，我相信你们的能力。”

面对陈欧的信任，肖瑛等人抛开了先前的种种顾虑，放手干了起来。那段时间市场部的灯每天晚上都会亮着，有时候甚至是通宵，从设计和制作宣传单到去各大校园发放宣传海报，从跟学校反复沟通商量到确认场地时间等，肖瑛这几个刚刚毕业的年轻人没有丝毫懈怠，每一个环节都处理得非常漂亮。最终结果是，聚美优品的首场校园招聘会大获成功，每一场校园招聘会都挤满了人，数不清的应届毕业生挤上前来投递简历、推销自己。

当业内其他人得知，聚美优品的首场校园招聘居然是由几个刚刚走出校园不久的年轻人办的，而且办得如此漂亮、如此成功，不少人都称赞陈欧看人的眼光和用人的胆识。陈欧还是那句话：“在聚美优品，谁做出成绩，谁努力，机会就是谁的。”

踏实人好过聪明人

每个企业家心中都有不少挑选员工的标准，在陈欧心里，一个踏实人好过一个聪明人。他欣赏的是能在自己的岗位上用心做事的人，而非那些表现得很聪明，看上去拥有很多光环和光鲜亮丽背景的人。

就像陈欧在一条长微博里写的那样：“工作需要一个聪明人，但其实更需要一个踏实的人。在聪明和踏实之间，我更愿意选择后者。而踏实，是人人都能做到的，和先天条件并没有太大关系。”

在为聚美优品招聘员工时，陈欧也奉行着“踏实第一”的准则。

2013年1月26日那期《非你莫属》是陈欧专场，陈欧要在这次节目中为聚美优品的时尚名品特卖事业部招聘一名总经理助理。节目现场的10名求职者都来自中国传媒大学，个个都是身材高挑、外形靓丽的美女。节目一开始，陈欧就明确提出了对这个职位的要求：第一，她要有时尚敏锐度；第二，她要有很强的学习能力，要努力，还要接地气；第三，她要是一个复合型人才，综合能力强，而且有很强的沟通能力。

节目现场10位前来求职的美女对这个岗位都表现出了很大的热情。问答环节中，10位求职者都争先恐后地表达自己的观点，希望能够得到陈欧的青睐。到了反选环节，陈欧掌握了主动权，这时候场上仍旧有7名求职者为陈欧亮着灯。陈欧给7名求职者抛出了一个问题："如果你们应聘成功，成为总经理助理，你们希望在聚美优品上卖的第一件商品是什么？"

几位求职者都很聪明，答案也都很有创意，包括首饰、丝巾、内衣、领带、手表等，还有人回答希望是聚美优品自主研发的产品。最后陈欧从7名求职者中选择的恰恰是那位回答卖出聚美优品自主研发产品的求职者——刘晓斌。为什么她能从7个求职者中脱颖而出呢？就像陈欧说的："我对各位的答案都很满意，而且各位都是美貌与智慧并存，但是我今天的任务是从你们当中挑选出最合适的人。聚美优品喜欢踏踏实实做事的人，执行力是放在第一位的。"而刘晓斌在问答环节中表现得从容不迫，逻辑清晰，有很强的沟通能力和执行能力。

在陈欧心里，没有什么比踏踏实实地做实事更重要了。他的企业里不需要只会耍嘴上功夫的"绣花枕头"，而是需要落实、务实和踏实的实干人员。就像陈欧在微博中写的："靠谱和优秀，是一种习惯，不靠谱，也是如此，你呢？哪种？"

·3·
一强扶百弱，做好团队"领头羊"

身为聚美优品的CEO，虽然陈欧也在满世界的忙着挖人，但是能被陈欧看上的人并不多，因为他一直秉持的挖人原则是"一强扶百弱"。

2013年8月，陈欧接受《创业邦》杂志采访，记者抛给陈欧这样一个问题："如果后面请的人比前面的人贵，怎么办？"

对于这个问题，陈欧早已经在心里思量过了，他回答道："薪资倒挂永远是一个问题。但早期的元老已经有期权，后来的人期权没那么多。一个企业要发展，不可避免地要请一些高管。有些人是瞎起哄，以为请来的就是好的，总觉得'空降兵'比自己人更好使，最后弄得人财两空，都是自己作的。"

在精不在多，一强扶百弱

陈欧大力倡导的"一强扶百弱"到底是什么意思呢？就是百里挑一，选一个特别牛、特别有能力的人当"领头羊"，在他的带领下，他手下的员工也会更加快速地成长起来并创造更大的价值。所以陈欧从不在乎花高价钱请来真正能做好"领头羊"位置的管理者，因为这对企业本身和企业基层的管理和发展都很有利。

其实陈欧"一强扶百弱"的观点是非常有创意且符合现实情况的。现在很多企业挖人的策略都是错误的。比如说在互联网行业，很多公司挖的人的薪资都处于8000-15000之间，这个区间是互联网行业人员构成中最为鱼龙混杂的一个部分，可能薪资15000的人能力并不比8000的人强。所以在挑选人才时很难从中辨别人才的优劣。很多人不断地跳槽，从东家跳到西家，不仅心思上不安稳，而且都是在啃老底，完全没有了创新精神。在东家把老底啃完了，大不了跳槽到西家去。

而且在陈欧看来，当今企业堆积大量的中层管理人员已经成为了通病，这些人中虽然有一部分经验比较丰富，却很少有人能够独当一面。现状就是很多企业的中层管理人员并非因为能力而得到提拔，相反的是因为工作年限足够久。于是这些人心里都有这样一种想法，认为自己在一个企业一待就是几年甚至十几年，哪怕没有功劳也是有苦劳的。这些人一旦被提拔当上了小官，就希望能得到重视，自己发出的声音能得到他人的尊重。这样一来，一家本来就不大的公司里到处都是领导，到处都是不同的声音，发布命令的人多，执行命令的人少。如此循环往复，这家公司的效率自然就降低了，踏踏实实干活儿的人心里的那团火也就灭了。

正因为如此，为了避免聚美优品最终也出现这种人员冗杂却办事效率低下的局面，陈欧才提出了“一强扶百弱”的人才招揽方案。为了挖到一个优秀的人才，陈欧费尽心思。有一天下午，陈欧外出参加一个采访，马上就要轮到采访他时接到了一个电话。陈欧二话没说，当即把采访的时间推迟了，原来是他一直很欣赏的一位业务总监终于愿意接他抛去的橄榄枝。还有一次，陈欧看上了一家小IT公司的架构师，为此他专门跑去杭州两次，把架构师的一家三口从杭州“忽悠”到了北京，并且亲自为他们租好公司附近的房子，打点好一切。

就像陈欧经常说的，但凡他看上的人才肯定都跑不掉。因为对于一个正在高速发展的公司，最为难得的就是遇到一个真正的可用之才。在这种情形下，无论花费多少时间精力，付出多少金钱都是值得的。从长远来看，能够“一强扶百弱”的人才是一个公司长远发展的根基所在。

将合适的人放在合适的位置上

提起世纪佳缘，刘惠璞这个人大家应该都不会陌生，他原本是世纪佳缘的副总裁。当时他与陈欧都在《非你莫属》录制节目，也因此结识。从那时起，陈欧就动起了心思，要怎么把刘惠璞挖到聚美优品去。一次节目录制结束后，大家一起去喝酒，当时陈欧特意挑了刘惠璞左边的座位。

当时其他几个年轻人酒过三巡，都在兴致勃勃地讨论如何泡妞，陈欧却拉着刘惠璞，一个劲儿地问他怎么做销售。刘惠璞心想，这个陈欧真是无聊啊。结果陈欧话锋一转，直接问他：“你愿不愿意来聚美优品工作？”

不出陈欧所料，刘惠璞当场就拒绝了：“别说聚美优品的规模远远比不上世纪佳缘，而且我在世纪佳缘还占有期权，去聚美优品却只能做职业经理人。”虽然被刘惠璞毫不客气地拒绝了，但陈欧并没有放弃，之后每次见到刘惠璞，陈欧都会问他是否愿意跳到聚美优品来，每次都被刘惠璞婉言拒绝了。

直到2011年5月，随着世纪佳缘的顺利上市，刘惠璞开始考虑陈欧一直以来的提议。促使刘惠璞思想转变的原因有两个：其一是他认为自己做了太长时间的销售，每天的工作都是跑去见客户，对工作的厌倦已经让他丝毫感受不到来自工作的成就感；其二是聚美优品在如此短的时间内能以惊人的速度成长，刘惠璞也是看在眼中的，在他心里聚美优品已今非昔比，俨然成长为一家成熟的公司了。

刘惠璞开始与陈欧约谈，两人前前后后谈了三次，最终刘惠璞答应加入。加入聚美优品后经过很短一段时间的适应期，刘惠璞迅速进入了角色。当时陈欧正打算开发属于聚美优品的自有品牌，这个重担自然而然地落在了刘惠璞身上。刘惠璞发挥自己多年做销售的看家本领，2012年3月，用了仅仅几个月的时间聚美优品的自有品牌成功上线。销售额直线上升，很快月销售额就突破了千万大关。

看着终日里忙忙碌碌的刘惠璞，坐在办公室里的陈欧得意扬扬地跷起了二郎腿，哼起了小曲儿。显而易见的，这次他又成功地将最合适的人选放在了最合适的位置上。就像他常说的：“CEO最核心的任务永远是挖掘人才。很多环节看似困难，只要你找到了一个合适的人选，问题就会迎刃而解。”刘惠璞的加入无疑帮助陈欧快速解决了聚美优品在销售和人力资源这两方面的问题。

网罗人才既要有识人的慧眼，也要有用人的智慧。选对了人，可以说当正确的人被安置在正确的位置上时，这个企业已经成功了一大半。就像中国的IT教父柳传志说的：“当组织架构好了以后，我在每一个行业里面要选对人，这个人是不是真能够独当一面很重要。”

·4·
志趣相投，才能合作长久

陈欧、戴雨森和刘辉这三位创始人可以说是聚美优品的黄金三角，缺一不可。俗话说得好：“兄弟齐心，其利断金。”创业道路上只有与志同道合的伙伴一起携手，齐头并进，才能一起面对困难，笑傲江湖。

是伙伴，更是兄弟

陈欧是个微博达人，经常在微博上发表言论，也会经常与兄弟互动。比起手中的创业项目，陈欧心中更为看重与自己风雨兼程一路走来的创业伙伴们。因为任何一家公司都不可能是光杆司令，只有精诚合作，才能实现共赢。就像陈欧在微博里感慨的那样：“做企业想要活得开心，还是得靠兄弟们。拥有一支团结可靠的兄弟连，我就可以洗洗睡了。”

的确，在陈欧这样的创业者眼中“找一起做事的兄弟比找女朋友还难”。俗话说“道不同不相为谋”。只有拥有相同的价值观和类似的经历，彼此之间才能互相理解，没有嫌隙；同时只有各有所长，有所互补，才能形成最佳组合，达成1+1>2的完美局面。陈欧的幸运在于在创业初期他就遇到了在之后奋斗的日子里能与自己共同进退的兄弟。

陈欧在新加坡南洋理工念书时就结识了刘辉，两人志趣相投，都对游戏行业抱有极大的热忱。出于对创业的共同追求，两人一起开发了在线游戏对战平台。随着创业的深入，陈欧觉得GG平台难以实现自己所有的理念和抱负，最终选择去斯坦福继续深造。刘辉的难得之处在于能站在朋友的角度为他的前途考虑问题，对于陈欧选择继续读书他不仅不反对，还非常支持。这也是为什么当陈欧最后选择回国创业时，想到的第一个人就是刘辉。

同样地，戴雨森在陈欧眼里也是自己的同类。两人是斯坦福的校友，2008年戴雨森从清华毕业后去斯坦福大学商学院读研。气场相投的两个人总是很容易就互相吸引，迎新晚会当天戴雨森就被人群当中侃侃而谈的陈欧吸引住了目光。陈欧似乎永远是人群中的发光体，他相貌英俊、谈吐不凡，总是在人群里恰当适宜地表达自己的种种观点。戴雨森站在人群中，听着陈欧说的每一句话，发现世界上竟然能有一个素昧蒙面的人与自己的观念惊人的契合。

迎新晚会结束后，戴雨森迫不及待地上前与陈欧搭话。这一聊天不要紧，两人发现对方简直是自己在世界上的一个影子，不仅两人都在谷歌实习过，而且戴雨森本人非常喜欢陈欧在本科阶段开发的游戏，是GG游戏平台上的资深玩家。

戴雨森心中关于创业的小种子也正在萌芽，来到斯坦福不久，他就和另外几个华人同学共同创办了一个小沙龙，自任CEO。志趣相投的年轻人之间总有说不完的话，陈欧也经常来沙龙这儿坐上一会儿。一来二去，两个人成了好友，并且都非常认可创业不仅为了赚钱，更是为了获得精神上的满足感。陈欧和戴雨森不同于其他人的地方在于，他们将创业视为自己毕生的事业，早已经在心中下定了决心，而不仅仅是动动嘴皮子功夫。两个人都心怀英雄主义情结，都热切地渴望着创业当中如同丛林冒险般的惊险刺激。

类似的成长经历和求学背景让陈欧和戴雨森能够彼此理解；而对创业同样的执着与追求则让这两颗年轻的心走得越来越近。2009年，陈欧从斯坦福大学毕业，他没有选择投身华尔街，参与金融圈才俊的“宫心计”，而是回国从零开始，实现自己从小的梦想。就像戴雨森后来说的：“离开学校跟他回国创业，无论是当时还是现在，对我来说都完全不需要犹豫。”陈欧前脚回到中国，戴雨森后脚就结束了在斯坦福大学不到一年的学业，跟随着陈欧一起来开创属于他们的新时代。

“兄弟同心”还能吸引资金?

从斯坦福回国后，陈欧选择了自己擅长的游戏行业。然而他的二次创业并不顺利，这一次的游戏内置广告项目虽然在国外红极一时，却在中国遭遇了严重的水土不服。公司一度经营困难，但陈欧最终还是和兄弟们熬过了最困难的时光。

陈欧项目的一个重要资金来自天使投资人徐小平。虽然时至今日，市场再次证明了感性投资人徐小平眼光的毒辣，他当初投给陈欧的18万美元已经翻了600多倍。但徐小平事后也坦言，自己当年选择投钱给陈欧时，心里并不看好他的项目，但是真正说服他投钱的是陈欧身后的创业团队。

用徐小平自己的话来说："你看看，他们创业的三个年轻人，一个是放弃了新加坡的高薪和期权回来的，还有一个是放弃了斯坦福的硕士学位回来的。先不说他们的项目会不会成功，能不能赚钱，至少是够疯的。"

陈欧回国后的二次创业一度陷入困境，一直没有盈利，最困难的时候公司账面上只剩下了不到30万元人民币的流动资金。陈欧与戴雨森、刘会商量再三，决定改做电商化妆品行业。这时候徐小平找陈欧聊过一次，那日二人约在徐小平的办公室，陈欧匆匆赶来，待了不到二十分钟又匆匆地走了。但当徐小平问陈欧是否想过转型失败后怎么办，陈欧一句话让他印象深刻："只要团队还在，兄弟还在，没有什么做不了的。大不了从头再来。"在商场沉浮多年，徐小平见过形形色色的创业团队，他深知彼此信任对于增强团队的战斗力和凝聚力有多重要。也就是这次谈话让徐小平决定继续支持这帮年轻人，第二天陈欧就发现自己账面上又多了一笔钱。

就像陈欧31岁生日时，戴雨森在微博上发给他的生日祝福时所写的那样："生日快乐。新的一年，希望我们兄弟们都能为你分担更多，让焦虑更少，快乐更多，问题更少，成长更多。今年，注定将不同寻常。"

创业的道路才刚刚开始，未来的路还很长。因为志同道合，才能并肩而战。

·5·

"好基友"很难一辈子

"好基友"是"好闺密"的同义词，指的是男性好朋友。但就像"好闺密"总爱横刀夺爱一样，所谓的"好基友"原以为已经到达了友谊的至高境界，却同样可能在创业的过程中或有意或无意地横生枝节。

《中国合伙人》是一部创业励志电影，电影中佟大为所饰演的王阳在婚宴上跟两个一起创业的铁哥们儿说："不要和丈母娘打麻将，不要和想法比自己多的女人上床，不要和最好的朋友合伙开公司。"这是"酒后吐真言"也罢，是兴致来了随口说的也罢，却一语成谶。在后来开创英语培训帝国——新东方的过程中，这三位曾经好得几乎穿一条裤子的兄弟确实因为个人利益大打出手。虽然最后公司成功上市，是一个美好的结局，但是曾以为能维系一辈子的纯粹的兄弟情已经掺杂了太多利益的元素。

现实中与好朋友一块创业，却不一定能收获一个美好的结局，甚至有可能最后人财两空，一拍两散。

"好基友"，阻碍发展的陷阱

作为一个年轻的创业者，陈欧对《中国合伙人》中王阳酒后所说的那番话非常认同。作为一个企业，在合理合法的前提下维系发展、追求利益永远是第一位的。所谓的"好基友一辈子"可能成为公司发展道路上的巨大陷阱。一开始陈欧也很理想主义，觉得最初一起携手创业的伙伴们肯定能肩并肩走到最后，然而现实一点一点地让他明白，这是不可能的。在具体的企业管理中，陈欧清醒地发现，如果一家公司没有正确的管理观念和管理模式，股份得不到正确明晰的划分，曾经的好朋友很可能最终成为敌人。分道扬镳事小，争执不下互相争斗更让彼此元气大伤。

一次陈欧参加大学生创业论坛，被问及如何看待“创业初期的合作伙伴”的问题时，陈欧非常坦率地给出了自己的看法：“我想告诉所有年轻的企业家，企业要想存活，就不可能只考虑情，不考虑利。当有一天你们公司因为团队不给力，因为元老之间的关系隔阂和互相较劲而失去了最好的发展机会，那么你们之间永远也不能再当好朋友。任何一家高速发展的企业，面临着各种机遇的同时，也面临着同样多的陷阱。而‘好基友’的陷阱你一旦踏入，在未来很长的时间里就会一直为自己错误的决定买单。到现在我还看到很多行业巨头在为当时犯的错误买单。”

不合适时就换掉他

从团美网最初的日销售额为0，到最终突破200万元大关，聚美优品仅仅花了一年的时间。从一家不被大家看好的屌丝企业到在美国纽交所成功上市的高富帅电商，陈欧和他的团队也只花了4年时间。

面对聚美优品如此飞速的发展，人们不仅好奇，如此快速的更新换代，聚美优品的元老级人物都跟上步伐了吗？对于那些掉队的人，陈欧又是如何处理这之间复杂而微妙的关系的呢？

就像陈欧说的，“对创业者来说，如何处理公司与队友的关系是至关重要的。不要因为私人感情和兄弟义气，把一个不称职或不合适的人放在某些岗位上。这样费力又不讨好，最后不仅会损害公司利益，而且早晚会撕破脸，伤害双方的感情”。

陈欧认为，处理与元老的关系和处理其他人事关系在本质上是一致的，必须以公司利益为重。对于那些跟不上公司发展步伐的元老，陈欧采取最简单直接的办法，那就是让他们退位。当然，最好的方法是采取相对温和的办法让他们主动退位，这样至少面子上能过得去。

要知道，公司高管是一个企业发展的核心力量，坐在这些重要位置上的人必须创造价值，推动发展。如果不关心企业发展，为了情面让创始人都坐在高管的位置上，最终因为他们的个人能力问题造成公司发展的瓶颈，不仅会损害公司利益，也会让股东的利益白白受损。

面对公司的人事管理，尤其是处理创始人之间的关系，陈欧主张少看一点面子，多看一点现实。就像陈欧说的，“面子是自己挣来的，不是别人给的。如果当初一起打天下的兄弟已经跟不上公司发展的节奏，那他不仅不能为自己挣来面子，还会给公司丢了面子”。

讲点情意，留点退路

市场上有不少企业会把跟不上发展节奏的元老赶出公司，撕破脸面不说，也让人非常寒心。在陈欧看来，做企业要有良心、讲信誉，不能因为追求利益和江湖地位而将往日的恩情一笔勾销。相对于那些不近人情的调整，陈欧主张更为人性化的处理方法。

首先，陈欧认为，公司创始人和元老的荣誉是不可剥夺的，他们“隐退”只是退出公司的管理层，但完全有权利继续保留自己的股份。

而且对于那些跟不上公司发展步伐的创业元老，也不需要赶尽杀绝，将他们彻底地清扫出公司。这时候陈欧会先把他们原本所处的重要职位空出来，让他们去当个副总裁或是研究院长这样比较闲、不会影响公司发展但同时又确实需要存在的岗位。位置腾出来就好办了，就可以去找更适合的人选。退一步说，这样柔性的处理方式不仅给双方保留了情面，而且也为自己留了退步。如果你聘请来的职业经理人来到公司有任何差池，你完全可以让创业元老官复原职。这样一来，既不伤情分，又最大限度地保护了公司利益。

陈欧不仅对团队中的其他创业元老这样，对自己也是同样如此，他说过："如果有一天我不再胜任聚美的CEO，有人比我做得更好，那我当个董事长或PR就可以了。公司管理可以交给更专业的人去做。"

戴雨森对于"好基友"要不要一辈子的问题，也持有和陈欧相同的看法："在这点上我的心态是开放的。创始人是一种荣誉，最开始就做这件事，作为股东，承担了最初所有的风险，所以能得到比较大限度的利益分配，也会成为最初的高管。但是如果我们在自己的位置上做不好，最终损害的还是我们自己的利益。这时候，就应该来找更强的、更专业的人来做。"

就像陈欧的"伯乐"，著名天使投资人徐小平说的："Co-founder（联合创始人）是一种身份、一种地位，而不是一种职位。"

·6·
懂得激励员工，才是好老板

在陈欧看来，一个公司也该上下一心，光有好的高层管理人员，没有士气十足的企业员工，是很难把创业的这场仗打好的。所以，身为企业管理者，懂得激励员工非常有必要。能够激励员工，感染团队氛围，打造朝气勃勃的企业文化，这样才不失为一位具有领袖风采的企业领导者。

在如何激励员工方面，陈欧很有心得体会，他在微博里写道："对员工传授心灵鸡汤好不好？画饼和激励团队的能力，是创业者必须具备的素质，毕竟创业初期你除了未来啥都没有。不能去感染团队的老板，只是个股东，而不是一个领袖，根本不可能吸引和团结优秀的人才。而不停地把愿景变成现实的动力，才是一个领袖长期得到信服的根本。"

"胡萝卜加大棒"的激励方式

作为企业领导者，不仅要明确激励员工、鼓舞士气的重要性，而且要掌握正确的方法，知道如何激励员工才最有成效。我们都知道，如果单纯依靠口头上的赞扬和鼓励往往会适得其反，使公司员工骄傲自满、内心膨胀而心浮气躁，很难静下心来好好地做事情。反之，如果只是一味地批评和责备，则很可能打压员工的工作积极性，造成办公室气氛长期被低气压笼罩。员工缺乏斗志，工作效率自然也会下降。

所以，陈欧分析利弊以后，觉得采取"胡萝卜加大棒"的激励方式是最为有效的。所谓"胡萝卜加大棒"，指的就是为了激励员工，同时通过奖励和惩罚的手段来影响员工，干预员工的行为，以期能由此诱发人们达到要求。这种激励方式并不少见，可谓古已有之，古代帝王经常提倡治理国政要"恩威并施"，讲的就是这个意思。

其实，这种"打两巴掌又给颗枣吃"的激励方式是非常符合人的非理性心理的。在古典管理的理论体系中，将人称之为"经济人"，认为人行动的根本诉求是为了追逐本身利益的最大化。所以，人之所以工作，其实是为了获得相应的经济报酬。这种理论认为，人的情感是非理性的，组织如果能设法控制个人的感情，就能干预个人对经济利益的合理要求。

私底下，陈欧是个很重情重义的人，对于和自己每天朝夕相处、同甘共苦的同事，无论他们职位高低，陈欧都关怀备至。但是他能够做到公私分明，一旦涉及公司事务，陈欧提倡的是“重情重义，靠本事吃饭”。所以工作中，陈欧对员工要求非常严格，甚至有些苛刻，他希望每个人都能靠自己的能力吃饭，在工作中不断吸取经验教训，保持学习能力，在实践中成长。

所谓奖惩，适合的才是有效的

所谓“胡萝卜”激励，指的是陈欧会给那些在工作中表现优秀的人更多的物质上和精神上的奖励。在陈欧看来，一个人在工作中表现出色，不能光靠精神奖励，而不落实物质奖励，两者并重才能达到最佳效果。而物质奖励方面，应该因人而异，最适合的才是最好的。

比如说，一开始陈欧觉得最好的物质奖励方式应该是公司的期权。但很快他就发现，并不是所有的人都在乎期权的。特别是当公司处于初步发展阶段时，很多人都对期权抱有怀疑态度。在他们看来期权在很长的一段时间里都看不见、摸不着，非常抽象，甚至会觉得这是公司在空手套白狼。相比起等待公司的漫漫上市之期，对有些人来说还不如多得一些薪水，多一些餐补、社保或奖金等来得实在。

在观察清楚这一点后，陈欧开始根据每个员工的不同实际情况有区别地进行物质奖励。比如对于那些有想法、有激情，愿意花时间与创业初期的公司一同成长、一同进步，等待公司上市的员工，陈欧通常会奖励公司的期权给他们。这样一来，不仅能够有效地留住人才，也能够更加激发他们的工作热情。对于那些更在乎薪水和奖金的员工，陈欧也非常豪爽，给他们实实在在的薪资奖励。如此一来才能皆大欢喜，每个人都通过自己的努力得到了自己最想要、最在乎的东西。

同时，陈欧也是一位严厉甚至严苛的老板，对于犯错的员工，陈欧也会毫不留情地批评。当然，所谓批评责骂只是一种手段，而非目的。为的是让员工记住自己犯下的错误，激励他们进步。

在团队管理中，“批评”可是一个技术活儿，对不同的人、不同的情况，陈欧都会区别对待。比如有的人性格比较内向敏感，如果你太过直接、不留情面，反而会伤了对方的自尊心，影响今后的工作和相处。所以对这些员工，陈欧往往只需要善意地提醒一句，他们就能及时地改正错误，以后做得更好。而有些人大大咧咧，神经比较大条，面对这种情况，陈欧就会及时地指出错误，并且更加严厉一些。这些人也不会往心里去，而且会牢牢地记住这次教训。还有些人比较要强，好面子，陈欧会在他们犯错的时候抓准时机指出来，借这个机会来提醒他们。

面对竞争日益激烈的创业大环境，人才永远是企业的核心竞争力。激励员工也成为企业领导者在团队管理中的核心环节。在激励员工时，陈欧秉持的信条是“鼓励优秀，理解平庸，苛责不靠谱”。每个人都有每个人的天赋和能力，采用“胡萝卜加大棒”的管理模式，能让每个人发挥出最大的潜能，恪守岗位，尽职尽责。对于快速发展中的年轻企业，这种恩威并施又讲情讲理的员工激励方式实在是具体管理工作中的一剂猛药。

·7·
作为公司老大，自己要是“万金油”

著名企业家李嘉诚曾在被问及管理经验时说道：“总结起来，如果你只想做团队的老板是比较简单的，因为你的权力主要来自地位，这部分可以靠缘分或个人的努力和专业知识。但如果你还想当一家企业的领袖，就比较复杂了，这部分主要依靠你的人格魅力和号召力。”

可见，作为企业的领头羊，有真才实学、有人格魅力，才足以服众。在企业发展中奠定其文化根基，在一次次风波中稳定人心，直到通往成功。

陈欧不过30出头，聚美优品是一个年轻的公司，公司员工以80后、90后为主体，公司管理高层也不乏年长且经验丰富的人。在接受采访时，陈欧经常会被记者问到这样一个问题：“在管理中，你是如何处理与年长的VP（vice president，即副总裁）之间的关系的呢？”

显然，这个问题在具体的管理工作中陈欧早就碰到了，他几乎没有思考就回答道：“其实聚美优品好几位VP都比我年长十几岁，这很正常。作为公司创始人和老大，你要是‘万金油’，说白了，就是各方面都懂一点，这样你才能去和他们沟通。说白了，当他们服你的时候，自然就好管理了。如果他们觉得你什么都不懂，你可能看到的情况就是，会议上他们说，老板说得对，但私下抽烟的时候就骂你。”

其实在陈欧看来，身为一个公司的老大，除了要有人格魅力和超强的管理能力之外，最重要的还在于你是否能用一个目标去捆绑你企业的VP和高层，让他们觉得自己不是在打工，而是参与到一份真正长期的事业当中。就像陈欧说的，“你需要说服他们，让他们觉得这个方向是对的，他们就会自己管理好自己”。

成长，要先于企业一步

在斯坦福读研究生时，陈欧已经坚定了自己创业的想法，选择的专业是MBA。在学校期间，他接触了大量的企业经营管理的具体案例，再结合之后的创业实践，他十分清楚地认识到，一个企业处于高速发展期时，如果团队不能协同合作肯定会拖企业的后腿。陈欧将一个当时并不被大多数人看好的电商企业一点点做大，直到最终成功在纽交所上市，可以说是和聚美优品一起经历了成长的全过程。他很清楚，一个企业由小到大，从100万美元到1亿，再到10亿美元，这个过程中的每个阶段对团队的要求是不同的。

这就意味着，在公司发展的过程中，作为公司的领头羊，陈欧必须先公司一步去成长。所以陈欧无论是工作中，还是私下里，始终保持着高涨的学习热情，通过各种渠道来充电、学习，像海绵一样吸收着一切可以吸收的知识。就像他说的，“每个阶段要的东西是不一样的，这就要求我是一个多面手”。

在充电学习中，陈欧也有一套自己独特的方法。作为80后创业团队的新秀，陈欧与徐小平、雷军等企业家前辈都是好友。所以在学习充电时，比起读管理类书籍，陈欧更喜欢与这些企业家前辈交流取经，学习各种经验。在陈欧看来，这些前辈都纵横商场十几年甚至几十年，有一套应对市场和具体事件的方法，比起学习书本上相对刻板的知识，这些鲜活的经验反而更有效果。就像陈欧自己说的："我觉得作为企业家，最好的充电方式是经常和一些成功的企业家沟通，讲一些实在的例子，讨论一些实在的话题。"

做"十万个为什么"

陈欧的搭档兼好友刘惠璞总是感慨："除了工作，陈欧的生活里没有什么别的东西。"是的，工作之余，哪怕是外出度假，陈欧心中总是想着公司的事情，脑子里总是高速运转着各种新奇有趣的想法。任何一个小小的细节都会引起陈欧的关注，进而思考是否能引用到聚美优品的发展上来。刘惠璞说："他去美国出差，发邮件给我说，你看美国的丝芙兰是怎么做的；他去欧洲度假，又打电话告诉我，欧洲的丝芙兰在运营上有什么特别。是啊，他就是这样的，哪怕是在香港的一家老字号茶餐厅，他也会说：啊，你看看怎么样兼顾来吃茶点的用户的体验。"

在搭档刘惠璞心里，陈欧就是个现实版的"好奇宝宝"。两人最初结识于《非你莫属》的节目录制现场。每次录完节目后，boss团的各位嘉宾企业家都会聚在一块，吃吃饭，聊聊天。每次聚会，大多数的人都在东拉西扯，说一些有的没的。但是刘惠璞发现陈欧从来不会浪费时间，每次都会坐在他旁边，向他请教各种有关销售和管理的问题。刘惠璞还多次称赞："他给我一种特别好学的感觉，而且每次问问题都会问到点子上。说明私底下他已经深入地思考过。"

正式加入聚美优品，成为陈欧的同事以后，刘惠璞发现陈欧简直就是一个行动着的"十万个为什么"。哪怕是在商务场合中，只要有任何机会结识电商同行，陈欧就会马上靠过去攀谈起来，然后兴致勃勃地问："你们是怎么做的？"

苛刻的完美主义者

业余时间里，陈欧还是牌类游戏的爱好者，不仅是因为他觉得这项脑力游戏很有趣，而且牌类游戏也是陈欧所在的圈子中用于沟通交流的好工具。有时候企业家会聚在一起，开个牌局，打着打着感情就打出来了，一桩生意也谈出来了。哪怕是玩牌，陈欧也不能忍受自己不精通。

有一次，陈欧和刘惠璞、戴雨森等几个朋友一起小聚，饭后无聊就玩起了“双升”。他们并没有赌钱，用一堆假的筹码来代替。在那之前，陈欧很少玩升级，一开始根本摸不清门路，眼见着就快输光了。陈欧见状咬了咬牙，开始把所有注意力都投入到牌局当中。他开始记牌、算分，寻找规律，越打越起劲儿，很快就把输掉的筹码一个个赢了回来。

可见，作为一个企业的领头羊，陈欧之所以能成为大家眼中的“万金油”，与他追求成就感、遇事不服输的处世态度也有很大的关系。事后有人问起陈欧当日牌桌上的事情，明明没有赌钱，为什么还这么较真输赢。陈欧回答道：“虽然现在赢1000我也没有什么快感，但输掉1000我还是会觉得很不爽。既然如此，不如自己的人生自己做主，享受一次ALL IN（意思是全押，牌类游戏术语）的快感。”

可以说，CEO是一个企业的灵魂和核心所在，是公司快速发展的关键。就像人们常说的，“火车跑得快，全靠车头带”。聚美优品之所以能以惊人的速度飞快发展，很大程度上得益于公司拥有一位像陈欧这样学习不止的“万金油”一把手。当公司一把手什么都懂一点，永远都提前去思考一点的时候，公司自然也走得更快，更远。

·8·

扎克伯格教我的“团队经”：每个员工都是HR

陈欧觉得如何把优秀的人才都招纳进入你的团队并且将他们安置在最正确、最合适的位置上，是每一个年轻的企业家在创业过程中需要学习的一课。

正如英特尔公司的市场营销部副总裁约翰·杰弗说的：“我作为领导者的目标是有一天我可以脱离于管理工作之外。”作为一个成功的领导者，他需要培育的并不是众多的经理，而是众多的领导。作为一个企业家，应该树立的目标是建立起一个强大的而且能够自我延续的团队。

扎克伯格是当今全球最年轻的通过白手起家而成功的亿万级富豪，Facebook的成功让陈欧明白拥有一支超级优秀的团队是十分重要的。

只雇佣真正优秀的人，每个员工都是HR

从Facebook成立之初，扎克伯格就推行让公司尽可能地保持小规模的原则。公司仅规模小还不够，还要小而精。所谓精，就必须保证你招聘到公司来的每一个员工都是真正优秀的人才，都能承担起他所在的岗位上所有的职责。

无论是一家成长中的还是已经成功的公司，必须有一个有着共同的梦想和目标的团队，公司才能发挥出所有潜力。公司的成功并不是CEO个人的成功，而是一个团队的成功。哪怕像扎克伯格这种大脑中时时刻刻迸发出火花的超级天才，他能够想象出最让人惊喜的产品和服务，但是他这些灵光一现的火花还需要背后的团队去为他实现。

扎克伯格和他的创业团队都对招聘合适的人、放在合适的位置上有非常透彻的理解。公司刚成立时，公司中的每一个员工都亲力亲为，参与到招聘当中去。那段时间里，公司里的每个人每一天都在寻找真正有才华的、优秀的人。当时公司为了招聘专门编了一个程序，招聘程序的制定者亲自去校园里走访，并且参加一些技术party和全国比较重要的技术会议。甚至扎克伯格本人也经常跑去斯坦福大学，站在门口寻找工程师。

Facebook的员工对于招聘员工这件事情非常严肃认真，为了能找到更多更优秀的人才，他们专门建了一个维基网来分享求职申请人的姓名和他们的反馈，想通过这个办法来吸引一些潜在的员工。Facebook的工程总监安德鲁•波斯沃兹说："我们招聘的都是有解决问题能力的人。你必须能随时投入到工作当中来，解决问题，拿出成果，并得到成长。"

对于工作的激情和充分创新的自由是Facebook素来提倡的风格。为了找到真正为你解决问题的人，Facebook的人力资源部还常常会别出心裁地在招聘主页上提出一些编码谜题，诱惑申请人："化解编程挑战，获得一次电话面试机会。"

加入脸书，先过五关斩六将再说

对于招聘进入公司的每一个员工，Facebook都会严格把关，招聘筛选的过程很严。如果想加入到公司最为核心的工程团队则难上加难。首先HR会给申请者提供一些较为简单的谜题，如果第一关顺利通过，接下来就要接受更难一些的编码考题。工程部主任乔斯林・德费恩说："编码面试主要考核你的技术能力，不可能挥一挥手就能轻松过关。那些申请者被淘汰掉最大的原因是因为他没有达到我们的技术标准。"

通过第二关编码测试的申请者则有机会来到Facebook的总部，参加一个四次节奏紧凑的书面测试：前两次仍是单纯的编程测验，后两次则是主要用于考验申请者的专业知识是否过关。可以说，这一系列的考核都是为了考察申请者是否具备“解决困难问题”和“在技术层面开始工作”的能力。

当然，要躲过Facebook这一系列严苛的考察并不是没有办法，前提是有一场公司收购加聘用，也就是说扎克伯格或者他的创业团队收购了某一家公司。Facebook成立11年来，已经成功收购了约30家公司。扎克伯格自己坦言，收购这些公司的目的并不在产品，而是为了吸纳优秀的人才。扎克伯格认为这是一种很好的吸收人才的方式。

企业文化是留住人才的“磁铁”

扎克伯格招聘人才的宗旨是，让所有人的努力都得到应有的回报。高额薪水、免费食品和饮料、免费干洗和带薪年假，这些都是Facebook提供给员工的诱人福利。但是扎克伯格知道，一家公司能吸引并留住员工，最重要的还是在于企业文化和身为领导的远见。

Facebook刚刚成立时，扎克伯格就成功地“扭转”了许多工程师的想法，让他们成功地加入进来。可以说，扎克伯格看上的人几乎没有能逃出他“手掌心”的。对于扎克伯格很看好的某些人才，也许刚刚跟扎克伯格谈话时对方会说：“不，谢谢你。我不感兴趣。”但扎克伯格并不放弃，他会陪着对方顺着往山上走，走很长一段路。这个小小的妙招是扎克伯格从他的偶像乔布斯那里学来的。终点处是小山坡的小小山峰，在那里远眺，能看到美不胜收的风景。扎克伯格就会把握住这个时刻，努力做对方的思想工作。

此外，扎克伯格觉得最聪明的招聘策略就是始终与公司的企业文化保持高度一致，用文化来吸引人才。很多时候，一家公司招聘某个工程师最看重的是他的技术能力和他对于未来是否心怀憧憬，也就是说他的心气儿足不足。Facebook始终鼓励员工能根据自己的兴趣，找到感兴趣的项目来组建团队，因为扎克伯格很清楚只有做自己感兴趣的事情，才能把事情做到最好。这种方法也是企业文化的体现，不仅可以保证员工全身心地投入到工作当中去，而且还会为员工提供更为专业的成长环境，只要有聪明才干，就能在自己所处的位置上发光发热。从这个意义上来说，Facebook是一家讲究公平和平等的公司。作为一家年轻的互联网公司，Facebook从来不在乎员工的学历、履历和年龄，只要你能改善产品和服务，为公司做出贡献，就能得到人们的认同和尊重。就像扎克伯格说的："公司给你最大的自由，你在这里可以做任何事情，前提是做了以后你得证明你确实能行。"

扁平化管理和非传统的职业路径

Facebook奉行的是一种扁平化的管理结构，公司上上下下副总裁的数目屈指可数。同时，Facebook为它的员工提供的是一种非传统的职业发展路径，它对员工的判断并非基于其年龄、资历或者文凭，而是重视他们对公司做出的贡献和所创造的价值。而且扎克伯格在用人方面视野非常开阔，非常支持公司的人事部门能在本行业外招聘员工，因为行业外的人员虽然有很多不足之处，但是往往能给公司发展提供全新的视角，同时也能注入新鲜血液。就像乔布斯所说的："麦金塔系统之所以能取得巨大成功，其部分原因在于开发这个系统的人是诗人、音乐家、历史学家和动物家，而恰好他们还是世界上最优秀的计算机科学家。"

扎克伯格提倡雇用优秀人才的原因在于，这些员工你可以放心大胆地给他们权力，而不用过多地管理和制约他们。你可以省下管理他们的时间和精力去干别的事情。

·9·

张一鸣教我的招人“宝典”：吸引人才，靠的是诚意

2014年6月，北京字节跳动科技有限公司正式完成了由红杉领投、微博跟投的1亿美元C轮融资。在接受《创业家》采访时，今日头条的创始人张一鸣透露，公司C轮估值已经达到5亿美元，人才是互联网企业的核心竞争力。

和许多人一样，陈欧对张一鸣的第一印象是一个典型的技术死宅形象。所谓技术宅，一般都以低情商而著称。让陈欧没想到的是，同为技术宅的张一鸣情商却不低，在他追求女孩子的时候，他招贤纳士的才能就初现端倪了。

用追女孩的诚意去招人才

公司研发部总监梁汝波是张一鸣大学时代的校友，对于当时张一鸣追求女朋友的事情，梁到现在还记忆犹新。

当时张一鸣的一个女同乡电脑坏了，让张一鸣去她们寝室帮忙修。结果张一鸣一回到寝室，就兴奋地说：“哇！她们寝室的一个女孩子很不错！”接着张一鸣包揽了那个寝室所有同学的电脑维修任务，总是跑去修电脑，还跟那个“感觉不错的女孩儿”在BBS上聊得火热。聊了一段时间，张一鸣约女孩出来玩，然后表白了，结果被拒绝了。但张一鸣一点也没有回灰心，照样时不时关心对方，还约她出来玩。有一次两人去北戴河

玩，玩得嗨了，最后张一鸣身上只剩下几个硬币。张一鸣对女孩说，我们把它花光吧。于是他们就用身上仅剩的几枚硬币去了一趟网吧，回来时就手牵着手了。

现在，这个女孩子已经成为张一鸣的妻子。

梁汝波总结，无论在恋爱中，还是在工作中，张一鸣一是看人准，二是“死皮赖脸”。在为字节跳动招聘员工时，但凡被张一鸣看中的人，几乎无一例外被招纳进了公司，凭借的正是张一鸣骨子里“不达目的誓不罢休”的毅力和满满的诚意。

张一鸣说，他招揽人才的诀窍有两点：一是多留心周围，二是要有诚意。大学时，他曾经在一个技术类的社团担任主席，组织了一个写代码的比赛。这次比赛的冠军后来成为“字节跳动”的主力工程师。张一鸣介绍说：“他是化学专业的，但是他编代码比计算机的学生还要快。他读研究生的时候我还在酷讯工作，我就招他过来当实习生。后来我自己的公司成立了，也马上邀请他过来了。”

张一鸣一旦遇到了他认为很优秀的人才，即使当时没有招到，他也会想尽办法知道对方目前的状况。就像张一鸣说的：“对优秀的人，不要在乎当前，在两三年的时间里都保持跟踪。比如我们现在在做基础架构方面的同事，之前我跟他有一些业务上的往来，邀请过他，当时他兴趣不大。后来我每隔半年就会去找他一次，一年半以后他加入了进来。”

曾经张一鸣看上了一名程序员，但对方对刚刚起步的公司兴趣不大。为此，张一鸣连续几个星期里每天都跑去找他，甚至在对方的小区门口等着。

张一鸣说：“创业最重要的是能力，而不是兄弟义气。我不喜欢桃园结义，但三顾茅庐绝对没问题。”创业初期，他几乎徒步走遍了北京东四环和北五环这些程序员集中的地方。他不喜欢喝茶、喝咖啡，但是却在咖啡厅和茶馆里找到了很多合适的人选。

张一鸣还有个习惯，他会把自己在招聘过程中的心得体会都写在一个小本子上，公司开会时就拿出来和同事分享。有人调侃他，挖人的最大经验就是“脸皮厚、不要脸”。张一鸣解释说：“每一次招聘实际上是给申请人提供一个可能性，一个选择，而不是强迫对方。只要对方还留有考虑的余地，就要乐观、要脸皮厚。”

100人以前，我自己招人

在当前激烈的竞争环境中，今日头条无疑是那种重视技术而且对技术类人才如饥似渴的科技公司。2015年5月7日，今日头条的CEO张一鸣在位于盈都大厦10楼的办公室里吃完烤翅后，随手拍了一张照片，配上文字发到了朋友圈里：“想起未来新办公室楼顶露台应该可以搭烧烤。”确实，张一鸣已经在另外一个商圈里挑选了一处面积达1万多平方米的办公区域，计划在年底的时候搬过去。因为按照张一鸣的发展计划，在2015年结束的时候，今日头条的团队成员应该会增长到800人左右。

自2012年创立以来，这家公司的员工数量就在以几何级数增长，从最初的十七八人增长到600多人。最初的办公室只是一个面积400多平方米的公寓，现在已经占据盈都大厦两栋写字楼五层的楼面，面积达到4000多平方米。

在张一鸣看来，今日头条贩卖的是技术和创意，公司发展的原动力在于技术驱动。他曾向记者透露：“我们已经不招年薪低于20万的工程师了。”

虽然现在的人才市场上技术人员的薪水普遍很高，但是今日头条依旧一如既往地保持着对人才的高度热情。仅仅在2015年4月一个月的时间里，今日头条就在拉勾网等招聘网站上发布了149个职位招聘的信息。3月和4月两个月的时间里，今日头条的HR部门总共面试了1500多名申请人，最后录用了其中的262人。

作为一位有着深厚理工科背景的CEO，张一鸣很多时候的行事风格就好像是一台高速运转中的电脑CPU，所有的事情都在有条不紊中进行。一般情况下，他把自己要做的事情分为三个阶段：收集信息、判断信息和具体执行。对于招人也是如此。创业初期，张一鸣并没有用“画大饼”的方式来吸引人才，他不会像大公司一样轻易许诺，给出非常有竞争力的现金回报，而更像是一个有耐心又靠谱的理工男在追求爱人。张一鸣在接受《博客天下》记者采访时说道：“在今日头条的团队达到100人以前，不管什么岗位，哪怕是前台，我都会亲自面试。团队的前50个人里有七八成都是我亲自招进来的。”

在创业初期，他觉得自己像一个销售一样四处奔走，跟别人推销公司的机会和前景。他觉得对于刚刚成立的小公司，在自己并不占主动优势的双向选择中，最重要的就是给申请人留下诚实、可以信赖的印象。

“和优秀的人做有挑战的事”，这是张一鸣招聘人才的原则。随着今日头条的壮大，公司已经越来越受到专业人才的青睐。2015年5月20日，张一鸣在自己的微信朋友圈里发出了一则招聘信息，这次的职位是顶级机器学习人才，薪资为10万到100万美金。在联系人一栏里，张一鸣留的是他本人的邮箱。

这种顶级人才一般都是可遇不可求的。让张一鸣没有想到的是，短短几天的时间里，他的邮箱里就已经躺着十几份求职信了。更令他意外的是，其中有一部分来自2013年他去硅谷物色人才时结识的工程师。这些顶级的工程师大部分都在谷歌、脸书等大型互联网公司工作。当年今日头条刚刚起步，张一鸣在硅谷毫无斩获。但是他仍然加了很多硅谷工程师的社交工具，时刻关注他们的动态。现如今，公司充足的资金和更为清晰的前景显然已经为张一鸣再次迈向硅谷提供了充分的条件。

·10·

李想给我上的“合作课”：好的搭档重在求同存异

作为一个80后的创业者，李想在业余时间里喜欢在微博上扮演一下初级业余段子手和小愤青，生活中也只喜欢和固定的几个朋友聊聊车，吹吹牛，几乎不谈任何业务和工作。但是在陈欧看来，李想能走到今天，在团队管理上有着他独特的见地，绝对不是“走了狗屎运的懒人”一句话就可以解释得通的。

李想让陈欧明白，一个团队要想精诚合作，不仅要企业高层之间既能信任无间，又能求同存异；而且要让企业文化成为公司的灵魂，所有员工奔着共同的目标去努力。

赢的理念，赢的团队

李想说过：“做事要认真。如果一个事情比别人多付出5%的努力，就可能拿到别人200%的回报。”李想每件事都做得一丝不苟，自然最在乎的就是输赢，这也是他创办汽车之家最根本的理念。作为一个创业者，李想觉得刷存在感和情怀是没有用的，他的使命是带着他的团队去冲锋陷阵，去赢。

李想说：“赢，要赢得客观，绝不能自欺欺人。”所以上至利润和收入要赢，用户量要赢，服务质量要赢，效率也要赢；下至论坛上的一篇文章、一张图片也要赢。“赢”是汽车之家上上下下的核心理念。“团队里每个人都抱有赢的心态，就不用天天和员工谈心了。因为每个人都想赢，都会用赢来自我激励。”

李想建立团队也是从“赢”的理念出发的，所以他要的不是一支梦幻团队，而是一支真正可以赢的团队。谁能帮助汽车之家赢，李想就欢迎谁。李想自己比较擅长内容和用户的经营，所以他找到的第一个合伙人樊铮是做技术方面的，CEO秦致主要负责管理，销售副总裁韩松以前是经营广告公司的，主要负责产品宣传，财务副总裁李铁以前就职于普华永道。

所以李想找来这些人组成了汽车之家的核心团队，术业有专攻，这些人所擅长的正是李想所不擅长的。这样一来，他们一加入进来就可以独当一面。从2005年到2007年，短短两年的时间里，汽车之家就打造了一支在汽车网站的行业当中专长互补的顶尖团队。

谁决策，谁负责

作为一个“懒人”，李想认为最高效的管理模式就是谁决策，谁负责。

比如说韩璐主要负责媒体相关的业务。一年的四个季度里，李想和韩璐都需要在未来一年重点努力的方向和达成的目标上形成一个共识。这个共识不是笼统的，而是由大到小面面俱到的。比如大到公司年度的财务预算和人员预算，小到一个帖子和一篇文章，韩璐和他的团队成员都有绝对的权力来决策，同时也要承担100%的责任。

作为公司的老大，为了完善团队管理，李想也为自己保留了两项权力，即建议权和否决权。其中否决权一年只能使用三次。李想从来不会随随便便使用否决权，但是到了真的使用的时候，团队的其他成员都会非常服从。

“谁决策谁负责”的团队管理模式大大增强了团队成员的责任心，也提高了工作效率。比如说韩璐的团队在做具体业务预算的时候，每花一笔钱都要花到刀刃上，事先会做细致的研究。韩璐甚至开玩笑说：“比花自己钱的时候节省多了。”

选对方向，做好减法

在工作中李想坚持的是“抓大放小”，除了某些涉及原则和道德底线的问题，他很少给团队找事。李想一直坚持“懒人”管理法来管理团队，他不提倡给团队做加法，而是和团队一起来做减法。正因为和李想一样，他的团队也奉行“赢”的理念，所以总是很努力，希望在每一个环节都能赢。越想赢，压力越大，虽然单独看来每件事情都能更加完美地完成，但是每个人的精力毕竟有限。有时候往往越是努力，结果越是不如人意。这时候，懒人李想就出来为团队做减法了。

李想一般会从团队内、团队外和用户这三个维度来看待团队。面对团队所面临的困境，他通常会带着团队一起梳理一下正在做的事情。李想会让他们先从团队内的角度出发，把自己在做的事情都列出来，再从团队外和用户的角度来考虑这些事情，按优先顺序来排列这些事情。最后只留下最多三件最重要的事情。

同时李想还有自己的独门诀窍——“五问题”法，在做决定之前先问自己5个问题：第一，这个的市场需求大不大？第二，是不是刚需？第三，到底是不是刚需？第四，到底是不是刚需？第五，我们能做到第一吗？如果这五个问题的答案都是肯定的，那就立马付诸行动。

求同存异才是好搭档

汽车之家这家公司的“奇葩”之处在于它很早就被外资公司控股，创始人长期隐居幕后专注产品开发，空降的CEO成了公司的新舵手。创始人李想和CEO秦致表面上看起来是两个世界的人，却合作得亲密无间。

创始人李想是草根，空降高管秦致是海归精英。一个是曾经的“老大”，一个则是现在的“老大”。在这个人人都要争着当founder的年代里，这两个年龄相差10多岁的男人在汽车之家共同谱写了一段求同存异又志同道合的创业神话。

两个人专注的方向不同，才能让公司发展得更加完善。就像秦致说的：“汽车之家这个网站不是我的产品，但汽车之家这个公司是我的产品。”

秦致说，对于汽车之家他和李想有着完全不同的管理风格，就好像是两个完全不同风格的酒店老板。李想的性格中有“急躁的一面”，就像是酒店的A老板看到客人把杂志放在了酒店大堂的桌子上，客人走了却没有人将杂志放回报刊架，A会马上叫来相关的工作人员，拍着桌子严肃地批评一顿。所以，李想是碰到了问题会马上着手解决的类型。而秦致久经沙场，性格则要迂回婉转得多。如果相似的情况被B老板看到了，B会去总部找专门负责分店的责任人，和他讨论一下管理是不是出现了问题。

这个酒店风格的小故事其实反映了企业管理的大问题。秦致也和包括李想在内的公司员工聊过这个例子，最后达成的共识是：如果只有一家酒店，A的处理方式是好的；但是如果有100家分店，像A这样处理就出问题了。随着公司慢慢成长，对管理团队的要求自然也不一样了。

秦致是汽车之家在管理和战略方面的灵魂人物。早期的汽车之家是以产品为驱动的，在秦致的努力下逐渐转变为了产品和管理并重。

黄明明是汽车之家在天使投资阶段的一位跟投者。在他的眼里，李想和秦致是“两个极为互补的人”。当初他同时投资了两家汽车公司，其中一家早以300万美金的价格出售掉了，而汽车之家如今已经稳坐汽车网站领域里的第一把交易。也许汽车之家除了把握住了市场机遇外，还与它的创始人李想和CEO秦致两人之间求同存异的完美搭配有着密切关系。李想作为公司的创始人并没有盲目独大，对公司没有过于强烈的控制欲和独占欲，而是更加关心公司能否盈利和长期发展。所以只要有人能把汽车之家带到一个商业上更高、更远的地方，李想并不在乎自己在公司所扮演的角色究竟是CEO还是总裁，哪怕是功成身退的创始人他也愿意。

·11·

希斯特罗姆教我的团队哲学：如何打造一流高管团队

聚美优品在短短4年的时间里创造了属于80后的商业传奇。作为聚美的CEO，陈欧在团队管理中有自己的独到心得，就像他经常说的：“没必要请那么多高薪的人，而要一强扶百弱。”

不过要说真正将“小团队，大生意”这句话演绎到极致的，非Instagram莫属。Instagram从成立之初只有凯文·希斯特罗姆和迈克·克里尔两位创始人，到2011年A轮风投获得700万美元时的4个员工，再到被Facebook收购时的13人团队，在创始人兼CEO的希斯特罗姆的理念中，团队一直奉行的是极简主义。

极简主义：团队奉行的原则

在Instagram的团队管理中，希斯特罗姆一直奉行三条原则：simplicity（极简主义）；optimize for minimal operational burden（为尽量减少运维负担而优化）；instrument everything（监控一切）。

最初创业时，希斯特罗姆和克里尔只是两个“空有理想而无实战经验”的年轻人，他们只想把脑海中构想的图片网络现实化。一开始他们只能将自己所设计出来的产品托管在洛杉矶某个技术中心的一台机器上，而那台机器的性能甚至还比不上一台MacBook Pro。当时希斯特罗姆主要负责的是产品创意上的创新和对外的推广宣传，而克里尔则负责产品在技术上的更新。就是这样一个“麻雀虽小却五脏俱全”的小公司，所推出的产品却在上线第一天就吸引了2.5万名用户注册。

在被收购之前，Instagram人员最多的时候也才13个人。在这个13人的团队中，希斯特罗姆除了出任CEO以外，还是一名兼职的工程师。在他看来，虽然只有13个人，却有足够的能力去推进和维护这么庞大的工程。因为Instagram发展到这个阶段，已经并不需要很多人去进行维护服务的工作，更重要的部分应该是集中在设计本身上。希斯特罗姆说：“我希望把一切事情都简单化。我觉得对于我来讲，网络的网页服务、网络服务等，其实是我们可以好好利用起来的工具。所以，我们这么一个小小的团队就可以去维护了。当然困难仍然存在，比较辛苦的是每天都需要三个人一大早起来去看看有没有什么问题。对于我自己来说，就需要长途跋涉了。”

被Facebook收购以后，Instagram面临着团队成员的补充问题。希斯特罗姆希望能够通过逐步努力，建立起一个极简化团队。每周他都会面试很多人，每天早晨他都会和团队的其他成员一起讨论一下怎么样去有效地招聘公司所需要的人才。他们把标准定得很高，虽然有时候会造成一定的困难和挑战，但是能够帮助他们找到发展团队所需要的正确的人，从而帮助他们应付下一步更为困难的挑战。比如说应对竞争对手，特别是海外其他竞争对手的挑战，为客户们提供他们所喜爱的产品。

简洁，就是要各司其职

曾有一篇文章这么评价Instagram："Instagram上面没有那些所谓的强时效性、有思想而有趣的文章，甚至并不是所有的图片都很好看。"事实也的确如此，Instagram在图片社交界里就如同一朵安安静静存在着的奇葩，没有任何哗众取宠的复杂功能，却在无形当中满足了用户拍照、分享和收获点赞的种种欲望。

作为CEO，希斯特罗姆不仅将这种对简单的追求贯彻到了产品当中，同样也贯彻到了公司的团队管理当中。Instagram要在团队中做到彻底的极简主义，就必须让每一个人都有所长，并且在自己的工作岗位上各司其职。事实上，也正是如此。

在这个13个人的队伍中，每个人的工作都具有不可替代性，所有人合在一起就构成了一支极富Instagram简洁特色的高管团队。

凯文·希斯特罗姆是Instagram的联合创始人兼CEO，在创业之前他曾是NextStop的产品经理，更早之前则是Google收购部门的一名员工。所以在Instagram正式上线以后，虽然希斯特罗姆也懂编程，但他主要的精力放在了宣传和推广产品上面。毕竟，他曾经的工作内容有相当一部分就是与人沟通。

迈克·克雷尔在创立Instagram之前，曾经是Meebo的一名用户体验设计师和工程师，当时他还是斯坦福大学的一名在读研究生，所学专业就是计算机。虽然克雷尔对编程很感兴趣，但同时他也是一名狂热的摄影爱好者。克雷尔之所以与希斯特罗姆结识，还要追溯到学生时代两个人都在摄影爱好者的社团中活动的那段时光。当时他就对希斯特罗姆印象非常深刻，因为这个小伙子并不是那种一心只知道读书的所谓“nerd”，而是对摄影很有心得体会。每次外出采风时，希斯特罗姆都格外关注各种摄影技巧，总是思考如何巧妙地利用光影才能让其发挥出最大的效果。久而久之，两人也开始在私下有交情。所以当希斯特罗姆向克雷尔提出，想要做一个可以自由自在分享图片的产品时，克雷尔立马就答应了下来。

菲利普·阿里斯特是主管产品开发的克雷尔手下的一员得力干将，也是Instagram的高级工程师。在跳槽来到Instagram之前，他是一家创业公司的高级工程师，随后那家公司被Facebook收购。2012年3月，他正式成为Instagram的一员。菲利普后来回忆起面试那天的情景，仍旧记忆犹新：“是的，Instagram是一家小公司，但是在业内很牛。那天下午来公司面试，对面坐着凯文和迈克两个人。面试进行了快两个小时，他们主要问的是我对产品的理解以及编程的专业问题，所有问题都非常专业，有的甚至很难。我想，只有门槛高了才能招到真正能够符合极简主义的员工。”

杰西卡·佐曼是Instagram的一名社区布道师。在成为Instagram的一员之前，她曾经在一家实验室里担任客户关系专员，而她的专长也是社交产品所需要的，即处理人与人之间的沟通问题。2011年8月，佐曼加入Instagram，她在自己的Linkedln的页面上说道：“作为 Instagram 社区的布道师，我部分代表着 Instagram 的用户。我会通过 Instagram、Twitter、Tumblr 以及 Facebook 介绍我们公司以及公司的产品。我提供实时客服支持、沟通事宜以及向产品团队传达用户对产品的改进建议。我不仅负责 Instagram 的线上活动，也负责线下活动。”

对于一个年轻而又有强大生命力的公司，其员工的多少并非是衡量它自身实力的关键因素。最为关键的是，团队中的每个人是否都处在最合适的位置上，做着最合适的事情，并产生最好的结果。

NO.4

你只闻到我的香水，却没看到我的汗水

——陈欧的“经营课”

如果消费者是铁，那企业口碑就是“磁石”。创业路上永远不要心存侥幸，只有深入了解用户的消费心理，学会换位思考，在产品口碑和品牌服务上做到尽善尽美，才能成为行业内的领跑者。企业在经营中，永远保持适度的危机感，才能存活得更久。就像陈欧说的：“能活到今天，就是因为极强的不安全感，我们每天都担心公司明天就会死掉，如果不是因为有这种不安全感，我们做不到今天。”

·1·

专心做产品，不打价格战

有一个小故事，讲的是一对新婚的年轻夫妻还挣扎在温饱线上，丈夫没有钱给妻子买钻戒。一次饭后散步时两人路过一家首饰店，壁橱中一枚闪闪发亮的钻戒吸引了妻子的目光。第一次时，两人摸了摸口袋里的钱，甚至没有问价格就走了。第二次时，那枚钻戒还在橱窗里，丈夫心想如果这枚钻戒带在妻子的手上该有多漂亮，妻子又该会多高兴。第三次，店员过来询问："先生小姐，要不要进来试戴一下这枚钻戒？"

试过以后，店员报了1万元的高价，完全超出了小夫妻的购买能力。二人正要离开，店员又问他们想多少钱买，丈夫说1000元，哪知店员很痛快就答应了，立刻帮他们把钻戒包装好。然而，这对终于买到了心仪钻戒的小夫妻是否很高兴呢？事实上，那天晚上这对小夫妻居然双双失眠了，为什么呢？

两人心仪已久的钻戒以远远低于预期的价格购入，他们却一点也不觉得高兴，是因为过于低廉的价格让他们觉得自己可能上当受骗了，买到的也许是钻戒中的残次品或者假货。因为价格过于低廉，他们已经不相信商品的质量。这个故事同时也告诉商家：过于低廉的价格往往会适得其反，大大降低消费者对商品质量的认可度。

费力不讨好的价格战

这个故事说起来有点戏剧化，甚至是极端，但它却每天都在我们的生活当中真真实实地上演着。现今市场中大大小小的电商林立，受产品同质化的影响，为了从诸多竞争对手中脱颖而出，最大限度地占有市场份额，价格战成了众多电商的杀手锏。虽然陈欧一直很反感价格战，但迫于竞争对手的压力，2013年聚美优品也不得不与乐蜂网展开了几个回合的价格战。然而价格战的结果无外乎两败俱伤，双方各自的利润额都在压缩。

那一段时间里，迫于市场压力，聚美优品陷入了无序的、没有任何技术含量的价格战中。陈欧明白，长期这样下去，再大再强的公司都有可能被拖垮。他知道，必须采取措施，让聚美优品摆脱无休止的价格战的漩涡。

陈欧很清楚在化妆品行业里，一些经典而成本较低的产品多是通过价格战来销售的，这是聚集人气的好渠道。但是较之国外商家只有约30%的销售额来自新品，中国化妆品企业有99%的利润都是靠着打价格战得来的。主管销售的刘惠璞对价格战也有清醒的认识："作为一个电商，你不要为了让你的成交总额看起来红火就疯狂地进行价格战。否则，你会丧失掉手里的优势，把有价值的产品打得无价值，无价值的产品哪怕你打价格战用户也不会买单。到头来大家都去找品牌商要各种费用，品牌商也被搞垮了，一年下来大家都穷得叮当响。"

曾经有一个质优价廉的护肤品品牌在聚美优品上卖得很火，其中的一款畅销品在卖59元的时候卖得很好，每日的成交额甚至能接近百万。很快这款明星产品也被其他电商盯上了，为了抢占市场份额，这些电商都把价格压得一低再低。聚美优品被迫加入这场毫无盈利可言的价格战，最后这款产品的售价被压低到了19元。可想而知，19元对于商家来说几乎没有利润可说，随着利润的下降，产品质量也随之下滑。虽然这个品牌的护肤品一度成为聚美优品的主打商品，但是在价格战中聚美优品也不得不终止了与这个品牌的合作。

最终的结果是，随着价格战愈演愈烈，这款价格虽然低廉但是已经毫无质量保证的商品已经完全颠覆了往日里的好口碑。最终这个品牌也要垮了，老板只能到处去寻求并购，以便把自己的品牌卖掉。如此一来，这个好端端的品牌可以说是砸在了价格战手里，成了电商利益争斗的牺牲品。

可见，电商为了抢占市场份额对商品进行打折销售，最终的结果是导致商家和厂家都得不到利润。好端端的产品只能从市场中消失掉。这对电商、厂家和顾客来说，都不是一件好事。如何避免价格战，在市场环境中建立良性竞争可以说是陈欧等年轻的电商企业家需要深思的问题。

好质量是“王道”

在陈欧看来，聚美优品要想在众多电商中杀出重围，避免价格战，就必须要做好两方面的事情。其一是，搞好聚美优品的特色服务，其中包括“把美传递给大家”的价值观深入人心。其二是，要发掘或开发出真正好口碑的产品，比如从欧美引入一些用户反响良好的产品品牌，打消消费者对于化妆品行业质量问题的怀疑。如果说消费者对你的产品不信任，假货问题始终是商家与消费者之间的隔膜，这样的企业是走不长远的。

不同于其他的商品，化妆品从其商品属性上就更容易被消费者质疑其质量的好坏。陈欧对此觉得非常无奈：“在网上买电子产品，iPhone也好，iPad也好，我们不会担心是假的。但是买化妆品不同，消费者天生带有怀疑。”

陈欧抓住了“质量”这个关键词，聚美优品要成为行业中的领先者，就必须先闯过化妆品质量保证这场革命。为此，陈欧投入了大笔资金，创办了正品联盟。他知道，只有闯过了质量这道关卡，聚美优品才会迎来真正的春天。他也希望，通过自己的努力，能实现化妆品行业的历史性变革，也许在不久的将来，消费者就可以在每一件化妆品上都看到防伪标志。

所以，应对其他电商价格战的杀手锏就是保证产品的质量。聚美优品自成立以来，很少加入到其他电商如火如荼的价格战中，这是因为聚美优品所销售的商品进货渠道有保障，产品质量也经得住考验，还能迎合消费者的需求。在市场的优胜劣汰中，时间会证明一切。每次与化妆品品牌合作时，陈欧都喜欢说一句话："聚美优品不参与价格战。如果有一天聚美优品的商品突然降价了，那只是说明聚美优品要清仓了，是时候推出新的产品了。"

从涉足化妆品行业的第一天起，陈欧所秉持的原则就是，聚美优品上所销售的商品质量必须过硬。作为聚美优品主管销售部门的副总裁，为了对产品质量和真伪严格把关，刘惠璞总共采取了八大保证措施，包括推出正品联盟的防伪标识、30天无条件退换货、成立金额高达5000万元的打假基金进行赔偿等。

作为电商，保证产品的质量永远是第一位的。这样消费者才能买得放心，用得安心，才能重复消费。在纷纷扰扰的价格战中，陈欧打出了一张"质量为重"的王牌。

·2·

是做生意，更是传递美

陈欧是一个有着理想主义情结的人，对他来说，聚美优品不仅仅是一个贩售化妆品的电商企业，同时也是在为人们传递美，既传递美的理念，又提供美的服务。

就像陈欧说的："创业不仅是我选择的生活方式，更是我实现理想的途径。到目前来说，单纯地赚取利润对我已经没有太大的吸引力。我只希望聚美优品能带动一场行业变革，我也愿意为这场追逐美、传递美的革命竭尽所能地付出。"

全球美妆，让你来尝鲜

聚美优品是聚集了各大化妆品品牌的电商平台，陈欧认为将包括欧美在内的好口碑的化妆品品牌引入到中国，为中国女性提供更多元化的化妆和护肤产品是自己的职责所在。他在接受采访时也表达过类似的观点："我们可以说是化妆品界的'红娘'，中国女性通过聚美优品可以接触到更多不同国家、不同特色的护肤产品，选择的余地大了，自然用户体验也会提升。而我想要做的，就是把美带给所有爱美的女性。"

早有消息传出，陈欧给聚美优品设立的一个近期目标是能让聚美的用户群体更多元化地选择化妆品。2015年7月7日，聚美优品斥重金为消费者发福利的好消息传来，发起了“全球美妆免费领”的活动。一时间，爱美的女性消费者们都不淡定了，纷纷要争着入场。最终，因为承受不了消费者们如洪水一般的访问量，聚美优品的客户端最终在人们的热情当中宕机。不过陈欧这次“全球美妆免费领”的活动看来是下足了决心要把形形色色的爱美小物带到消费者的身边，可谓诚意十足。当天晚上11点多，陈欧就在微博里说道：“活动时间延长。所以，没抢到的同志们还是有机会的，革命尚未成功，同志仍需努力！”

而这次福利派送的活动之后陈欧又掀起了一个小高潮。7月6日下午2点23分，陈欧再次发布了一条非常幽默的微博：“他把钱都砸股市了吧？没钱给你买买买了吧？没事，还有我。上周发零食，今天免费发美妆。各种大牌，限时不限量，只要手快就抢得到。大盘绿，脸不能绿，脸红大盘就红了”，而且还打出了“你们为国护盘，陈欧为你护脸”的口号。

陈欧此举可以说一举斩获了众多女性消费者的芳心，其实真正戳中广大女性同胞内心的与其说是陈欧式的戏谑语言风格，倒不如说是陈欧式的做事风格。一时之间，聚美优品仿佛成了广大女性朋友的呆萌“大白”，上有CEO陈欧在微博上卖萌，下有聚美优品免费发完零食又发美妆，真是又萌又暖。难怪乎网络上一众网友都大呼，陈欧才是真正的“国民老公”。

不得不说，聚美优品这两次的营销活动都非常得人心。虽然也有网友说，聚美的这两次“大放血”是为了之后开卖食品和保健品在制造噱头，但是在商言商，谁又能说陈欧不是在践行“传递美”的理想呢？

将美送上门去

现在聚美优品也在打造属于自己的O2O模式。陈欧的最终目标不仅仅是开线下店，让聚美成为中国的屈臣氏或丝芙兰。未来几年里，聚美优品更重要的目标是接入更多的到家美业O2O商家，服务于更多爱美的女孩子，像圣诞老人一样，把美送上门去。据相关的知情人士透露，聚美优品已经计划在APP上开放相关的接口，优先开放美妆、美甲等几个热门的到家服务项目。

记者曾经采访过一位聚美优品的高层，他透露称："美甲类目前可能考虑的是嘟嘟美甲或是58美甲，美妆则是美到家。"到家服务因为高频次连接客户而越来越受到众多电商平台的关注。比如说包括京东网、大众点评网、美团网和58同城在内的许多电商平台都开启了各自上门服务项目的O2O接口。当然，这些电商平台所涉及和专注的领域各不相同。如果要考虑推行上门服务项目，以化妆品行业起家的聚美优品第一个想到的自然也是与"美"相关的项目。

美甲这一美容下的细分品类其实已经有多家电商涉足，比如说美团网、大众点评网就先后接入了嘟嘟美甲，如今又有聚美优品的加入，局势将更加微妙。凭借着大平台更加充沛的流量，嘟嘟美甲肯定会与58美甲形成对抗之势。

其实对于很多O2O领域的创业者来说，之所以选择彩妆行业，是因为彩妆板块仍然暗藏着许多商机。彩妆的使用效果要想得到最大限度的发挥，不仅需要好的产品，还需要好的化妆技术，而这也正是现有化妆品电商平台存在的短板。线下的化妆品市场里，化妆师和消费者之间存在着非常严重的割裂。这也就意味着，消费者没有别的渠道，只能通过一些专业的电视节目或时尚媒体等来学习化妆技巧。

再比如说聚美优品，虽然说作为中国炙手可热的化妆品电商，它有足够的实力将足够多的优质的化妆品送到消费者手中，但是有一部分消费者却无法自己施以粉黛，无法达到消费的心理预期。显然，聚美优品已经意识到了这一点，送货上门的服务不仅仅是触达消费者的最佳方式，而且只有走进用户家中，让用户安心地把脸奉上，才是获取信任的“王道”。

这也就是为什么，一直以“传递美”为信条的聚美优品要将“美”真正地送到客户身边，送到客户家里。就像一位知情人士解释的：“用脸去撬动市场是顺理成章的。从一个女人的角度来说，脸上画了一个漂亮的妆容后，头发的感觉又不对了，指甲可能也不搭了，包、衣服、鞋子都不在一个调调上了。问题的出发点无外乎在一张脸上。所以美业把美送上家门口去，以化妆造型作为切入点，是最符合消费者需求的，也最能够被女性消费者接受的。”

·3·
哪怕一败涂地，也要推动行业变革

2012年6月12日，网友姑苏毛十七以“聚美优品前员工”的身份在天涯社区上爆料，帖子中写到聚美优品上出售的化妆品有90%是假货，上面所谓的大牌化妆品其实是由广东某地山寨专业基地生产的假货。姑苏毛十七自称，从2011年年初到2012年5月，在聚美优品担任某品牌化妆品渠道开发的职位。为了增加帖子的可信度和劲爆程度，姑苏毛十七还陆陆续续在帖子中贴出了聚美优品出售的化妆品的相关采购单。这些采购单显示，聚美优品在许多国家大牌化妆品的采购价都低得惊人。

互联网的传播速度惊人。这篇帖子很快成为新浪微博上的议论热点，许多一直支持聚美优品的女性顾客也觉得胆战心惊。

陈欧也阅读了这篇帖子，在他看来，这篇帖子的内容实在是漏洞百出。他针对这些漏洞一一做出了说明："例如清单当中兰蔻精华肌底液30毫升装只比7毫升的贵1块钱，这样的供货价格显然有问题。另外大型电商采购都是软件系统下单，不会用excel，而且很多产品聚美都没有卖过。"虽然说陈欧及其团队反应很迅速，很快对这一起恶性事件进行了高效处理。但是，作为靠产品质量吃饭的化妆品行业，这篇帖子仍然造成了很坏的影响。

帖子出现不久，聚美优品立即报警。很快网友姑苏毛十七就被警方以涉嫌损害商业信誉、商品声誉罪被拘留。最终姑苏毛十七本人承认，帖子没有任何的事实根据，完全是他无端捏造的。他并不是聚美优品的前员工，只是因为应聘聚美优品不成而进行恶意报复。最终，2013年7月12日，苏州工业园区人民法院进行一审宣判，被告人毛某某被判处拘役6个月，缓刑6个月，罚金1万元人民币。这段风波就此告一段落，但是陈欧知道，各种质疑聚美优品的声音并没有消失，怀疑仍然存在着。

聚美，要有美名

了解陈欧的人都知道，他是个非常爱惜自己名誉的人，这次网友恶意捏造的恶性事件对他个人和对聚美优品的影响都很大。

面对网络上洪流般的质疑声音，陈欧觉得压力很大。年轻气盛的陈欧实在忍受不了这种只能被动挨打的局面，一度非常不爽。董事会上，陈欧表示要在自己的微博上跟网友理论一番，最终被徐小平制止了。

化妆品销售在天然属性上就容易被质疑，这一点陈欧看得很清楚。就像他说的："你在网上卖化妆品就会有人质疑你，哪怕你是卖自有品牌也不会有例外。想想看，聚美优品每天有几十万个订单，网上却没有任何人说你卖假货，这是不可能的。”随着事件的告终，他开始思考如何解决聚美优品面临的困境。

陈欧觉得，面对消费者关于化妆品真伪的质疑，要在第一时间做出反应，联合相关的品牌给消费者做出解释，不能忽视消费者的质疑。对于消费者的任何疑虑都不能躲避，而要负责到底。陈欧说：“做这个行业注定是会痛并快乐着，因为从一开始就会受到质疑。”

防伪码体系保驾护航

一次接受采访时，陈欧说道：“2010年我开始转型做化妆品，自从聚美优品成立以来，就不停地有人问我：‘你卖的化妆品是真的吗？’三年过去了，这个问题始终都困扰着我，也困扰着电商美妆行业。8月1日，聚美优品联合60家品牌全面推出真品防伪码联盟，全面解决真假难辨的问题。”

为了打消消费者对于聚美优品产品的质疑，陈欧决定要推出一套防伪码体系为公司保驾护航。这个体系很严谨，具体操作过程是，首先成为某品牌的中国区代理，确保每一件进入聚美优品的商品都带有一个二维码形式的防伪码，而且每一个防伪码都只能使用一次。也就是说，每件商品上的二维防伪码都是独一无二的。被扫过以后，防伪码会自动作废，有效防止了被钻重复利用的空子。而且消费者在聚美优品上购买了产品以后，也可以通过产品上的防伪标识来核对产品的真伪。产品上的防伪码仿佛是一种身份说明，可以有效地减弱甚至打消消费者对于假货的质疑，放心地购买产品。

2013年8月，聚美优品联合美宝莲、相宜本草、兰芝、佰草集等60余个知名的化妆品品牌，在中国消费者协会和中国质量万里行的监督下，正式成立化妆品行业真品联盟。该联盟推出了首个化妆品的防伪码体系。聚美优品正式宣布，从2013年8月1日开始，聚美优品平台上所售出的每一件真品联盟品牌的商品都将被贴上独一无二的防伪标识。这是陈欧在痛定思痛后，面对各种恶意的诋毁给出的有力反击。真品联盟净化了原本鱼龙混杂的化妆品市场环境，实现了该行业上下游的封闭，大家联合在一起打击假冒伪劣产品。在这样的高压环境下，那些假货、劣货也无处遁形了。

市场竞争日益白热化，如果只想着蝇头小利，靠一些见不得光的手段来获取利益，任何企业都是走不长久的。只有营造良好的市场环境，从源头上杜绝假冒伪劣商品混入市场，大大小小的企业才能在干净的市场环境中进行良性竞争。

陈欧从创办聚美优品的第一天就决定，不仅要通过聚美这个平台把“美”传递给千千万万的消费者，更要让化妆品这个一直遭受质疑的行业正品化、规范化、健康化。“让电商平台卖出的每一件商品都是正品”是陈欧的使命。他相信，只有大家好才是真的好，只有推行这场化妆品行业的变革，重塑市场新风，聚美优品才能在健康的市场环境中发展得越来越好。

·4·
永远把消费者体验摆在第一位

梦想在一点点靠近，团队在凝聚着，粉丝在鼓励着，陈欧沉醉于他的“美丽”事业，聚集美丽，是为了能够成就更多人的美丽。陈欧一直坚持，聚美优品是一个服务导向型的企业，必须永远把消费者体验放在第一位。

给用户最高级别的承诺

作为中国第一个女性化妆品垂直团购网站的创始人，陈欧对于化妆品电商领域有着自己独特的切入点。陈欧说过："对于我们新一批的80后创业者来说，一开始心要小一些，把事做踏实一些，不要在一开始就想做得特别大。对我们来说，做垂直方向的网站机会更多一些。传统的B2C的风格是大而全，而我们做的聚美定位是小而精。所以刚刚创立企业，我们就觉得要自己来解决物流和渠道的问题。所以聚美优品有自己的仓库，还有专属于公司的买手和商品质检团队。这都为后来我们更好地服务消费者提供了便利。"

聚美优品在行业内率先提出了"化妆品团购"的新理念，即网站上每天都会推荐十几款热门化妆品，而且价格远远低于市场价格。不仅如此，聚美优品还给用户最高级别的承诺，比如"30天拆封无条件退货"和"100%正品"等口号在外界看来都是不可思议的，具有颠覆性意义的。陈欧做的这一切，都是为了让用户放心购买，安心使用。

陈欧刚刚在董事会提出在聚美优品推行"30天拆封退货"的决定时，大多数投资人都不能理解。但是顶着董事会的压力，陈欧仍然坚持推行，因为陈欧一直以来的目标就是让所有聚美优品的用户都得到最好的购物和服务体验。

陈欧对此解释道："我们敢提出各种对消费者有利的政策，无疑也是深水炸弹，颠覆了现有售后服务模式，拆封退货对于化妆品来说意味着一件商品彻底报废，业内从来都是以此为理由来规避消费者对所提供的产品不满意后提出的退货需求，我们认为这一需求的满足是对消费者负责，是建立信任的关键。单这一个理由，我们就必须实施这个承诺。”

购物后要给用户惊喜

陈欧认为，聚美优品作为国内最好的化妆品电商，要能够把握住用户的消费需求。因此聚美优品贴合消费者心理，对商品的品类进行了细分，贴合不同年龄层、不同身份的用户，推出不同的产品。而且还根据具体的季节和天气，推送更为适宜消费者当下使用的产品。

“购物前要给用户想要的，购物后要给用户惊喜的”，这一直是聚美优品奉行的原则。

陈欧深知，作为电商，解决物流配送在企业发展中非常关键。可以说物流配送是B2C企业与用户之间的一座桥梁。但是对于电商行业来说，要真正做到“购物后给用户惊喜的”其实非常不易。电商的配送环节无论如何少不了物流，但是当前所有电商行业无一例外面临着这样一个困境：作为第三方的物流整体的服务水平不高，每逢重大节日或电商举办重大活动时，物流的配送速度、服务态度等就会严重拉低电商本身的服务水平。物流配送同属于消费的一个环节，如此一来就会大大降低用户的消费体验。

为了提升用户体验，很多资金雄厚的电商都选择了自己建立分仓并且建设自己的物流系统。聚美优品自成立以来，短短几年的时间，会员数量已经突破千万大关，每日的订单量也以数十乃至上百万计。举个例子，在聚美优品2013年的3周年庆首日订单量就达到了200万，交易额突破5亿元。陈欧很清楚，聚美优品的飞速发展离不开消费者的信赖，而消费者的信赖则源于良好的购物体验。

可以说，物流行业已经成为推动商品经济发展的重要因素之一。2014年2月，聚美优品开始与中国邮政就合作建立配送体系开始洽谈。作为一个年轻的电商平台，陈欧希望聚美的网络配送体系能沿袭公司一贯“有理想、有情怀”的风格，希望打造出一套遍布全国的不同于传统的自建物流体系：以互联网管理的思维模式出发，聚美优品共享中国邮政的站点、快递员和快递车等资源，构建一套消费者物流追踪的平台。消费者登录该平台，就可以全程追踪货物的配送情况。

2014年8月，聚美优品正式宣布与中国邮政合作，将建立一套属于自己的配送体系。这一套自建配送模式最初在北、上、广等一线城市尝试推行，然后在全国推广，由点到面，最后形成一套属于聚美优品的配送网。这个配送网络系统的最下层可能会一直延伸到三线城市以下。

至于为什么在全国众多的快递企业中选中了中国邮政，聚美优品分管物流的副总裁周涛表示：“这种合作关系对于聚美也好，对于中国邮政也好，都是一个共同成长的过程。对于聚美优品来说，邮政是一家国企，能享受更多的国家优惠政策。对中国邮政来说，聚美优品的配送理念和服务宗旨都更年轻、更有活力，从聚美身上能看到物流配送新的发展趋势。”

“是同学把聚美优品介绍给我的。自从在聚美上买过化妆品以后，我就再也不去实体店买了。物流实在是太给力了，基本上头一天下单，第二天就能收到。我想，我已经要被聚美优品的本地物流给宠坏了。”

“刚在聚美优品上买了魔法医生的爽肤水，还特意刮开防伪商标查了一下，绝对的正品。价格没有比专柜便宜太多，大概7折左右吧。便宜太多反倒不敢买啦。物流也很快，下单两天就到了。第一次在聚美上购物，希望能越做越好！”

……

浏览一下聚美优品的口碑中心，类似的评价还有很多。保证商品的质量，竭尽所能地满足用户的购物需求，这是“购物前给用户想要的”；完善物流网络构建，提升物流配送服务质量和配送速度，让美美的宝贝们早日到达爱美的女孩子手中，这是“购物后给用户惊喜的”。在陈欧和他的团队的共同努力下，如今的聚美优品已经成功地做到了这一点。

·5·
你越认真，消费者越信赖你

高尔基曾说过：“负责任，是一个人最基本的品质。如果我们放弃了责任，也就等于放弃了整个世界。”

对于个体来说，负责任是人品与人格魅力的担当。一个有责任心的人才会在工作中尽心尽力，同时也会被赋予更多的使命。对于企业来说，责任心是一切的保障，声誉也好，服务也好，创造力也好，这一切都是基于责任心。

就像陈欧在公司年会上说过的：“如果无论是在亲友聚会，还是在街上偶然听到旁边的陌生人聊天，我们公司的员工能随时随地把自己听到的、看到的关于聚美优品的意见都记下来，那么，我觉得聚美优品的责任心又上了一个台阶。因为作为一名公司员工，你们已经自发地意识到，每个人都有责任让产品更好，让服务更周到，让自己所在的企业更成熟。”

当责任心成为内心的一种习惯，无论做什么事情，自然而然都会投入

100%的认真。越认真的企业越美丽，消费者也会越信赖你。

打破传统，拆封30天无条件退货

从开始做聚美优品的第一天起，陈欧就下定决心，不做则已，要做就要做化妆品电商行业中的标杆。敢言他人所不敢言，敢为他人所不敢为——这一直是陈欧的行事风格。

2011年6月，素来以“点子王”著称的陈欧又玩出了新花样，他要让聚美优品再次挑战自我，推出了化妆品业内最高标准的售后服务政策，即拆封30天无条件退货。也就是说，即使化妆品到了消费者手中，哪怕是拆封使用了，只要消费者还心存疑虑，就可以通过客服直接办理退货退款。

对此，陈欧解释道：“我对聚美优品上出售的每一件商品都很有信心，我很清楚我们的进货渠道。拆封30天无条件退货为的就是打消消费者心里的疑虑，让聚美优品的所有用户都能享受到顶级的信任体验。

这个疯狂的想法当时是陈欧想出来的，当初在董事会一提出这个方案就遭到了强烈反对。因为化妆品比起其他产品更为特殊，一旦拆封就报废了。陈欧心里当然也很清楚，但他最终说服了董事会：“我们就是要做一件别人看起来疯狂的事情，也是中国整个化妆品电商行业里从来没有过的。我们要做的就是打破这个传统，因为这是横在电商和消费者之间的一道心理壁垒。在美国就是这样的，哪怕化妆品已经拆封，只要消费者不满意，就可以退货。”

建立双向信任

最初陈欧提出提议，董事会上下只有戴雨森一人支持陈欧。当时戴雨森的第一位反应就是，这符合聚美优品酷酷的风格。虽然他也有些担心这项政策在具体实施当中，公司会承担很大风险，但是如果能借此为聚美优品赢得在用户体验方面的口碑，哪怕冒一些风险也是值得的。

这个方案刚刚提出来，为了有效控制风险，先在聚美优品的一小部分商品上试行。比如说用户在聚美优品上购买了一盒面膜，总共10片面膜，用户已经用了8片，仍可以选择退货。这时聚美优品会全额退款。事实证明，这项以商家和用户相互信赖为基础的政策熬过了风险的考验，在用户群中赢得的口碑的收益远远要大于实际上投入的成本。

政策推行以后，聚美优品仍继续保持着约1%左右的退货率。在陈欧眼里，大部分的消费者也是在认真地购买商品的，你的商品和服务让消费者满意了，消费者自然愿意买单。就像陈欧说的："那些把化妆品用了一大半，又放回盒子里退回来的人确实有，但是毕竟是少数。事实证明，大部分消费者是善良的，是诚心诚意来买东西的。只要我们对自己有信心，对商品质量有信心，就没有问题。"

陈欧认为，一个企业家要想成功，就不能蛮干，要懂得分析市场，还要懂得分析市场中最重要的组成要素，即消费者的心理。为了透彻地了解聚美优品的用户，陈欧投入了大量的时间和精力。陈欧觉得懂点心理学，才能在这个领域里走得更久，"要知道你的消费群体都有哪些人，他们关注什么，需要什么，习惯什么，才能投其所好，提升用户体验。"

在陈欧眼里，企业既然想提升用户体验，遇到事情就不要推脱责任，不要找借口。比如说在化妆品行业中，消费者时常能得到诸如"假一赔十"的承诺。但是事实上，一旦消费者使用后不满意，或者对商品提出质疑时，商家马上就会把责任推得一干二净。借口也很多，比如"先验货再赔偿"。但是化妆品又不是大件的电器产品，多数产品不过百十来块钱，消费者哪里又会愿意为此而投入大量的金钱、赔上更多的时间去质检总局等专门机构检验产品的真伪呢？

在这个行业里做得越久，陈欧越深刻地体会到化妆品不同于其他商品的特殊性在于，其天然属性就会引起消费者的质疑。“任何一个产品送到用户手中，可能颜色或气味跟他以前使用过的不一样，或者仅仅和想象中不同，消费者就会有所质疑。”陈欧说，“说到底，做化妆品电商，提升用户体验的关键环节是如何度过信任危机。”

作为一家有责任心、有情怀的创业企业，陈欧认为，要想百分百取得消费者的信任，那就应该由商家来承担风险。“拆封30天无条件退货”的政策正是陈欧基于消费者以上心理提出来的。“你要相信，公道自在人心。”陈欧说，“所有消费者的风险，都由我们来扛着。时间久了，那些真正用过你产品的消费者都会说你好。口碑总是一传十，十传百的。”

马云在演讲中说过：“初中的政治课上，老师就说过，市场决定未来。做什么产品要看市场的需求。在中国的企业家中，我们发现一个很普遍的现象，就是别人做什么有钱赚，然后肯定会有很多人跟着去生产这种产品，或是做这种类型的服务。不过很多人很快会发现，当你真正进入了这个行业了，做着和别人一样的事，却发现没钱赚了。这是为什么？我想很大的一个原因就是这个产品市场饱和了。也有人说，现在的很多电商都在烧钱，电商的未来在哪里？但是你有没有发现，也有电商在赚钱的。所以说，做什么产品都要看好市场，市场才能决定未来。而市场中起主导作用的是消费者，迎合消费者的需求就是最好的方向。”

因此一家企业要想在市场的博弈中幸存下来，并成为其中的强者，就必须了解消费者的心理，从实处为消费者解决问题。消费者才会信赖你，信赖你的产品。

·6·

张旭豪教我的诀窍：谁先考虑盈利，谁就输了

2015年新年伊始，网络订餐平台就掀起了一浪高过一浪的融资热潮。这边零号线刚刚成功融资3000万美元，2015年1月27日，“饿了么”CEO张旭豪就正式宣布获得包括信产业基金、京东、腾讯、大众点评和红杉资本五方联合共计3.5亿美元投资。

张旭豪在接受采访时透露，在融资浪潮和竞争激烈的市场环境下，2015年将会是外卖市场上竞争最为激烈的一年，但同时也是飞速发展的一年。当被记者问及将如何利用融资资本时，张旭豪坦言这笔资金将用于实现饿了么在深度和广度上的扩张。他说：“现在‘饿了么’一共覆盖了全国250多个城市，但是主要覆盖对象是1400多所高校，白领市场还没有得到充分开发。所以‘饿了么’2015年的目标就是在巩固已有的高校市场的同时，在白领和住宅用户方面扩张。”

谁先考虑盈利，谁就输了

过去的一年里，“饿了么”最大的变化表现在人员规模的壮大。2014年初，整个团队只有不到200人。在短短2015年一年的时间里，团队达到了3800人。

“饿了么”在短时间里是如何实现团队规模壮大的呢？究其背后的原

因，都是因为在这一年的时间里，整个外卖市场特别是学生外卖市场的潜力大爆发。2014年里，阿里巴巴、百度和美团等大型互联网公司也开始加入到外卖市场的角逐当中。其中业绩最好的当属“饿了么”和美团，两家公司都对外声称每日的下单量高达150万。

为了最大限度地占有学生外卖市场的份额，2014年的下半年，“饿了么”、美团和百度等几家公司掀起了一轮又一轮补贴大战。可以说，这一年整个网络订餐平台都在烧钱吸粉。张旭豪说：“补贴是外卖平台早期的一种营销手段，为的是改变用户的习惯。用户习惯一旦形成，这种补贴就不会接续。但对于用户还没形成习惯的地区，这样的补贴战就会继续下去。”当时的情况是，烧钱大战相对应的结果是网络订餐平台的营业收入普遍会下降，甚至有时候几乎没有任何利润。但在当时的情况下，张旭豪一直很有信心，他在接受采访时说，饿了么相当于是餐饮行业的淘宝和阿里巴巴。以后越来越多的餐厅入驻“饿了么”，在未来的日子里，“饿了么”这个网络订餐平台的交易额也会越来越大的。对此，张旭豪当时并没有过多的担心，他说：“对于O2O来说，规模很重要。目前谁先考虑盈利，谁就输了。今天淘宝的盈利模式‘饿了么’在未来也会借鉴，毕竟外卖市场的潜力是巨大的。”

当时“饿了么”的补贴持续了3—4个月的时间，每个月补贴花费的成本大概一个亿。张旭豪表示：“补贴对于早期的市场形成比较合理，但当市场达到一定规模时，补贴就不是长久之计了。”

随着补贴大战的结束，张旭豪转变策略，开始抓服务，就像他说的：“我们以前的战略是抓量，现在高校已经是一个比较成熟的市场，就要抓质量。”

开拓10倍量级的新战场

问及“饿了么”下一步发展的新方向，张旭豪提到：“现在的学生市场已经基本饱和了，未来一个新的增长点应该更多关注白领和住宅区。”因为较之学生，白领显然有更强的消费能力，张旭豪希望进一步开拓的白领市场能够是高校市场的10倍。

在2014年，餐饮外卖行业在学生市场取得了巨大的成功。“饿了么”、美团外卖、百度外卖等采取了密集式扫街配合大幅补贴的策略，使得2014年一年里，高校市场的订单大幅度上升。随着高校市场趋于饱和，将重心转移到白领和住宅市场已经是大势所趋。因为白领的消费能力更强，所用餐品单价也更高，自然也就要求服务质量更加趋于完美。

在张旭豪看来，打开高校市场靠的是低廉的价格战，但这一点在白领市场显然不是核心竞争力。就像张旭豪说的：“拉白领新用户最简单的方法是有足够多的餐厅，并且服务质量有保证。这样一来，用户自然就会上门来了。”

多线作战，保持竞争力

之前“饿了么”主要关注的是高校市场，随着开始向白领市场进军，“饿了么”的战线也被拉长了。

张旭豪多次在开会时跟公司的员工强调，多线作战，保持竞争力是关键，不能顾此失彼。2015年，“饿了么”在竞争中继续努力推进在高校中所占有的市场份额，同时开始向白领外卖市场深耕。开拓白领市场的难点很多，一方面不同于高校的学生群体，白领用户和商家资源更加分散，同时对服务质量的要求也更高。如果细算成本的话，在生活住宅区的推进成本比写字楼的要高，而开拓中高端的餐饮服务比一般的快餐厅也要更难、风险更大。

2015年，在张旭豪的带领下，“饿了么”在写字楼区域、生活住宅和高校这几条线中齐头并进。为了试验进军白领市场是否可行，“饿了么”在上海和北京两座城市尝试推行了白领及住宅的快餐服务，成绩很不错，每天能够收到20万—25万个订单。有了数据的支撑，张旭豪决心正式进军白领市场。

张旭豪曾分析过，2014年之所以外卖市场打响了空前的价格战，竞争如此惨烈，归根结底是因为高校市场过于集中。他说：“虽然白领跟住宅市场分散，用户需求也更加多元化，有快餐的，有高端的。所以白领市场的竞争可能没有那么激烈，但相应地，做法上也更需要技巧性。所以发展白领和住宅区域的市场，‘饿了么’会更加专注于平台服务和长期客户。”

以高频低单价的学生市场为切入点，得到最基本的市场份额，优先服务流程，继而进入到市场规模更大、盈利空间也更大的白领市场，对于“饿了么”来说，这也确实是一条很容易理解的发展路径。

·7·

程维教我的“生意经”：做产品难，做线下产品更难

想必大家应该还记得，2014年滴滴和快的两家中国打车软件的先驱者掀起了中国互联网历史上前所未有的烧钱大战。2015年这两家企业又以闪电般的速度合并了，虽然这在外人看来觉得像做梦一般不可思议，但在滴

滴CEO程维的眼里，这样的结果是水到渠成的。

创业过程中，程维几经坎坷，从寻找技术合伙人，到开展线下业务，再到与对手在市场上一次次地正面碰撞，滴滴曾数次陷入绝境。但是让陈欧欣赏的是滴滴的企业精神，无论遇到什么困难，滴滴始终想尽一切办法去赢，才最终走到了今天。

陈欧很喜欢滴滴CEO程维说过的一句话："当努力到无能为力的时候，上天自然会打开一扇窗。"

做滴滴就是不断闯关

创业初期，程维就告诉自己，要专心做公司，不要搞噱头，三年内决不出来分享所谓的经验。因为他觉得还在创业就出来分享，说白了都是在吹牛。

程维最终决定做滴滴打车，更多的是依靠个人的直觉。在关键时候打不到车的苦恼，程维也深有体会。在辞职创业前，程维就职于阿里，因为工作的缘故经常需要往返于杭州和北京两地，也常常因为没有及时打到车而耽误航班。还有一次，程维江西老家的亲戚来北京，本来约好了7点钟在王府井附近的饭店吃饭。结果呢，他们5点半就给程维打电话，告诉他已经在路旁打车了，哪知道等了两个多小时都没打到车，最后还是程维开车去接的他们。

让大家随时随地都能打到车，方便出行，这个想法激发了程维创业。他咨询了周围的许多亲戚、朋友和同事，几乎所有的人都觉得不靠谱。但程维并没有就此放弃，在他看来，所谓创业其实就像是游戏在通关，而这不过是创业的第一关而已。

2011年时，智能手机还没有普及，对于很多的出租车师傅来说，这是一个十分陌生的运营模式。正因为当时很多司机连智能手机都没有，也难怪大家都觉得做打车软件的想法不靠谱了。

但是程维采取了一种逆向思维来想这件事，他说："正是在当时市场基础还不成熟的情况下，创业才可能成功。放在现在，智能手机已经普及了，司机和乘客的用户习惯也已经固定下来了。面对成熟的市场，你才来开发这个打车软件，哪里还有机会呢？"

程维说："你迈出第一步，就会听到很多质疑的声音。当时我每天都在问自己，这件事到底能不能做，做了又能走多远，反复衡量。可以说，这是创业的第一关。"

要不停地补短板

有人问程维，经营中最困难的事情是什么。程维总是回答："在我看来，现在创业很少存在最大的苦难。因为现在讲究的是平衡创业，不再像过去，主要依靠长板去赢。现在经营一家公司的过程，就是不停地补短板的过程。"

程维一开始决定做滴滴，就面临着两个问题：开发软件和在线下寻找司机。

程维之前就职于阿里时，主要也是负责线下，因此他有很好的线下执行力，但是与其他有线下背景的创业者一样，他也面临着找不到技术合伙人的问题。当时他就暗下决心，一定要克服一切困难，在两个月内上线滴滴软件。

摆在程维面前的路只有两条：其一是，自己组建团队开发软件；其二是，外包出去。程维分析自身情况，他本人并不懂技术，而且如果自己组建团队还会浪费时间，不如把技术活儿外包出去。当时程维联系了好几家外包，其中一家自称做过E代驾。当时程维想，既然他们能把E代驾做出来，做线下软件也不成问题。

程维开始去跟他们谈价格，问他们一个打车软件多少钱。结果他们的回答让程维吃了一惊，他们反问程维“你想要多少钱的”，程维这才知道，原来这也是可以讨价还价的。

程维需要从10万、8万和6万三个档位当中选择，当时他根本不了解技术，也不知道技术可以分为IOS端、安卓端、前端和后端，就选了中间价位的8万元。2个月以后，对方如期交付产品，程维这才发现，产品根本就不能用。对方的回应是，已经测试过了，有50%的概率可以响应。也就是说，如果用户呼叫两次，那么司机那里就会响一次。当时程维急着让软件上线，没有别的办法了。最终在程维的软磨硬泡下，外包公司将响应的概率提高到了75%。

可以说，一个企业刚刚起步时，一切运营工作都在起步阶段。这是一个试错的过程，每个人都会在自己所不了解的领域付出代价，其区别只在于代价的大小。当你真正觉得痛时，就是应该去弥补企业经营短板的时候了。

做线下比做产品更不容易

程维开始做滴滴打车项目的时候，北京总共有189家出租公司。程维给滴滴定下的目标是，争取在2个月的时间内可以签约1000个司机。结果时间过去了整整40天，居然没有任何一家出租车公司愿意跟滴滴签约。

日子周而复始，每天早上，负责线下的同事都满怀着信心踏出公司，晚上却都垂头丧气地回来。他们很气馁，因为每天面对不同的出租车公司，他们都会被问到一个同样的问题：“你们有没有交通委员会给的红头文件呀？”眼看着2个月的期限就要到了，程维灵机一动，不如换一个城市去试试看。最终程维他们选择了深圳，因为他觉得深圳是一个文化上比较开放的城市，应该更容易接受新鲜事物。结果滴滴打车的地推人员在深圳仍旧碰了一鼻子灰，还是那个老问题：“你们有没有交通委员会的红头文件呀？”

结果有一天，程维突然接到了一个同事打来的电话，说昌平的一家出租车公司愿意跟滴滴合作，虽然公司很小，只有70辆出租车。

当时那家出租车公司也不知道滴滴的具体业务是做什么的，但是那天他和滴滴的地推人员去喝酒，喝嗨了以后觉得滴滴的工作人员很不容易，就趁着酒劲答应签约了。这一家签约成功以后，滴滴趁热打铁，继续推广，一个星期里又签了4家出租车公司。

努力到无路可走，上天会开一扇窗

经过之前的经历，程维已经知道技术外包是不靠谱的，要解决滴滴的经营问题，就必须找到靠谱的技术合伙人。

当时程维为了能找到一个合适的技术合伙人，可以说是用尽了各种办法。他找到了在支付宝工作的前同事，让他给他列出了一个他所认识的在北京工作的技术人员名单。然后程维就按照名单，一个个找上门去和他们聊。但是几番折腾下来，并没有人愿意出来和程维干。

后来偶然的一天，程维加入了一个微信群，他在群里发了一个类似招聘的信息。结果一个网名为“猪头”的人问程维，需要找个什么样的人。最终正是这个“猪头”为程维介绍了滴滴打车现在的CTO张博。

合伙人的问题解决了，滴滴打车第一阶段的闯关也算是圆满完成。

·8·

李想教我的经营原则：做正确的事，不做容易的事

2004年，李想和他的合伙人决定趁着泡泡网还有些利润，尝试一下新领域。有了之前的经验，李想觉得创业做什么，不应该从个人的兴趣出发。感兴趣的事情也许更容易做，但正确的事情一开始经常会很难。

陈欧和李想一样，都在最开始创业时遭受挫折，并且及时地分析市场，最终转变了企业的发展方向，进入了一个潜力更为巨大的市场。从李想的创业经历中，陈欧也体会到，作为一个企业家，不能当一个梦想家或者空想家，要为你的企业负责，为你的员工负责，多从实际出发。一个企业如果要迸发活力，就必须要有胆量冲破原本桎梏的笼子。

李想的第二次创业，他选择了符合当时市场环境的汽车行业。

最重要的是把握用户心理

反思之前的第一次创业，李想是一个超级技术控，他对所有的硬件技术都了如指掌。但后来的实际情况让他明白，作为一个企业家，无论你有多么了解这些技术，如果没有抓住用户的根本诉求，那么所谓的专业和竞争力都只是一种自娱自乐。所以第二次创业时，在经营中李想做的第一个改变就是以消费者和市场为导向。李想说：“我们再懂技术，也要把技术扔到一边。”

选择了一个有发展前景的领域，最重要的一步就是转变为以用户和市场

为导向。一开始汽车之家刚刚起步，并没有大量招聘员工，只找来一位合伙人还有两名技术人员，一个人负责论坛，一个人负责产品库，还有一个人负责发布系统，很快就把网站建起来了。前前后后只用了三个多月的时间。

打算做汽车网站，李想经常会和周围的朋友、同事聊一下，让他们提一些建议。当时朋友们的建议大致上分成了两类：

一类说，你们这帮人是做IT网站出身的，为什么现在要来搞汽车网站啊。你们又没钱，又没人脉，别白白糟蹋了泡泡网辛苦得来的利润了。

还有一些朋友和李想比较熟，平日里走得也近，知道他已经下决心要在汽车行业里做，就给他提建议，告诉他当前最省时省力的办法就是去已经有的汽车网站和汽车媒体，挖一些在这方面已经很成熟的人过来。这样可以直接上手，公司起步也更快。

但是李想回去一细想，最终这两种建议他都没有采纳。对于第一种观点，李想和他的合作伙伴已经下定决心要做这个领域了，而且已经开始上路了，就不会再轻易退出。第二类观点，了解过当时市面上所有与汽车有关的媒体和网站后，李想觉得这些人中并没有他们真正想要的人，因为他们没有考虑用户的诉求。就像李想说的，“如果去改变这些人，难度其实远远大于我们培养新人”。所以春节过后，李想就招进来了一批大学生。他希望能从零开始，虽然一开始慢一点，但上手以后的效果却是最好的。

一开始为了能给网站搭建一个基本的数据库结构，李想他们每天都忙着到处签转载协议，好把其他网站的内容转载过来。但这还不够，李想的目标是要迎合用户诉求，做一个用户喜欢看、愿意看的产品库。因为当时几乎所有的汽车网站上都没有关于汽车的真实图片，那些网站挂出来的照片都是厂商提供的官方图片。从用户的心理出发，他们是怎么看这些官方图片的呢？

这就好比你去相亲，和你面对面的并不是活生生的人，而是PS过的照片。

李想知道，买车对于大部分的用户来说都是比较重要的购买行为，所以也会更加慎重。用户看车从心理上希望能够看到更加接近实物的照片。为了满足用户看到最接近实物照片的诉求，李想团队干的一件事是，每天上班每个人都带上一台数码相机，去4s店里给那些车拍照。

李想有一个别的同行所没有的优势，就是他有多年的互联网从业经验。所以李想和他的团队一开始就规划了很严谨的数据库结构，而且这个风格一直在汽车之家延续了下来。他们是这样做的，把车按照用户的使用习惯进行分类。包括汽车的外观、座椅和内饰，以及一些其他的细节，汽车之家都尽可能做到将图片中每一处细节的角度都固定下来。所以汽车之家网站上的图片可以说是清一色的流水作业，非常符合标准。任何一辆汽车照片上所有的角度都是固定下来的。这样一来，也便于之后做图片对比和数据库分析等工作。

创意更新，不用推广也能火

李想刚开始进军汽车行业时，市场上已经有上百个汽车网站了。2005年短短一年的时间里，在李想团队的努力下，汽车之家的访问量就挤进了汽车网站的前五名。更让人惊叹的是，当时汽车之家没有花费任何推广费用。

这是因为，李想在网站推广上有一套自己的办法。一开始他仍用了他高中时用的那一招，在更新的频率上想办法。经过一番分析，李想发现所有的汽车网站在周六日都不会更新。李想知道，汽车之家的机会来了。一般情况，他们会为周六日各做一部分内容，时效性比较强的那一部分放在周六，剩下的就在周日发布。这样一来，周六日别的网站都没有更新，网友们自然就来了，访问量也就大幅度上升了。因为对于很多看车的消费者来说是有购买需求的，他们在周六日的空闲时间是最多的。在这时候不更新网站，岂不是错过了大好的机会？

很快，李想发现光这么做还是不够的。因为很多人早上也会打开电脑浏览一下网站，却发现网站上的内容跟前一天没有任何区别，消费者该有多失望。于是李想又想出了一个妙招，每天下午汽车之家会额外准备一批更新内容，第二天早上8点钟更新。这样一来，很多人到单位以后，打开电脑浏览网站，就会发现所有的网站中就只有汽车之家有更新。李想这还没算完，后来汽车之家又把握住了晚上访问高峰期这一时段，在8、9点钟左右更新一次内容。这样一来，短短半年的时间里，汽车之家的网站访问量已经成功挤进了行业的前三名。最让李想自豪的是，汽车之家还是没有花一分钱的推广费。

就像李想自己说的："我是一个稳中求快，然后围绕着目标不断追求的人。就跟我开车一样，我开车很稳，但是很快。"作为一个企业的领袖，李想目标坚定，稳中求快，不被"捷径"所诱惑，也不被苦难所吓倒。

·9·

张一鸣给我的启示：独特定位，我们的优势所在

"今日头条"是一款由北京字节跳动科技有限公司于2012年8月所推出的资讯类手机APP。2014年6月3日，面世不到两年的"今日头条"正式完

成了由红杉资本领投、微博跟投的1亿美元C轮融资。再加上先前A轮、B轮所获得的2000万美元融资，三轮融资下来的总金额已经高达1亿多美元。

国内的移动端阅读软件市场中并不缺少玩家，包括鲜果、扎克等都已经早早涉足泛阅读市场。此外，网易和腾讯等各大门户网站的新闻客户端也都向市场推出了移动阅读软件。但是在众多的竞争者当中，今日头条无疑是锋芒最盛的那一个。现在今日头条的每日活跃用户高达1300多万，月度活跃用户为4000万左右。今日头条的创始人兼CEO张一鸣说，曾有一家网站因为今日头条导去的流量实在太大了，最终服务器崩溃了。

在陈欧看来，张一鸣领导下的今日头条之所以能够在泛阅读市场独领风骚，是因为充分发掘了自身的独特定位，这就是他们在市场中的优势所在。

对用户，要投其所好

不了解今日头条的朋友往往会误认为只有科技人群或媒体人群会青睐今日头条的产品。然而事实并非如此，今日头条的产品也受到非科技、非媒体人群的欢迎。张一鸣说："我有一个哥们儿，专门在今日头条上搜与台湾宅文化相关的内容。他说这个软件上的信息满足度远远比其他的阅读工具更好。"

除了大学生外，大叔大妈也是今日头条的支持者。因为今日头条是从用户对阅读内容的基本诉求出发的，根据用户的兴趣来选择所推送的内容。一般来说，比起年轻人，大叔大妈更爱看与本地有关的内容。今日头条要做的就是"投其所好"，向大叔大妈们推送很多跟本地相关的内容。

在运营这款APP的具体过程中，张一鸣还发现了一个很有意思的现象：越低端的用户反馈越好。比如说今日头条有一个用户是一家家具公司的老板，今日头条根据他所关心的方向每天给他推送的内容中有差不多三分之一是跟装修相关的。这个用户就反馈，今日头条已经是他平时用来消遣时间的主要工具了。

所以张一鸣在做今日头条时格外注意，要让这款APP接地气，而不是一味的高大上。因为他知道，其实手机APP上阅读量比较大的类型并不是人们想象中的阳春白雪，比如说社会或时事新闻等。反倒是一些生活百科类的文章会格外受到用户的关注。比如说做鱼的时候去腥味的小技巧、各地端午节饭桌上的不同特色等。这些文章迎合了用户的阅读需求，体现了今日头条的精准定位，有时候一天之内阅读量就能突破千万。

广告与用户体验，要平衡好

作为一款接地气的手机APP，今日头条始终保持着比较慢的商业化速度，尽量放慢脚步。就像张一鸣说的，“走得慢一些，走得稳一些”。

到了2013年年底，今日头条的整个团队规模还是保持着小而精。当时负责销售的只有一名员工。在盈利方式上，张一鸣和他的团队也定位在精准需求广告，也就是说把最合适的信息带给最需要它们的人。比如说一个人喜欢烹饪，那就给他推送刚上线的厨具或者一些相关的促销活动。张一鸣发现，互联网上的广告大部分都是以干扰用户阅读来达到广告效果的。比如说，用户在一个网站或手机软件上阅读文章，但页面上总是漂着一些小窗口。这样一来，其实会大大影响用户的阅读体验，广告的效果也不会好。

在这一点上，今日头条很聪明，他们要打造的广告是具有可读性的，希望每条推送给用户的广告都是有意义、有价值的。对于广告的推送数量，今日头条也有严格的规定，每天的上限是4条。因为过多的广告只会影响用户的阅读体验，白白损失用户，得不偿失。广告量和广告与用户之间的匹配度是平衡广告与用户体验的关键因素。

独特定位，领跑泛阅读

从今日头条上线的第一天起，它就始终面对着大大小小的争议。业内很多人认为今日头条做的所谓个性化阅读，在信息覆盖上是不够完整的。但是张一鸣对于这些批评都很淡定，他说："对于这些批评，我们内部会讨论。但是问题是有两面性的，可能一件事在别人看来是问题，但我们却认为是机会。而且任何新鲜事物刚刚出现时都是粗糙的。"

今日头条的一大优势是其独特的定位。作为一家新生代的自媒体，今日头条可以说是一个多元化的产物，兼容了很多其他形式的自媒体的优点。比如说很多媒体喜欢将今日头条和一些门户网站进行对比。然而事实上，传统媒体的人员构成有80%都是编辑，他们的发展方向是成为一个媒体。而今日头条的人员构成中有60%都是产品的技术人员，而只有20%是编辑，专门负责内容的审核和把关。所以今日头条是要努力成为传播消息的渠道，但是他们不自己生产内容。

探索未知新世界

作为一家手机APP，张一鸣认为最为重要的一件事就是了解你的用户，并竭尽所能地为用户提供他所需要的。今日头条在融资成功后并没有止步不前，而是在做着全新的尝试，努力做出更多的优化。比如说，之前今日头条比较保守，用户如果有5个兴趣点，他们可能会抓住其中的两个，并将信息录入系统中。那么接下来系统会一直给用户推送这2个兴趣点相关的内容。今日头条接下来会做的就是为用户推送一些用户原来没有点开过的全新的内容，借此来测试用户的兴趣宽度。这样一来，今日头条能够保证给用户推送更为丰富的内容。此外，今日头条还计划提供音频和视频等内容，根据用户的使用环境和时间等条件来选择音频和视频的推送频率。

在互联网创业浪潮的80后创业军团中，张一鸣和他的今日头条是一个不容忽视的符号。在80后中间的张一鸣多多少少显得有些另类，因为他所创造的今日头条是以一种新物种的姿态面世的，而且引发了媒体变革中火花最为激烈的一次碰撞。张一鸣用他的今日头条告诉后辈的创业者，在市场上不被替代的不二法宝就是努力做到独一无二，永远给你的用户新鲜感。

·10·
吴欣鸿打开我的新视角：沿着“美丽”事业走下去

在很多公开报道中，美图公司的CEO一直保持着低调内敛的形象，但在吴欣鸿本人眼里，他觉得自己“外表文静，内心狂野”。的确，吴欣鸿早年学习绘画，最终弃学从商，做起了与自己本专业风马牛不相及的互联网买卖，从这一点看来，他确实是有一点“狂野”的。

每个在互联网行业营生的人与互联网结缘的原因都不尽相同，比如汽车之家的前任CEO李想是因为对技术方面的东西很感兴趣而顺理成章地进入了互联网领域。而吴欣鸿少年时代的爱好是画画，而他最终与互联网结缘完全是因为一则关于买卖域名的新闻而激发了从事域名生意的好奇心。

在陈欧看来，吴欣鸿之所以能把美图秀秀和美拍做得这么火，归根结底是他开发出来的产品都很“接地气”。同样身处互联网行业的陈欧明白，“得草根者得天下”已经成为现在很多互联网产品经理人的信条。可以说纵观互联网逐步发展壮大的历史，如今庞大的互联网娱乐产业可谓是由草根阶层一手造就的。“草根”这个群体是任何一个在互联网行业发展的企业家不能忽视的客户群体。如果一个互联网产品能够获得“草根”的青睐，那至少说明该产品无论在功能还是在用户体验上都做到了极致。比如说吴欣鸿一手打造的美图秀秀，现在哪个爱美的女孩子手里没有这款软件呢？

无心插柳，窥见“美丽”事业

作为一个艺术青年，吴欣鸿与“美丽”结缘可以说是顺理成章的事情。早年，吴欣鸿热爱绘画，为了自己的绘画梦想他背井离乡，外出求学。不久后，他又迷上了摄影，在光影的世界里深深沉醉。那段时间里，吴欣鸿手中不是握着画笔就是扛着摄像机。后来互联网开始普及，吴欣鸿上网时最常干的事儿也是浏览一些与美术或摄影相关的网站。所以说，美图秀秀和美拍这种优秀的互联网产品也就无怪乎诞生于这个从小就追求美、珍视美的年轻人手中了。

吴欣鸿18岁起就开始干域名生意，之后又为企业建过网站，创办过520.com的婚恋交友网站。不过刚开始吴欣鸿屡屡碰壁，这些项目最终都以失败告终。后来，蔡文胜再次向他抛出了橄榄枝。吴欣鸿稍做犹豫，最终还是加入了蔡文胜的公司，担任产品经理。吴欣鸿在这家公司里待了两年，短短两年的时间里他先后开发了30个产品。虽然这些产品看上去都很有趣，但是没有真正戳中用户，最终都还是失败了。

但是吴欣鸿并没有因此放弃。有一次，他为了打发闲暇时光开发出了一款火星文转换器，哪知道这款产品成了互联网市场上的一匹黑马，在没有做任何推广的情况下，在短短一年时间里有了5000万左右的90后用户。事后吴欣鸿在接受采访时总结火星文为何能成功时说道："关键是抓住了用户的心理，满足了90后追求个性的需求。"

从火星文转换器这款成功的互联网产品身上，吴欣鸿也总结出了中国互联网草根用户对产品的需求主要体现在个性化、傻瓜化和简单化这几个特征上。

虽然说火星文在90后的网民群体里大火特火，但是吴欣鸿并没有找出有效的盈利模式。经过一番思考，他觉得当务之急是开发出一款既吸引90后群体又能够盈利的产品。这样一来，就能够轻松地把之前火星文的那些忠实用户给转移过来了。针对90后追求个性的产品需求，他发现很多90后用户对于那些有意思、有个性的头像及图片的需求都很大。虽然说photoshop等修图软件修过的图效果都很好，但这对于普通网民来说难度有些过大。

吴欣鸿发现了一个很有潜力的市场真空地带，那就是一款简单又好用的图片处理软件。吴欣鸿相信这样的产品肯定是草根网民所喜闻乐见的，同时又恰好是他本人的专长和兴趣所在。于是吴欣鸿毅然辞职，再次投入商海创业。2008年10月，美图秀秀的前身——美图大师软件正式上线。

"美丽"事业的成功秘诀

美图大师上市以后，三个月的时间里，用户数量已经破百万。但是吴欣鸿却对这个速度很不满意，因为它远远落后于当时火星文的用户增长速度。吴欣鸿反复思考，觉得问题还是出在用户定位上面：其一，当时火星文的传播是通过QQ群，90后的好奇心重，火星文恰好满足了他们的猎奇心理，因此才会流行得如此迅速；其二，美图大师这个名字对于它所针对的90后用户群体来说太严肃了，不符合90后轻松搞怪的性格特征；其三，美图大师的功能还不尽完善，只有包括修改尺寸、剪裁、滤镜和旋转等基本功能，并没有和当时其他的修图软件拉开差距。

针对以上的种种分析，吴欣鸿重新对美图大师进行了调整。首先他为美图大师重新取名为美图秀秀，这个名字轻松搞怪，更加接地气，也更容易吸引到新的用户；其次，他为美图秀秀的功能开发了“杀手锏”，这也是后来美图秀秀能在该类软件中长盛不衰的关键原因，即强大的美容功能。只要轻轻松松地按一个键，就能实现磨皮、美容和特效等一系列的操作，这种简单快捷的“傻瓜式”操作方式大大降低了用户的学习难度。上手快了，用户自然也愿意使用了。

改名后的美图秀秀重新上线时，正好是2009年的春节。如此元气满满的修图软件给节假日的人们增添了不少欢乐的气氛，因此用户数量也实现了质的飞跃。

沿着“美丽”事业往下走

随着智能手机的普及，用户社交习惯也在逐渐改变，他们的社交需求也越来越多元化。之前的社交媒介以文字和图片等为主，而现在短视频开始走上网络社交的舞台。短视频的信息量更加丰富，在情绪的表达上也更加生动形象，已经成为当今移动社交领域的一种新形态，并且深得老少网民的喜欢。在这种背景下，吴欣鸿顺应潮流，开发出了美拍软件。

就像吴欣鸿那句传遍大江南北的宣传口号所说的，“十秒钟也能拍大片”。从美图秀秀到美拍，吴欣鸿能够再次掀起自拍社交的高潮是因为他又一次把握住了时代的节奏。

美图秀秀是吴欣鸿最得意的作品，他并不希望让美拍取代美图秀秀。所以美拍从产品功能上主打的是自拍分享，有点类似Instagram，同时还融入了美颜相机的美颜功能和有声图片等。因为美拍是基于移动社交而产生的软件，所以也自带定位功能。希望用户能够依靠美拍的短视频功能，在移动社交成为主流的今天玩耍得更加如鱼得水。

对于美图秀秀和美拍今后的发展方向，吴欣鸿有着清楚而准确的定位，他说："照片和视频都是非常重要的媒介，不存在视频取代照片的说法。更多的是延伸，同时做照片和视频这两件事情，我们最开始满足的是90后的个性化需求，但后面我们发现，我们的产品越来越大众化。80后、70后，所有的人都成为我们的用户。而我们的产品也从一个年轻人的专属产品，发展成了大众化的产品。"

吴欣鸿和他的美图团队之所以能一步步走到今天，最大的原因在于在企业经营中，吴欣鸿成功地把握了用户的核心需求。就像吴欣鸿所说的："好好琢磨你的用户到底要的是什么。它可能是一个普遍需求，也可能是潜在的还没被挖掘的需求。你要做的就是发现它，好好利用它。"

NO.5

我是陈欧，我为自己代言

——陈欧的“营销课”

陈欧说：“只要努力、自信，每个人都可以是自己的代言人。”陈欧像肉弹一样把自己扔出去，在创意营销和内容营销上做到了极致。和“陈欧体”一样红遍全国的，不只是陈欧本人，还有他背后的聚美优品。陈欧告诉我们，没有钱，同样可以成功营销，只要将每一分钱都花在刀刃上，每一个创意都定位精准。

·1·
有一副好形象，就该好好利用

2011年7月，陈欧一则“为自己代言”的广告词出现在大街小巷，出现在家家户户的荧屏上，一时为人们所热议。

“我是陈欧，聚美优品创始人。蜗居，裸婚，都让我们撞上了。别担心，奋斗才刚刚开始，80后的我们一直在路上。不管压力有多大，也要活出自己的色彩，做最漂亮的自己。相信我们，相信聚美。我是陈欧，我为自己代言。”

短短一段话道出了无数正走在奋斗路上的80后的心声，将正能量传递到每个人的心中。这是聚美优品一次别出心裁的营销手段。身为聚美优品的CEO，陈欧外貌英俊潇洒，在任何场合都能侃侃而谈，非常符合聚美优品年轻化、时尚化的企业形象。所以这一次聚美优品的营销活动中，陈欧亲自披挂上阵，作为创始人自己为自己代言，也体现出了80后敢想敢为的特征。

形象好，更要利用好

那么，聚美优品是如何想出这样别具一格的营销手段和能引起人共鸣的广告词的呢？这还要从2011年年初说起。那时候正是聚美优品青黄不接的时候。当时第一批天使投资已经差不多要花光了，但是红杉资本的第一轮融资还没有完全到位。作为电商，营销的主要手段是做广告，以此来吸引用户流量。于是投资人徐小平建议让陈欧试一下CEO自我营销的方式。

作为聚美优品的CEO，陈欧年轻帅气，又有才华，再加上海外创业的经历和斯坦福MBA的名校背景，完全符合当下年轻人对于偶像的定义。

刚开始陈欧并没有想过要把自己抛出去，亲自为聚美优品营销，但是在徐小平的反复劝说下，最终答应了。陈欧这么解释："俗话说得好，枪打出头鸟。想着围绕自己来做CEO营销，其实不太好意思，担心别人说我得瑟。但是后来又想，我作为CEO，我不出头谁出头，我不入地狱谁入地狱？再说了，我自己上，还能省一笔代言费，何乐而不为？一咬牙，我就上了。"

把特点发挥到极致

徐小平让陈欧亲自代言的提案最初并没能在公司董事会上通过。大部分人都认为，公司还处于起步阶段，作为公司的创始人陈欧应该保持低调，尽可能给人们留下成熟稳重的印象。

回到家中，徐小平脑子里还在想着这件事情，心中的"石头"仍然没有落地。潜意识里他觉得，如果这次放弃了说服陈欧为聚美优品代言，可能会让公司错失一次发展的好机会。

作为一个经验丰富的天使投资人，徐小平觉得一家公司的产品和服务固然是核心竞争力，但也要懂得营销，只有把自己推出去，才能面向更广大的市场。与此同时，徐小平还想起了互联网行业的营销达人张朝阳。可以说，张朝阳的成功史就是一部他个人的作秀史。张朝阳早年曾经在美国留学，熟悉名利场上形形色色的规则，因此他非常懂得如何制造话题，并以此来得到最大限度的曝光率。在张朝阳的时代，中国的互联网行业才刚刚起步，行业的生态环境仍然以模仿美国硅谷为原则。在这种背景下，当时炙手可热的几家门户网站除了拼实力，还必须拼广告投入和各种营销手段。张朝阳紧紧把握住了时代的节奏，采用了做嘉宾、演讲、图书出版、博客等常规营销方式及口出狂言、半裸上封面等非常规营销方式来博取人们的眼球。

徐小平按捺不住给陈欧打了电话，鼓励他像张朝阳一样把自己抛出去，做CEO营销。他还劝陈欧：“创业者里面长得帅的并不多，有好的形象还不利用，那就太傻了。”

代言，传递正能量

在徐小平的劝说下，陈欧很快意识到自己亲自披挂上阵，为聚美优品代言是有百利而无一害的。就像他之后在接受采访时谈到的：“现在是眼球经济的时代，如果你在外形方面占优势，就能吸引更多的眼球。尤其我们做化妆品行业，用户多是女性，我不得不说，为聚美优品代言也是出于经济方面的考虑，为公司剩下了一笔代言费用。”但是作为一个年轻的企业家，亲自出马的陈欧并不是为了显示傲慢，反而表现的是年轻人特有的一种跃跃欲试的自信心。

说起这则广告词，短短的一段话为什么能唤醒大家心中沉睡已久的梦想，引发共鸣进而获得人们的追捧呢。陈欧是这样回应的：“广告词和聚美的创业息息相关，聚美优品能够有今天，也算是屌丝逆袭。”虽然有淡淡的自嘲，但更多的是一种豁达和对未来的展望。

陈欧回国开始二次创业时，他本来是想复制美国成功创业的已有案例。谁知道这个如意算盘是彻底打错了，西方的月亮到了中国，就不那么圆了。后来陈欧和其他几位创始人经过多次调查和讨论，开始做化妆品的团购生意。创业之初，公司举步维艰，在资金和人员方面都很匮乏。

历时三年，聚美优品不负众望，成了化妆品电商行业中的“明星”。所以在自我代言中，“陈欧体”先用了一系列“否定”、“嘲笑”和“轻视”等词语，对外界的种种评论冷眼旁观，然后用自我肯定的态度证明了自己存在的价值和做出的成绩。

作为80后，都是20、30岁的年轻人，刚在社会上站稳脚跟不久，很多人都在工作或情感上遭受过挫折和失败。所以陈欧为聚美优品代言，说出的确实是90后大多数人在现实生活中的真实写照。陈欧身体力行，为自己代言，也告诉所有年轻人，人生路上无论外界怎样对待或轻视自己，都要坚定信念，追逐梦想。

企业的声誉在很大程度上来自CEO的个人魅力，这在全球几乎都是一种共识。针对CEO个人进行的品牌营销也已经不是什么稀奇的事物，在全球范围内都很普及。事实证明，徐小平坚持让陈欧把自己抛出来营销是聚美优品非常关键的一步，最后取得的效果也很好。陈欧有着一种骨子里所具有的娱乐营销的能力，这是后来陈欧在自我营销的路上走得顺风顺水的关键因素。

但是陈欧很清楚，所谓CEO营销，只能作为打响企业知名度的一种手段，而不能成为核心竞争力。他说："真正好的公司最后靠的还是服务和质量，这也是聚美优品立足于电商行业的核心优势。"

·2·
参加娱乐节目，为营销而娱乐

陈欧第一次通过娱乐节目的方式出现在大众面前，是2011年3月27日播出的那一期《非你莫属》。

节目当日有一位来自天津的年轻求职者，他幽默风趣，说话操着一口浓浓的天津口音。这位说天津话的大小伙儿名叫张梁胜，25岁，希望通过《非你莫属》节目平台找一份司机兼助理的工作。以其风趣幽默又极富个人特征的说话方式，张梁胜一次次引得在场嘉宾和观众捧腹大笑。当节目进行到最后选择环节时，BOSS团的嘉宾中只剩下陈欧和马玉两个人。最终，张梁胜在陈欧和马玉当中选择了前者。

节目一播出，因为张梁胜让人捧腹的说话方式，一段短短8分钟的视频马上引起了很多人的关注。通过这期节目，聚美优品也走进了很多人的视线，提升了公司的知名度。这是陈欧在创业生涯中第一次通过娱乐节目为企业做营销，而且最后反响很不错。从此以后，陈欧成了各大电视节目中的常客，为了营销而娱乐。

上娱乐节目，目的要明确

其实陈欧自认为私底下是个内敛而低调的人，他一开始并不希望镁光灯都聚集在自己身上。但是2011年，陈欧第一次以CEO自我营销的方式为聚美优品代言。这个营销方式当时本来是为了帮助聚美优品渡过资金青黄不接的困难时期，不料却大获好评。在徐小平看来，陈欧与生俱来就有着一种娱乐营销的能力，他事后感慨："我当时鼓励他上电视，把自己抛出去，可没教过他怎么上电视。但现在看来，他根本就是无师自通。"

陈欧后来也承认，自己和原世纪佳缘的副总裁刘惠璞可以说是《非你莫属》BOSS团队里回报率最高的嘉宾了。这种真人秀的节目其营销的影响力甚至比广告还要大。根据相关数据显示，每次《非你莫属》的节目一播出，聚美优品的销售量就会攀升到一个新的台阶。陈欧自己也说："从百度指数上可以看到，我一次节目可以拉动两三千点的关注度，刘惠璞一次也可以拉动两千左右。”

一开始，陈欧就不是为了娱乐或作秀上节目的，而是带着明确的营销目的走上舞台的。刘惠璞透露，其实每次陈欧上节目前都会很紧张。这种紧张感源于他对节目效应的考虑，比如在节目中说什么话才能加强人们对聚美优品的好感，说什么话才不会影响到聚美优品的声誉。陈欧是一个思虑比较重的人，每次上节目他都会从公司利益的角度来思考问题。他自己也说：“别人去参加节目可能是抱着玩票的心态，但我不是，我是以市场营销的目的去的。我觉得这是一块宝地，在这里能让更多人发现聚美优品，发现聚美优品美好的一面。这是我的责任。”

到现在，陈欧还非常感谢徐小平大力支持他走到台前，进行CEO自我营销。陈欧时常感慨：“现在回头看看，这是聚美优品成长的关键性一步。如果没有他的引领和指导，我可能会选择更常规也更保险的营销手段，那么，聚美优品的成长故事可能又会是另一段了。”

挑收视率高的节目上

有媒体曾报道，2010年10月至今，陈欧已经先后参加过70多期节目录制。甚至有热心的网友把陈欧这几年参加过的节目以表格的形式列了出来，其中既有央视如CCTV2《经济半小时》等财经类节目，或者凤凰卫视《才子佳人》等访谈类节目又有湖南卫视《天天向上》、《百变大咖秀》等纯综艺类节目。从这份节目参与单里不难发现，陈欧参加节目确实是为了增加曝光度，为聚美优品营销。

事实上也确实如此。陈欧这几年下来，在打造个人品牌方面已经很有心得体会，他说：“从营销的角度看，肯定还是上娱乐性质的节目更好，曝光率更高。比如说《天天向上》，因为聚美优品的用户偏年轻化、时尚化，这与湖南卫视的观众受众群体是很吻合的。但换个角度来看，如果是为了打造CEO的个人形象，肯定还是访谈、财经或者公益类的节目更好。”由此看来，陈欧参加的节目横跨是多元化的，他既利用央视的财经类节目塑造了CEO的个人品牌，同时又通过纯粹的娱乐节目进行了营销。

自从陈欧为聚美优品代言后，已经逐渐习惯了从幕后到台前的转变。这几年里，陈欧的身影频频亮相于《快乐女声》、《非你莫属》、《百变大咖秀》、《天天向上》等热门娱乐节目。当然，任何事情都是有利有弊的。频频出现在电视节目上虽然加大了陈欧的曝光度，同时也为他招来了很多诋毁和谩骂。这一度让陈欧很苦恼，他说：“一开始挺嗨，觉得自己变成名人了。但后来越来越苦恼。作为公司的CEO，频繁出现在公众面前，对个人的生活也会造成影响。上电视后才发现，你无论做什么都会被人关注，有事没事还会被人在微博上骂几句。”说到底，陈欧是搞技术出身的，并不是娱乐圈的专业人士。娱乐圈毁誉参半的生存模式一度也让这位年轻的CEO很苦恼。

早期快乐，后来郁闷，再后来淡然

陈欧从2010年开始，密集地出现在电视节目当中，而他也经历了“早期快乐，后来郁闷，再后来淡然”的心理过程。上电视确实比其他任何的营销手段都有效，很快就带动了聚美优品流量的提升。那段时间里，聚美优品的日销量从50万提升到了150万。

作为电商，要想产品火，很重要的一个环节就是要打广告。高额的广告费用常常让电商头痛。在这样的环境下，陈欧成为明星代言人，确实为聚美优品节省下了一大笔广告经费。陈欧自己也说：“确实是省钱了，估计省下了1个亿的广告费。”

为了高效率地推销聚美优品，陈欧把自己像肉弹一样扔出去。早期笼罩在陈欧心上的郁闷早已经烟消云散。就像他说的：“你做企业，既然享受了创业带来的刺激感和成就感，就必然要承受比别人多100倍不止的心理压力。”

陈欧分析，聚美优品能在这么短的时间内就成功上市，与聚美优品的口碑营销和CEO营销有着密不可分的关系。陈欧这群半路出家转入化妆品行业的年轻人之所以能这么快在市场扎下根，与其说是他们占尽了市场的先机，倒不如说是他们以团购的模式快速地切入了市场，取得了阶段性的优势。而之后的成果，则是靠着他们果断的执行力和有创意的营销才一步步地发展起来的。

·3·
没有钱，就先把创意做到极致

随着聚美优品一路成长起来的，还有陈欧这位年轻的CEO。他本人曾经无数次设想过自己的结局：“很多人会分享聚美优品失败的案例，居然是警告后来者，这是一个傻X企业家，不务正业，天天上电视。”

不可否认的，因为采取的是CEO营销策略，比起大多数创业者，陈欧与聚美优品的命运联系得更为紧密。相比起其他的创业者，陈欧有时是一个企业家，有时是一个明星。

一开始，他利用这种明星式企业家的身份来进行营销，既博取了用户的欢心，又赚取了销量，更为重要的是这种营销方式几乎是零成本的。2011年7月，聚美优品推出了陈欧与韩庚双代言的全新营销模式，在户外广告栏里，他们二人并肩站着，陈欧的气场一点也不输给韩庚。是的，陈欧是海归，外形帅气，谈吐幽默，少年得志，从事的又是帮助千千万万女人变得更美、更自信的生意。这所有的因素联系在一起，是很容易让用户信赖他的。

这种捆绑式的营销模式的负面影响也是显而易见的。那就是所有知道聚美优品的人，都会知道陈欧。在用户的心中，聚美优品就是陈欧，陈欧就是聚美优品。任何事情都有两面性，陈欧把自己像肉弹一样扔出去，博取眼球，赚取关注度的同时，也为自己戴上了一副穿上就很难再脱下来的枷锁。

无论如何，创意营销不仅帮助聚美优品渡过了苦难时期，还打下了大片江山。回头看看，陈欧依然不后悔在聚美最需要的时候挺身而出，将个人形象塑造成企业品牌，将创意发挥到了极致。

钱不够，创意凑

本来陈欧在营销方面的关注点并没有放在广告上面。但是当聚美优品开始进入与红杉资本洽谈融资的环节时，陈欧第一次感到没有广告营销打出知名度，融资真是举步维艰。

当时陈欧的竞争对手包括乐蜂网等都斥巨资进行广告营销。因为没有知名度，不发出声音，不让所有人看到，就很可能悄无声息地从市场当中消失掉。也正因为这样，陈欧与红杉资本的洽谈断断续续持续了七个多月。

最开始，陈欧希望董事会能批给他3000万的广告预算，但紧接着他本人又把这个提案给否决掉了。虽然广告营销迫在眉睫，但当时的3000万对聚美而言并不是一个小数目。陈欧心里直打鼓，万一广告宣传效果不好，那这3000万不是都打水漂了？纠结来纠结去，陈欧最终将广告经费缩减到了1000万。他想，即使广告效果不好，这1000万就当买个教训，对公司造成的损失也没有那么大。

预算经费确定了，广告要怎么做呢？陈欧想："钱不够，只能用创意来弥补。"但是在经费这么少的情况下，要做出一炮走红的广告并不是那么容易的。陈欧打算先学习借鉴之前成功的广告营销的案例。

2010年，韩庚和王珞丹就曾为凡客代言，当时的"凡客体"也红极一时。陈欧决定就以"凡客体"作为样本，来打造聚美优品的广告。陈欧反反复复地研究了"凡客体"的遣词造句。他发现，"凡客体"之所以深入人心，关键还在于说的每一句话都在点子上，能引起人们的共鸣。有了情感共鸣，任何一个人都可以成为广告传播的媒介。结合自己创业一路走来的心路历程，陈欧决定聚美优品的广告营销也要"走心"。他决定以聚美优品的主要用户群体80后为切入点，从蜗居、裸婚和奋斗这几个热点词出发。

选对代言人，是成功的第一步

确定了广告风格，下一步也是尤为关键的一步，就是选择一个合适的代言人。代言人是一则广告的信息载体，只有所选择的代言人符合企业文化的时候，才能让广告发挥出最大的作用。

早在2011年4月聚美优品的周年庆典上，陈欧就高调宣布已经签约了人气偶像韩庚作为聚美优品新一季度的广告代言人。陈欧之所以选择韩庚代言是有原因的。首先陈欧觉得韩庚作为聚美优品的代言人，其形象气质和始终追求完美的个性都符合聚美优品的企业文化。其次，作为亚洲当红的人气偶像，韩庚拥有许多80后、90后的粉丝，这些粉丝也是聚美优品的潜在用户，都有关注时尚、追求美的特质。而且陈欧与韩庚通过私底下的几次相处，发现彼此很投缘。韩庚还开玩笑说："也许我俩都是水瓶座的缘故吧，很多想法都不谋而合，有时候甚至怀疑我俩是不是失散多年的兄弟。”

创意营销靠大脑就可以

2011年7月，各大地铁的平面广告媒体上纷纷推出了聚美优品新一季度的广告。这一次是聚美优品创意营销策略的正式开端，聚美采取了“双代言”的全新模式。也就是说，聚美优品这一次的代言人不仅有人气偶像韩庚，还有聚美的高富帅CEO陈欧。

回到2011年的夏天，相信这两段堪称经典的广告词仍能让所有年轻人回忆起那年夏天血液里沸腾起的热气和生命力。

“我是韩庚，聚美优品代言人，能被很多人爱，是件幸福的事，希望爱我的人，都能变得更美丽，但比影响力更重要的是责任，相信我们，相信聚美！我是韩庚，我为美丽代言！”

“我是陈欧，聚美优品创始人，蜗居，裸婚，都让我们撞上了。但别担心，奋斗才刚刚开始，80后的我们一直在路上。不管压力有多大，也要活出自己的色彩。做最漂亮的自己，相信我们，相信聚美。我是陈欧，我为自己代言！”

一边是当红偶像韩庚“为美丽代言”，一边是创业精英陈欧“为自己代言”。这场别开生面的代言在当时刮起了一阵高过一阵的热浪，引起了所有年轻人内心强烈的情感共鸣。陈欧掷地有声的“我为自己代言”更是成为当时最热门的话题，“陈欧体”风靡一时。

虽然“双代言”模式的反响非常热烈，但是陈欧团队的创意营销手段远远还不止这些。随着这则广告一起推出的还有随手拍活动。也就是说，任何消费者只要随手拍下广告发送到自己的微博加上#随手拍聚美#的标签，并@聚美优品，就可以获得一份精美礼品。这个创意营销手段让广告的热潮持续得更久，而且让所有对聚美优品感兴趣的博友都成为了聚美营销过程中的一个环节。

在广告播出前，为了造势，陈欧向媒体透露：“这是电商圈里，继凡客诚品以后最好的一个电商广告。”事实也证明确实如此，陈欧的广告营销运作得非常成功。双代言的广告一经播出，就引起了人们的广泛关注，聚美优品的销售量也接连翻了好几倍。

陈欧很欣慰，自己最终踏出了广告营销的这一步，没有让聚美优品错失良机。就像他说的：“当初我请韩庚来，很多人说我在砸钱。其实他们都错了，我们是真没钱。没钱，才需要把创意做到极致。没钱，才需要每分钱都精打细算，每分钱都要收到好的效果。”

·4·
先打动自己，再打动别人

2011年7月，陈欧“为自己代言”的广告一炮而红，也为聚美优品带来了巨大的轰动性效应和可观的经济收益。这一次成功的CEO营销也让陈欧找到了做广告的感觉。他总结做广告关键要“走心”，先打动自己，才能打动别人。之后的第二次、第三次“我为自己代言”陈欧仍延续了之前的风格。

“走心”的才是好广告

2012年，聚美优品再次在“我为自己代言”的策略上做文章，推出了最新版的《我为自己代言》的励志广告。这则广告也很贴近当今80后、90后年轻人面临的种种社会和生活现实，分为考试录取、职场奋斗和恋爱表白等场景。既平铺直叙地展现了现在年轻人遇到的种种挫折和坎坷，又画龙点睛地表现了即使在这些不如意面前，年轻人也没有轻易放弃自己的理想。

2012年11月，凭借颇具创意的地铁广告，聚美优品成功入围艾菲奖的“最佳创意营销奖”。业内人士对聚美优品的这次营销广告创意评价也非常高。在各大城市，电商们的广告大战可谓铺天盖地，从地铁到各个交通路线，户外广告层出不穷，对所有潜在的用户群体进行轰炸性的“袭击”。而聚美优品的这则广告显得要克制内敛得多，采取的是地铁包柱展柜广告的模式。比起铺天盖地的轰炸式广告，聚美优品“我为自己代言”的格调一下子就提升了。

陈欧的那段独白也是“走心”的良心之作。与其说这是一段为聚美优品营销的广告，在用户看来倒更像是陈欧作为一个白手起家的80后创业者，一路走来的种种内心独白：

你只闻到我的香水，却没有看到我的汗水；

你有你的规则，我有我的选择；

你否定我的现在，我决定我的未来；

你嘲笑我一无所有不配去爱，我可怜你总说等待；

你可以轻视我们的年轻，我会证明这是谁的时代。

梦想，是注定孤独的旅行，路上少不了质疑和嘲笑。

但，那又怎样？

哪怕是遍体鳞伤，也要活得漂亮。

我是陈欧，我为自己代言。

这段漂亮的广告词非常微妙地贴合了当下年轻人屡屡遭遇挫折但仍不改内心年少轻狂的心理状况。哪怕只是在公共场合听过一次，恐怕也很少有人能够忘记。

犀利的，也是戳中人心的

2013年，陈欧继续在“我为自己代言”的营销策略上持续发力。这一次，聚美优品携手当红的新生代偶像歌手魏晨，将“陈欧体”谱写成了励志类歌曲——《光辉岁月——我为自己代言》。这一次，在魏晨倾情演绎的歌声中，年轻人再一次从中得到了感情的慰藉和共鸣。陈欧这一连串的创意营销已经不单单是简单的产品营销，而是企业文化营销，是一次对年轻人的励志营销。

徐小平是陈欧“智囊团”里最先提出让陈欧出面为公司代言的人。因为他发现陈欧不仅外形帅气，而且有一个特质，那就是言辞非常犀利，总是能够把握住问题的关键，将信息进行精准到位的传播。在关键时候，切中要害，这种能力是陈欧能在各种娱乐节目中如鱼得水又毫不怯场的关键所在。

从未年轻过的人，一定无法体会这个世界的偏见。

我们被世俗拆散，也要为爱情勇往直前；

我们被房价羞辱，也要让简陋的现实变得温暖；

我们被权威模式，也要为自己的天分保持骄傲；

我们被平庸折磨，也要开始说走就走的冒险。

所谓的光辉岁月，并不是后来闪耀的日子，

而是无人问津时，你对梦想的偏执，

你是否有勇气，对自己忠诚到底。

我是陈欧，我为自己代言。

这段“走心”的广告除了延续了陈欧“我为自己代言”系列的励志风格外，言辞也格外犀利，一语中的地说出了很多80后面对种种不堪现实的心声。为了打造一款既有情怀，又能取得良好营销效果的广告词，陈欧煞费苦心。一开始，陈欧向很多文化创意公司和策划公司求助，但得到的广告词都不尽如人意。最后他发现，最了解公司的人还是自己。于是他决定亲自为广告词操刀。前前后后历时近半年，才最终打磨出这段字字珠玑的广告词。陈欧深知，广告词体现的是企业的文化和精神。一则好的广告要想能够深入人心，那就必须先打动自己。

要“走心”，也要创新

采访时被问起几次反响一次强过一次的广告营销，陈欧谈起自己的心得：“我觉得做营销时，走心是一点，还要有创意。重复别人走过的老路子是没法吸引人的。要做一点别人没做过的，大家才会记住你。当然，也要想尽办法引起观众的情感共鸣。如果用户已经从心底认可你了，你觉得他还会拒绝你的产品吗？”

在陈欧看来，一则广告如果没有新意，再重复自己的老路子，那还不如不播。当第一次广告营销圆满成功后，再来做第二版广告时，陈欧反而觉得肩上的压力前所未有的沉重。因为他是一个对自己要求苛刻的完美主义者。当第一版已经到达一个高度后，他希望自己能够超越自己，而不允许自己退步。所以从2012年第一版广告播出后，陈欧和他的团队又花了大量的时间来打磨第二版。虽然早在2012年6月，制作第二版广告的想法就已经被提出来了，但直到9月份才开始正式行动。这则广告前前后后经历了两个月的时间，经过多次大的修改和调整才最终确定。

其实在互联网这个时时刻刻迸发思维火花的行业里，广告营销从来就不缺乏创意。比如说当初凡客找韩寒来代言广告，提出了80后“我就是我自己”的理念，这也与80后群体的心声极为契合。

在陈欧看来，任何一次好的营销都是企业发展的一个重大转折点。就像他说的：“营销对企业来说非常关键。现在电商的普遍情况是大家都拼命请明星代言，拼命烧钱。说到底，谁能把营销做好了，谁就能走得更远。”

·5·

“陈欧体”，刮起品牌效应的旋风

2012年11月，一则两分钟左右的广告在电视上一播出，一夜之间就悄无声息地红遍了大江南北，并在网络上收到众多网民的追捧和争相模仿。这则广告就是国内化妆品电商平台年轻的CEO陈欧亲自参演的一则宣传片。因为广告词充满正能量而广受欢迎。

“你只闻到我的香水，却没有看到我的汗水；你有你的规则，我有我的选择；你否定我的现在，我决定我的未来；你嘲笑我一无所有，不配去爱，我可怜你总说等待；你可以轻视我们的年轻，我们会证明这是谁的时代……我是陈欧，我为自己代言。”

这则广告因为由聚美优品的CEO陈欧本人出演，而且广告词中一句“我是陈欧，我为自己代言”已经深入人心，而被人们称为“陈欧体”或“代言体”。

这则不到两分钟的广告是一场运作得恰到好处的营销，极大提升了人们对聚美优品的关注度，在市场中刮起了一阵属于聚美优品的“旋风”。

有共鸣，才有关注度

“陈欧体”广告之所以会引起人们内心的巨大共鸣，是因为它没有将内容狭隘地限制在聚美优品的产品甚至是企业文化上，而是放在一个时代背景中。从考场到职场，从事业到爱情，这则广告选取了几段经典场景来讲述一个关于梦想，关于青春，关于奋斗的故事。这是每个80后、90后埋藏在心中的故事。

可见，这则广告的精准定位已经帮助它成功了一半。“陈欧体”非常准确地辨识了自己的主要消费者是年轻的80后、90后。作为化妆品网络销售平台，聚美优品的优势在于出售价位低、折扣高的正品化妆品，这也是聚美最大的卖点所在。年龄较小的，还没有大量购买化妆品的消费需求；而年龄偏大的，则不像年轻人那样习惯网购。这些80后、90后年轻的消费群体有着追求完美、展现自我的诉求，但年轻的他们尚处于奋斗阶段，背负着种种压力，而且手头往往不会特别宽裕。正是基于这些原因，聚美优品准确定位了它的目标客户群以及该群体身上的一些共性特征。

可以说，聚美优品这则广告是借着梦想的名义来讲奋斗的故事，配合着极具冲击力的台词，悄无声息地唤醒了所有人心中或许已经沉睡许久的梦想与回忆。而在这个广告营销当道的时代，很多广告已经将如何让消费者产生情感上的共鸣成为主攻点。比如雪佛兰汽车主打老男孩微电影广告，益达口香糖推出的酸甜苦辣系列等，都是通过情感共鸣而取得巨大成功的。

改编热潮，“陈欧体”风靡

最初聚美优品的这则广告主要是在电视上播出，但其最终走红其实还是依靠了网络媒体的力量。在《快乐大本营》投放这则广告帮助聚美优品取得了一定的关注度，但“陈欧体”真正能够爆红还是得益于在社交网站和视频网站上的广泛传播与评论。从专业角度来说，这种营销模式叫作口碑病毒营销理论，这可以说得上是一种比任何广告都有效的免费的营销策略。

“陈欧体”在明星圈子里也刮起了一阵小高潮。比如说主持人何炅、艺人韩庚等都在新浪微博上转发、评论这则广告。何炅在新浪微博上拥有2400万粉丝，他说：“我承认，有点感动。”作为聚美优品的投资人，徐小平在微博上转发这则广告时评论：“非常精彩，非常深刻，反映了这个时代的声音。”

这些大V的微博用户都拥有高达千万的粉丝数量，其号召力非同一般。随着电视播出和网络上的传播，“陈欧体”获得了良好的口碑和称赞，之后广告进一步在微博和人人网等社交网站，甚至是天涯、百度贴吧等网络社区广泛传播。身在一个互联网如此发达的时代，陈欧觉得自己实在是太幸运了。公司甚至没有投入太多金钱和精力在广告推广方面，SNS网站的高性能传播让他们尝尽了甜头。当时这则广告一经播出，就在年轻人中引起了极大的反响，甚至涌现了大量追风模仿“陈欧体”来表达新意的段子。

然而，如果只是因为广告词充满正能量，而且得到明星的力挺，“陈欧体”也不会真的像现在这样一夜之间就红遍了整个网络。究其根源，还在于“陈欧体”在网络上掀起了一阵模仿和改变的热潮。“陈欧体”的句型读起来朗朗上口，留下了很多空间让网民们自由发挥。比如说“你有……我有……你可以……但我会……我是……我为自己代言！”这样的句式除了用于励志场景外，还可以吐槽，还可以搞怪，一时之间，“陈欧体”仿佛成为网民们玩得津津有味的造句游戏。

比如说北大版的“陈欧体”：

你只看到我是北大，却没看到我的努力，你有你的世界一流大学，我有我的“985”、“211”，你有你的nature，我有我的法律论坛。你嘲笑我这设施落后，却不知我们刚装上空调，我默默忍受。你可以轻视我的学校，我们会证明今后是谁的时代！北大是注定孤独的旅行，别人问起总少不了轻视和不屑，但那又怎样，哪怕整天被国内一些人泼尽脏水，我也要活得漂亮，我在北大，我为自己代言！

这则广告在网络世界上一夜走红，意味着聚美优品被越来越多的人认识、接受，也会吸引更多的潜在客户。这也许就是这场“陈欧体”小旋风对聚美优品的最大意义吧。

·6·
投资网络“神片”，有争议才会有关注

在《商业秀：体验经济时代企业经营的感情原则》这本全球畅销书中有一句话是这么说的：“所有的行业都是娱乐业。”在网络媒体越来越发达的现在，无论你身处什么行业，要想搞出名堂，要想被大家熟识，就必须要搞出点噱头来，作为新兴的电商行业更是如此。

聚美优品之所以能从众多化妆品电商企业中脱颖而出，吸引众多年轻而爱好时尚的用户，和陈欧一直倡导并践行的娱乐性营销也有密切的关系。

拍女人爱看的电影

当今中国，所有消费者都处于一个处处娱乐、时时娱乐的时代。聚美优品作为化妆品电商的先驱者，只有搭上娱乐快车，才能更加充分地展现其年轻与活力。然而，娱乐归根结底是为了更好的营销。所以如果娱乐，就要娱乐得高级，娱乐得经典。娱乐这张营销牌能不能打好，关键还是要看创意。

近年来，随着微信成为大部分人日常生活中重要的社交工具之一，微营销也悄然流行起来。微电影这一新兴的电影表现形式也马上被电商企业利用，作为网络营销的一种重要手段。微信、微博、微电影等省时又时尚的营销模式是与电商一贯的重供应链和营销整合，轻生产的“轻公司”路线一致的。作为电商界的创意达人，陈欧自然不会忘记适时地发挥“轻营销”的功效。在他看来，这种“轻营销”模式是性价比最高的，即使投入很少的成本也能收获很多的回报，何乐而不为呢？

2013年6月17日，聚美优品和光影华视共同推出了携手打造的微电影《女人公敌》，堪称职场上位版的《甄嬛传》。这部微电影中不仅有赵奕欢、文卓等当红影星倾情加盟，包括陈欧、刘惠璞和慕岩在内的诸多创业达人也在电影里玩起了客串。这部电影一上映就高居百度指数的榜首，甚至在人气上一度超越了同期上映的《小时代》。

有专业人士评价：“这部电影完美地将互联网领域内容与产品、品牌结合在一起。可以说，《女人公敌》自上映后就‘高烧不退’，其实是聚美在娱乐营销这条路上又一次大胆的试水和重要突破。”

2013年，陈欧除了投资微电影外，还尝试了电视植入营销。他投资了湖南电视台当时热播的《百万新娘》，电视剧中有大量植入式营销。太多的广告植入也遭到了一些网友的不满，有人调侃聚美优品简直是“在广告中插播电视剧”。对于网友的谴责和调侃，陈欧早有心理准备，他回应道：“被骂是正常的，因为我们做得是有点过火了。但是至少证明我们的方向是对的。没有人关注的东西又怎么会有争议呢？”

当记者问陈欧是否还会继续投资类似于《女人公敌》这种“神片”的时候，陈欧也正面回应道：“营销讲的是感觉，当我觉得这个剧这个角色有可能引起共鸣的时候我就会尝试。有些东西有争议才会有关注，有些剧属于好评差评参半，就像最近的《小时代》，骂的人特别多，喜欢的粉丝也特别多。”

营销要有点冒险精神

2011年，聚美优品市场部成功举办了好几场大型的校园招聘会，在年轻学生群体中引起了热烈的反响。在陈欧看来，聚美优品已经有实力来举办大型盛会了。在各大互联网团购平台都纷纷砸钱请明星代言的浪潮中，陈欧意识到，营销上只有永远比别人快一步，才能占尽先机。

陈欧很清楚，聚美优品不仅仅是一个贩售化妆品的电商平台，而是要成为时尚前沿的代表。所以将聚美优品整个平台的品牌建设起来，才是陈欧的终极目标。

陈欧有一个小习惯，他每天早上醒过来以后都喜欢躺在床上用手机刷一会儿微博。有一天早上，他照常躺在床上，懒洋洋地翻阅着微博上的新闻。突然间，他被一则新闻标题吸引了目光——《时尚大奖CFDA 2011年颁奖》。标题中的“时尚大奖”牢牢地吸引了陈欧的眼球。点进去浏览新闻的具体内容，说的是一场美国时装设计师协会举办的颁奖典礼。许多奢侈品牌的设计师和好莱坞的当红明星都出席了这次盛会。作为时尚界的风向标，这些设计师和明星们走红地毯时的着装当然也引起了人们的关注。即使盛会结束了一段时间，人们仍借着余温在网上讨论了很长时间。

陈欧当即大腿一拍，聚美优品完全也可以依葫芦画瓢，搞一场美妆界的颁奖盛典嘛。说干就干，陈欧马上召集了聚美优品的一众高管，商量要怎么给聚美优品上的爆款美妆产品颁奖。

经过一番紧张的准备，2011年12月22日晚上，“2011年度聚美优品美妆风尚大典”正式在北京举办。这场盛典以“年轻、激情、时尚、高端”为主题，邀请了众多影视娱乐圈的明星、时尚界名媛和商界名人。盛典由何炅和爱戴联袂主持，陈欧和徐小平、陈漫、贾静雯、胡兵等担任颁奖嘉宾。盛典现场的舞美和灯光布置华丽中不失时尚、活泼，群星荟萃的舞台上镁光灯闪闪烁烁，一浪高过一浪的时尚节目表演完全吸引住了所有现场观众的目光。

无论是斥资投资“神片”，还是敢为人先地举办颁奖盛典，这都是陈欧在创意营销路上一步一个脚印走出来的结果。在陈欧看来，时尚本身就是一种力量。而聚美优品要做的就是扭转人们的时尚观，让每个人都关注时尚、关注美。一步步走到今天，让陈欧欣慰的是，聚美优品没有放弃最初“让美流行起来”的初衷。

·7·

扎克伯格教我的“营销学”：社交营销是一把双刃剑

在人们眼里，社交媒体已经成为一个合理而有效的营销渠道。但是包括电商品牌在内的大多数品牌都持有这样一个观点：社交媒体是一种“漏斗式”营销模式，只适合打造品牌，提升知名度，很难吸引真正的购买行为。

社交媒体进入消费者生活的时间越长，消费者也就越趋于理性。Internet Retaier杂志显示2014年世界500强的电商企业在一年当中利用社交网络营销，取得了26.9亿美元的销售额，较之2012年度，增加 62%。可见，虽然社交营销的可行性仍备受争议，但对电商行业仍有着很大的吸引力。作为玩转了创意营销的陈欧，社交营销显然也已经成为聚美优品营销环节中的重要步骤。

社交网络营销，图片为王

作为网络世界中最大的社交帝国，Facebook上面发布的帖子当中有90%以上的都是有图片的。Twitter上很多的消息也包含有图片和视频。经过相关研究显示，比起干瘪瘪的文字，图片和视频显得要生动有趣得多。制作图片在品牌商的营销环节当中已经成为一种常态手法，他们能够很轻松就搞定图片，社交媒体在传播性质上也是图片优先的媒体，所以图像自然成了众多品牌商在社交媒体上推销自己、传播消息的最佳途径。

许多在Facebook上进行营销的顶级品牌平均一个星期会发布一个视频。根据相关调查显示，这些视频中比较受欢迎的是新品抢鲜看、品牌背后的故事、教用户具体使用相关产品的操作指南和一些产品设计师的访谈等。

社交网络已经与人们的每一天都密切地联系在了一起。因此这些发布在Facebook上面的有趣的图片和视频很容易就被用户接触到，并且给他们留下深刻的印象。

发帖要讲究技巧

在Facebook上很多顶级品牌每周的发帖数是固定的，一般为12次。大多数品牌在工作日里的发帖数量比周末多一些。至于发帖的时间则不固定，每个品牌都会选择与自己的产品和品牌相适应的最佳时间。不过有一个小窍门就是，一旦在某个社交网络平台上找到了属于自己的最佳发帖时间，就要保持连贯性，持续在这个时间段里发布新帖子。这样才能够与用户形成良性互动，保持帖子较稳定的浏览量。

此外，根据相关数据统计，在社交媒体上进行营销，其实短帖的效用往往比长帖更强，也更能吸引到用户。虽然有时候，在针对某些特殊情况下不能否认重量级的大长帖有其存在的特殊价值。但是大多数情况下，引人入胜的短帖更容易吸引用户。更何况，写出超赞的短贴其实更不容易。扎克伯格也提到："用精妙简略的短帖搭配上图片，更容易抓住人的眼球，让人很难忘记。我没做过统计，很多顶级品牌经常发布的帖子字数都不会超过100字。如果利用定时推送工具Buffer在Facebook上发帖，字数经常在40到70字之间。

让用户参与进来

其实对于品牌商来说，最有效的广告也许来自用户。利用社交网络平台，品牌商很容易在与用户的互动当中获得其对于产品和品牌的评价。这些由用户产生的内容对于品牌商来说都是不容错过的超级广告。要知道，所有消费者在购物过程中都有从众心理。跟着别人走，往往会觉得不容易犯错。就像扎克伯格在谈到Facebook在社交营销中所扮演的角色时，他说道："社交平台是一个营销的媒介，它帮助品牌商和用户互动。要好好利用社交平台上用户发布的内容。试想一下，来自周围人的推荐永远是最值得信赖，也是最强大的营销方式。"所以说，要充分利用用户自觉提供的品牌相关内容，无论如何这些信息都是品牌提升知名度的最强催化剂。

这样一来，品牌和用户之间的关系就会进入一种良性循环。也就是说，其他的用户看到他们所喜欢的某个品牌会分享用户在社交网络平台上写下的相关内容，他们也就更有欲望和动机来提交一些相关内容了。这是符合消费者心理的，所有人都希望能获得他人的关注，更何况是他们所喜爱的品牌的关注呢？通过社交网络平台将广告效应放大，可以让用户的声音被更多的人听到。

社交营销是把“双刃剑”

随着社交网络平台的日臻完善，社交营销已经成为电商的重要营销模式之一。但是，因为社交网络平台上除了有发布软文和广告的品牌商之外，数量更为庞大的还是作为潜在消费者群体的普通网民。当社交网络成为一种营销手段时，用户的隐私安全要如何保障呢？

2014年9月，苹果CEO库克在接受采访时指出：“早在几年之前，互联网用户就已经开始意识到，当某个在线服务是免费的，这就意味着网民不再是顾客，而是产品。”话里话外，库克暗指Facebook，他认为基于社交网络的广告模式对消费者是不利的，会有损消费者利益。

对此，扎克伯格也马上做出了适时的反驳。“令我失望的是，很多人居然到了现在还将基于广告的商业模式和用户利益得不到保障这种老掉牙的论调等同起来。”在接受《时代杂志》采访时扎克伯格言辞犀利地回应库克，“这真是我听过的最为荒谬的说法。你不会以为你花钱买了苹果公司的产品，你的利益就能得到相应的保障了吧？如果事实真是这样的，那苹果公司把产品卖给你的时候就不会收取那么高昂的价格了。”

·8·

吴欣鸿给我的灵感：关注颜值，只为带来正能量

“泰国有变性手术，韩国有整容手术，中国有美图秀秀”，这个段子虽然是调侃，却概括了美图秀秀这款手机软件在其用户心中的地位。不用动刀，美图秀秀就用简单快捷的方式“修”高了中国姑娘的颜值。当然，美图秀秀也经常被人调侃说是“致力于摧毁朋友圈最基本的信任”。

对于这些调侃，美图秀秀创始人吴欣鸿都是一笑置之。在接受《中国新闻周刊》采访时，吴欣鸿说：“你会发现，美图秀秀已经成为一种流行的社会文化。有时候，被调侃不见得就是坏事，有调侃才有关注度。”

和美图秀秀一样，陈欧创办的聚美优品也是主打女性产品的公司，两人可以说是同一个“战壕”里的战友。女性产品，无论是无形的手机软件，还是有形的化妆品，营销中最重要的环节就是关注女性心理，从女性的需求出发。

开创颜值经济时代

自2008年成立起，美图秀秀先后推出了包括美图秀秀、美颜相机、美图智能手机和美拍在内的一系列软硬件产品。无论这些产品在使用和功能上有何差异，归根结底都是为了美化形象、提升颜值而存在的。

接受记者采访时，吴欣鸿透露了一系列的数据：截至2015年4月8日，

美图公司的移动端产品用户总计为9.8亿，一共覆盖了6.8亿台移动设备。其中美图秀秀的用户群体最为庞大，高达4.4亿，美颜相机为2.4亿，刚刚发布不到一年时间的美拍也有1.2亿用户。到现在为止，美图秀秀、美颜相机和美图已经成为美图公司主打的三款“铁三角”产品。

在吴欣鸿看来，美图公司之所以能在短时间内在市场竞争中赢得了如此庞大的客户群体，其根源在于公司成立之初创业团队就把客户定位在年轻爱美的女性身上，致力于打造一款为女性“修”颜值的快捷软件。“刚刚创业时，我们最早的切入点是美图秀秀。其实当时这个产品并不是专门针对女性用户的，而是为非主流用户开发的，那时候男生才是上网的主力军。年轻的追求时尚美丽的女性对我们的产品来说，只是个小众群体。但是幸运的是，我们没有忽视当时的这一支小众群体，并且很好地把握了她们的需求。”吴欣鸿在接受采访时说。

不走寻常路，手机也让你更美

随着美图秀秀不断推出的一系列美图产品，在这些软件和app的攻势下，美图成功地圈住了一批特点鲜明的“颜值”用户：她们是青春靓丽的女孩，长得漂亮，爱自拍也爱在社交软件晒照片，消费能力较高，也有一定的传播力。这些年轻的女性用户成了一系列美图产品的核心用户。美图公司最新发布的专为“修颜值，秀颜值”而打造的美图手机针对的也是这些典型的目标用户。

在接受采访时，吴欣鸿解释说：“美图公司刚发布的M4手机的定位是‘夜间自拍神器’。为什么会有这样一个有意思的切入点呢？因为在开发这款产品时，我们想，夜间自拍其实是很多智能手机的短板，但是对于我们美图产品的核心用户来说，夜间自拍是有很强的需求的。这款‘夜间自拍神器’不仅可以用于夜间拍照，当然也可以在光线不是很强的地方拍照。”也许就像吴欣鸿说的，美图公司的任何一款产品都是为了让年轻漂亮的女孩子们更加不受时间和地点限制，随心所欲地自拍和秀颜值。

正是因为如此，虽然同样是手机，美图的M4手机在产品开发时的关注点也不一样。“就像你看到的，美图手机的玩法和其他许多手机生产商是不同的。一般来说，手机应该讲究参数和配置，但这不是我们的用户所关注的。什么最重要呢？是外观、补光灯和美颜的效果。”

就像吴欣鸿说的：“两性的消费观念和消费模式是截然不同的。你看，男生在新机发布时，会更关心参数和配置，作比较之后在网上下单购买。女生则不同，她们不关心参数、屏占这些东西，也不会去预约或抢购某款手机，而是会直接买。所以对女性用户来说，影响她们购买行为的最大因素是我喜欢的偶像是否在用，我周围的朋友是否有人买了。”

商业化，美要大声说出来

吴欣鸿承认，因为这款新手机的特殊定位，它的整体销量并不是很高。但是作为一个单一的手机型号，成绩也相当不错。美图公司始终专注的是美颜产品，并不会去和手机生产商抢夺市场，也不会采用砸钱的方法来抢市场。

在吴欣鸿看来，美图公司推出的一系列产品都能得到许多年轻女性用户的青睐，最重要的原因在于其任何一款应用的定位都非常明确、简单。“就像这款手机，事实上我们是把它当作一款和其他美颜产品一样的应用，而不是一个全能的手机。在设计和定位时多做做减法，轻、好用、简单，这是美图最核心的产品理念。”吴欣鸿说。所以，这款手机和其他产品一样，都是紧密围绕核心用户，为了满足他们的需求而存在的。

不过，随着美图公司已经完成了最初的起步阶段，并积累了大量的核心用户，一个更为现实和关键的任务也随之摆在了吴欣鸿眼前，那就是如何实现商业化。吴欣鸿介绍，所有的美图产品基本上都是免费提供给用户使用的。所以公司收入的主要来源，除了手机之外，就是来自广告收入。但是产品在盈利方面一直保持克制，为了给用户更好的体验，各个产品在线上的广告并不算多。

吴欣鸿表示，美图公司的下一个目标是把官网作为一个重要渠道，在上面销售一些美图手机及周边配件。未来这个平台还会针对女性用户群体的特点和需求开发一系列有针对性的产品。此外，美图还将在游戏领域试水，比如说近期生产的美图手机里面已经安装有美图游戏盒。未来的发展中，美图将和一些主流的游戏厂商合作，一起推出针对年轻女性用户的游戏。

可以说，吴欣鸿带领下的美图一步步走到今天，其营销手段就如武侠小说中常说的“化骨绵绵掌”。看似没花什么力气，却用恰到好处的力道留住了用户。陈欧从中体会到，作为同样为女性用户服务的化妆品电商平台，在营销中必须把握女性用户心理，让你的产品满足她们的需求，这才是最重要的。

·9·

张旭豪教我的“营销艺术”：互动营销，抓住消费者的胃

O2O模式正在悄无声息地改变着中国。让线上和线下真正连接在一起。到目前为止，餐饮界的O2O模式可以说是所有行业中发展得最为成熟

和完善的。2014年可以说是外卖O2O模式全面爆发的一年，自然也引起了社会各界的普遍关注。

作为餐饮外卖行业的领头羊，“饿了么”在拿到了8000万美元的融资后做了一件让人跌破眼镜的事情：在上海地区免费送出20万份午餐，而且在上海一万多栋写字楼的屏幕上进行派发。要说的是，“饿了么”的营销模式确实是很拼、很烧钱，但其营销效果也是很突出的。这次烧钱大战开始了没有几天，“饿了么”免费派送午餐的事情就在上海微信朋友圈里传得沸沸扬扬了。

和化妆品一样，餐饮是消费者日常生活中不可或缺的刚需。在激烈的竞争中，外卖送餐网络比比皆是，“饿了么”要怎么做才能牢牢地抓住消费者的胃呢？陈欧明白，张旭豪的营销策略并不是表面上的烧钱大战，在砸钱的背后是为了加强与目标用户的互动。

“饿了么”之所以能成长到今天，和它的创始人张旭豪在学生时代的真实体验有着密切的关系。2008年，张旭豪还是一名普通大学生。一天，他在上海交大闽行校区的研究生宿舍里和室友一块儿打游戏。几局之后，天色渐渐暗了下来，他和室友的肚子也开始饿得咕咕叫了。张旭豪想叫外卖，却发现平时随手放着的外卖单不见了。正是这一次的经历让张旭豪萌生了自己做外卖网站的想法。说干就干，张旭豪和其他几个小伙伴当即决定休学创业，由此创办了“饿了么”的前身“饭急送”。

很快，“饿了么”就以极其迅猛之势迅速席卷了外卖市场。2009年，“饿了么”上线半年后，日均订单已经突破1000单。2010年9月，“饿了么”的合作餐厅突破1000家，成功覆盖了全上海。2011年，“饿了么”又相继在北京和杭州成立了分公司，日均订单突破10000单，发展成为中国最大的订餐网站。2012年，“饿了么”又在天津和广州成立分公司，并且利用移动互联网推出了“饿了么”的手机app。2013年，“饿了么”的送餐网络遍布全中国。2014年，“饿了么”迎来了自创办以来最大的转折点：“饿了么”与大众点评进行战略合作，后者为前者投资8000万美金，并计划在3年后上市。

现在“饿了么”在线上已经拥有300万优质用户，线下有5万多家餐饮店，送餐网络已经覆盖了全国42个城市。2014年6月，外卖日均订单量突破了30万，占据了在线外卖市场总订单量的80%。这就是O2O模式的神奇所在，通过互联网这张无形的网络将原本极度分散的线下餐饮服务业整合聚集在了一起。网上订餐就是通过有效利用电子商务平台的资源整合优势，就像当年的阿里巴巴将很多小商户聚集起来，也难怪再次缔造出了一个餐饮业中的“淘宝”。不过要想成为中国餐饮外卖行业中真正的淘宝，张旭豪还有一个最为重要的环节需要打通，就是用户群。各大外卖送餐网络都是基于O2O模式展开的，说白了最重要的就是抢占用户。在市场中谁能占有更多数量的用户，那就能获得更多的市场占有率，也就能成为最终的胜利者。自2014年8月中旬开始，“饿了么”开始向各大城市的白领市场进军。“饿了么”早期发家于高校，主要用户群体是高校大学生，而且之前主要的营销方式是地推。因此，“饿了么”决心在各大城市的写字楼电梯广告屏上进行一次大规模的广告投放，其活动目标明确定位在一线城市的主流白领市场。事实上，与其说这是“饿了么”在写字楼的一次广告投放，倒不如说是一次精心运作的互动营销。写字楼里工作的白领只需要通过几乎覆盖了全上海所有写字楼里的一万多个互动广告屏，连接上“饿了么免费wifi”或者通过手机摇一摇就可以马上获得20元的代金券。然后就可以在饿了么网站或app

上订餐，用代金券免费获得午餐。据透露，参与这次饿了么大规模互动营销活动的餐饮商家超过了5000家，屏幕广告覆盖了上海的白领人群超过150万人，截止到活动结束一共送出了20余万份免费午餐。

分众生活圈媒体，要玩就要玩好

“饿了么”正处于一个营销大变革的时代。过去，一个品牌只要拿出一幅好的平面广告，或者做成功一个拿得出手的广告片，就可以通过一些具有垄断优势的传统媒体去影响企业所针对的目标消费者。然而随着当今各种传播途径的涌现，营销模式也变得多元化。这决定了消费者的触点和族群化，以及消费者处在不同的时间和空间里相应的媒介行为都发生了翻天覆地的变化。

随着智能手机的普及，消费者已经进入移动互联网时代，手机随时随地就可以带领他们进入更为广阔的互联网世界，享受更为高效的O2O带来的便捷。从“饿了么”的成功互动营销案例中，陈欧可以看出，当今时代下，在分众媒体投放广告再也不是一句简单的口号，而是为了实现广告主与其受众群体之间更为亲密的互动。将广告融入每一个潜在消费者的生活和工作中去。

就像分众媒体的创始人兼CEO江南春说的：“广告即内容，内容即广告。真正能打动人的是内容，是娱乐，是话题。”所以在这个无处不娱乐的时代里，每个人都是媒体，每个人都是媒介，每个人都在传播。一个媒体真正的价值不是它覆盖到了多少人，而是它是否有能力激发更多自媒体主动传播。

“饿了么”这次成功的互动营销就是利用分众媒体，将广告投放的策略中心转移到如何打通线上与线下，让线上和线下成为一个真正的整体。在移动互联网如此便捷的时代，利用手机O2O模式的开放平台，人们在生活中利用更为便捷的途径就可以满足自己购买的欲望。

NO.6

你可以轻视我们的年轻，我们证明这是谁的时代
——陈欧的“品牌课”

道理讲得好，不如故事讲得好。每一个经典品牌背后总有着同样经典的故事。所谓品牌，与企业的文化内涵息息相关。追求品牌是一种生活态度，亦是人类向往美好、追求美好的一种本能。看似无形的品牌却能带来丰厚的回报，永远不要低估品牌的力量。“聚集美丽，传递美丽”，这就是聚美的美丽故事。

·1·

用美丽故事打造美好品牌

俗话说得好，讲道理不如讲故事。从蒂凡尼到卡地亚，这些奢侈品牌之所以如此动人，如此优雅，无不是因为其品牌文化背后或优美或感人的故事。当消费者含在嘴中的不再是糖果，抹在嘴唇上的不再是口红，拿在手里的不再是包包，戴在身上的不再是手表或珠宝，品牌的作用才算是真正达到了。

如果没有爱情，德芙就只是甜腻的巧克力；如果没有赫本，蒂凡尼就只是闪闪发光的石头。

世界需要故事，人们需要故事。作为一个有文化底蕴的品牌，你就要学会讲故事给你的消费者听。

都说梁朝伟的眼睛会讲故事，那是因为这个忧郁的男人曾经走过一段布满阴霾的童年岁月。都说张爱玲是一个有故事的女人，除了她阔绰的豪门家世，也许还因为她曾有过一段又一段荡气回肠的情事。如果说要从一件商品身上看出故事，大概就需要这个品牌的历史和性格来说话了。

1961年，有一部电影风靡全球，那就是根据楚门·卡波特小说改编，由奥黛丽·赫本主演的《蒂凡尼的早餐》。在电影镜头里，那个身姿曼妙的女子站在橱窗前，那个背影让蒂凡尼也成为世界上所有女人心目中的宠儿。人们也许永远也不会忘记，那个来自乡村的美得不可方物的女孩子，她站在橱窗前，痴痴地望着橱窗里的钻石和珠宝，幻想着有那么一天自己也能在这里吃上一顿美味的早餐。和赫本一起成为经典的，还有蒂凡尼的珠宝。

时光荏苒，半个多世纪后，人们每次走过蒂凡尼的橱窗，不经意间，总会想起那个一身黑裙、大口嚼着面包圈的背影。而赫本这位好莱坞不老的传奇也成为蒂凡尼品牌故事的承载。如今，蒂凡尼的粉丝已经从昔日赫本的同龄人到孙辈、重孙辈，但这份做了50多年的早餐，仍旧让人唇齿留香。

要讲就讲年轻人爱听的故事

人的天性喜欢故事，也乐于自发的成为故事的传播者。在陈欧绞尽脑汁在想着如何才能让消费者接受他的品牌时，他突然想到，何不也来为品牌讲一个动人的故事呢。要知道，一个好的品牌首先要是一个会讲故事的品牌。

从聚美优品成立之初，陈欧就在心里下定决心，总有一天要让聚美优品像它的名字那样，“聚集美丽，成人之美”。站在时尚的巅峰，成为引领时尚潮流的品牌，用品牌和文化向人们传递美，这是陈欧的终极梦想。为了将聚美优品打造成一个有文化、有品质的品牌，陈欧日日夜夜都在思考着如何操作的问题。终于，在结合自己在创业奋斗的路上屡屡受挫，但是仍然没有放弃的现实故事，陈欧觉得应该打造一个小人物，来讲讲80后关于青春、关于奋斗，关于追梦的励志故事：

“你只闻到我的香水，却没看到我的汗水”——作为初涉社会的职场新鲜人，每天要面对的除了纷繁复杂的工作，还有太多是是非非。用心工作，全心投入，业绩却被轻易否定。面对职场潜规则，她最终选择愤然离去。因为虽然年轻，但是“你有你的规则，我有我的选择”。

“你否定我的现在，我决定我的将来”——就像陈欧在微博中说的：“小时候，父母就让我向隔壁家的谁学习。快30了，每次回家，父母还是让我向另一个谁学习。不变的是，我一直不知道他们要我学什么。好好学习，天天向上，我们的价值观单一得让人害怕。生命的伟大不在于复制另一个谁，而是成为自己，别给自己找偶像，因为那会禁锢你的想象力。”作为80后的我们，可能小时候每个人都经历过被父母训斥不用心学习。常常听到的一句话是，如果不好好学习，就没有未来。可是父母们似乎都忘记了，爱玩是孩子们的天性，他们要做的就是他们自己。不要让自己成为“别人家的孩子”，要做就做自己的英雄。

“你嘲笑我一无所有，不配去爱，我可怜你总说等待”——80后的我们，生活在一个光怪陆离的时代。在这个奇怪的时代里，婚姻也好，爱情也好，工作也好，一切的衡量标准都是向物质看齐。难道没有房、没有车，就不配拥有一颗去爱人与被爱的心么？身为年轻人，不要被物质上暂时的贫乏所吓倒，向前走，勇敢地追求，只求不要在迟暮之年后悔从来没有年轻过。

“你可以轻视我们的年轻，我们会证明这是谁的时代”——也许是因为年轻，也许是因为经验不足，走在奋斗的路上，你总会遭遇到白眼。但是那些嘲笑不是你放弃的理由。困难越多，越要逆风前行。告诉那些曾经轻视你的人，他们错得有多彻底。

CEO的个性与品牌完美融合

2011年，当很多电商正在满世界寻找合适的明星代言的时候，突然在地铁里，大街上，有一个人站出来，大声地说，我为自己代言。

作为聚美优品的创始人，陈欧决定亲自出镜。在那段短短30秒钟的视频中，陈欧还拉上了聚美的高管团队，也是自己的创业伙伴，包括刘辉、戴雨森和叶飞等人，一起倾情演绎，为网友讲述了一个有关青春与奋斗，热血与梦想的80后创业故事。

这段视频呈现在网友面前的效果是“走心”。没有过多的强调品牌和产品，也没有太多华丽的辞藻。简简单单，却道出了当下年轻人所面临的困境，也说出了每个人心中的梦想与憧憬。

聚美优品高层之所以决定用陈欧本人来进行品牌营销，是因为陈欧的个性与聚美优品这个品牌是一致的。广告画面上，陈欧看起来很精神。其实私底下陈欧完全不在意自己的外貌，也很少刻意打扮自己，但是作为企业形象来代表公司出镜时，完美主义的陈欧就会将最好的一面展现在大家面前，这就是陈欧的职业道德。

之前有一次，陈欧不修边幅地出现在活动现场。投资人看到他以后，就调侃他说：“你是CEO，要是不在意自己的形象，可能会影响公司的估值。”别人无心的一句话却让陈欧觉得压力很大。就像他事后说的：“投资人对我有那么多期待，团队对我有那么多热爱，要是我不修边幅，岂不是害了团队？这事儿我做不来。”

在广告录制的那段时间里，即使每天处于高强度的工作状态下，但只要出现在公众场合，谁也不能从陈欧脸上看出来一丝倦怠。见到了相关的工作人员，陈欧也会热情地打招呼。拍照时，陈欧总是尽可能地配合摄影师的工作。他似乎天生就有着娱乐因子，能够随时随地轻松自如地摆出许多摄影师需要的动作、表情和神态。模特儿当多了，陈欧甚至已经知道，自己左侧脸更加上镜。

对于创业型的年轻公司，CEO的秉性之于品牌文化就像DNA之于人体，会完全地融入进企业里。陈欧是一个敢想敢拼的人，是一个有个性的人。他为自己代言，来讲述聚美优品的品牌故事，为的就是体现80后身上的张扬与激情、憧憬与梦想，以及强烈的生命爆发力。

·2·
与用户互动，加深品牌认知

一个品牌要想深入人心不是一天两天那么容易的事情，而需要进行不断深入的推广。品牌文化在积淀的过程中，除了需要进行广告营销快速走进用户的事业中，增强与用户的互动也是强化其品牌认知的有效策略。

聚美优品成立不久，陈欧就意识到了品牌策略的重要性，为了让更多用户了解聚美，了解聚美背后的品牌文化，陈欧花了很多时间和精力来研究聚美的消费群体。只有更多地了解你的用户，知道他们需要什么，关心什么，做什么最讨巧，才能让一个品牌迅速在目标用户心中扎根。

在微博上聆听用户心声

身为微博大V，陈欧有事没事就会拿着手机刷微博。并不是因为这个年轻的CEO闲来无事用来消磨时光，而是因为微博是陈欧了解用户的重要途径。

比如说，2012年11月14日，陈欧就在微博上说道："做个小调查，来聚美的朋友，一般是去限时特卖还是去聚美商城呢？"

2013年11月9日，他写道："大家看广告了吗？喜欢主题歌吗？"

2014年5月23日，他在微博上说："大家觉得，洗护产品满199减100的活动，多长时间搞一次合适呢？"

微博已经成为陈欧与聚美用户互动的平台。陈欧经常会在微博上征求用户的意见，这样既能了解大家对于聚美优品的想法，也能及时了解到用户的需求和关注点，可谓是一举多得。而且作为CEO，在很多人心中陈欧代表的就是聚美优品。在社交网络平台上与网友进行零距离的交流和沟通，能够瞬间拉近用户与聚美的距离。

这样的互动方式可以帮助陈欧与用户之间进入交流的良性循环，一方面，他可以及时了解用户需求，改善服务过程中不足的地方，从而提升服务质量；另一方面，陈欧也经常能从用户那里听取到诚恳有效的建议。比如说，2013年陈欧在微博上发了一个小调查，提问在聚美优品上卖食品是否可行。当时一位网友在微博上给陈欧留言："已经在聚美上买化妆品好几年了，希望我小小的建议能对聚美有帮助。聚美从一开始就专注化妆品行业，做到现在已经成为化妆品电商中的先驱。我觉得眼下应该专注发展自己最擅长的化妆品领域，而不要随意去触碰自己完全不了解的东西。淘宝包罗万象，有它的好处。聚美专攻所长也是有它的道理的。不要轻易改变自己的初衷，且行且谨慎。"

身处网络时代，一旦投入互联网的海洋，哪怕是企业CEO也只是一只小小的网虫。在微博这类社交平台上，这种"网虫"对"网虫"的交流模式能很快拉近双方距离，进而赢得用户好感。虽然微博是虚拟的社交平台，但与用户的交流与互动是真实的，企业从中可以看出自己的优势与劣势。

只有时时刻刻保持与用户的交流，才能让企业敏锐地觉察到市场的导向指向哪儿，才能让品牌的效用更加深入人心。同时，加强与用户的沟通，时时倾听消费者的声音，这本身就是企业责任心的一种体现。

提升品牌形象，从开设线下旗舰店做起

聚美优品一开始采用的是单一的线上经营的模式。虽然基于电商平台的线上模式能为用户提供许多便捷，足不出户就能购买到自己需要的化妆品。但是如果以加深用户体验、提升品牌效应为出发点，开设线下旗舰店，让用户实实在在地体验聚美优品的服务可能是最佳的选择。

2013年12月23日，在北京前门大街上，聚美优品的第一家线下旗舰店正式开张。这家线下旗舰店位于热闹繁华的前门步行街入口处，地理位置极佳，每天人流量都很大。为了与前门古色古香的建筑融为一体，聚美旗舰店在装潢上也费了不少心思。店铺的外观采用了中式传统建筑风格，非常古典端庄；而店内的装修风格则体现了聚美优品一贯主张的“年轻、时尚、活力”，非常简明轻快。店铺内分为上下两层，按照品牌专柜的形式来分别展示商品，其中一层主要销售香水，有香奈儿、巴宝莉、古奇、范思哲等知名品牌；二层为彩妆、护肤品专区，倩碧、玉兰油、佰草集等品牌也都囊括其中。

开线下旗舰店是为了让用户实实在在地体验到聚美优品的服务，“比线上产品更具诱惑力的价格”是聚美优品线下旗舰店的主打优势。细心一点的用户都会发现，虽然店里的产品和线上在售产品保持一致，但价格都比线上要低。

那么，既然线下的实体店运营成本要高于线上平台，而且影响力有限，收益也相对小很多，开实体店的好处到底是什么呢？陈欧当然也考虑过这个问题，他是这么解释的："首先，化妆品本身就是一种非常迫切地需要用户体验的产品。一种产品到底适不适合你，不是靠价格或质量说话，试用了才知道。对于需要直接接触人体皮肤的彩妆和护肤品，一定要为用户的使用安全提供保障。线下实体店为用户提供了与销售人员面对面沟通的机会。其次，化妆品的天然属性决定了它不易被消费者信任。电子商务的开设门槛低，上面的商品真假难辨。实体店可以对正品起到品牌宣传的作用，增强消费者对于产品的信心和信赖。最后，实体店还可以拓宽消费者群体范围，挖掘出更多潜在用户。现在习惯在网上购物的群体年龄层主要集中在20-40岁之间，而实体店可以吸引更多其他年龄层的用户。"

本着"顾客就是上帝的原则"，陈欧和他的聚美优品一直致力于将最完美的服务带到每一个用户身边。开设线下实体店不仅提升了用户体验，让他们切身感受到聚美优品的一流服务和优质产品；同时实体店也进一步开拓了用户人群，提升了品牌效应。

·3·

做产品，相信品牌的力量

同样是智能手机，许多山寨品牌才几百块钱一个，而最新款的苹果手机却往往五六千。但是每次苹果公司发布新款手机，仍然会看见专卖店门口早早就排起了长龙。同理，每次家里有亲戚朋友来了北京，如果要吃烤鸭，一定会选择去全聚德。这些品牌的消费价格都不便宜，却格外受到消费者的青睐，都是因为品牌信誉在背后发挥了巨大的作用。

在陈欧看来，聚美优品要想得到消费者的信任，除了在产品上下功夫，卖给所有人质优价廉的化妆品，还必须发挥品牌力量，让所有人都能信赖这个品牌。

随着聚美优品一步步发展起来，陈欧意识到，开发聚美优品的自有品牌，由单纯的渠道向品牌过渡成为摆在聚美面前必须要走的路。

做自由品牌，发挥品牌力量

2011年11月，陈欧和刘惠璞开始有了做自有品牌的想法。这对聚美优品来说是一件新鲜事。陈欧把这件事主要交给刘惠璞负责，真正开始做的时候，陈欧给刘惠璞开出了一个很简单的条件："去找一家大型的化妆品企业，让它帮助我们生产产品，不付定金，到库以后45天，产品卖完了再结账。"

这个条件听起来简单，却难坏了刘惠璞。试想一下，一般化妆品的生产周期都在45天左右，加上45天的设计研发周期，就是90天，再加上45天才能到账，一共是135天。刘惠璞心想："这些厂商都不认识我，要怎么办？"但是没有办法也只能硬着头皮上。刘惠璞一家一家企业去找人谈。但当时整个行业的情况都不好，许多电商企业的资金链都断了。有一次，刘惠璞碰到一家企业，因为某电商公司拖欠款项，最后直接导致了厂商的老总下课。还有一次，一家化妆品厂商只派出了一个连权限都没有的部门经理来和刘惠璞聊，条件一列出来就请他快点走了。

那段时间里，刘惠璞几乎将上海、广州等几个城市稍微有点规模的化妆品企业都跑了个遍。刘惠璞事后开玩笑说："没办法，我是干销售出身的，最会的就是画饼忽悠人。比如说明年要做到几千万啊，以后有几个亿的代工单子都是你的，未来的前景是很广阔的啦。忽悠来忽悠去，有一家厂商听晕了，答应了下来 。"

不过最初这家厂商是很谨慎的，为了不把太多的资金压在里面，只同意同时生产两到三款产品。这个速度实在是太慢了，即便生产出来上线了，如此单一的产品种类恐怕也打不响品牌。于是刘惠璞对陈欧说："我们没有知名度，也没人认识我们，买我的账。如果没有订金，可能很难做起来。"陈欧想了几天，就拨给了刘惠璞1000万。2012年3月初，聚美优品的自有品牌正式上线，很多新上线的商品在推出的第一天就卖光了，短短几个月的时间里销售额就突破了月均千万。从渠道向品牌转型，可以说让陈欧体会了到品牌背后的巨大力量。

利润来自新概念和新产品

电商做自有品牌的一个优势在于，肯定会比传统渠道要快。比如说2012年度，聚美优品的销售冠军是一个单品，当时很多人都在研发这个产品。如果按照传统的步骤应该是：设计研发，生产产品，邀请代言人，投放市场，招商，培训经销商，最后投入市场销售。这样一来，一环接一环的，六个月的时间一眨眼就过去了。这六个月里，有一半的时间都浪费在培训相关的销售人员和招商方面。电商的优势在于，整个过程不需要销售，也不需要相关渠道的维护和管理，大大提升了速度。

以前在某个夏季季度里，一个老牌的化妆品品牌要开发一个防晒系列。但是时间很快就过去了，一不留神稍微慢下来就错过了原本的销售旺季。但这样的情况在电商这里，是根本不可能发生的事情。一夜之间，所有的新产品都可以上线，千千万万的用户都能看到新产品。

市场形势瞬息万变，开发自有品牌的优势在于可以更加主动地去占领市场先机。多看看顾客需要什么，就可以生产并推出什么。

新事物一旦面世会更容易引起用户的兴趣。比起折扣，全新的用户体验更能驱动用户的购买行为。用新产品打开市场的大门，主要是依靠产品的特性和营销卖点。相比之下，已经成熟的产品只能依靠打折，也就是业内常说的用价格战来争夺市场。

聚美优品有一个团队是专门负责挖掘和创造用户需求的。也就是说，用户需求不仅仅体现在用户本身的需求，作为公司你也可以开发出创新点，来激发用户的购物需求。就是这支团队，每个季度都要提出有关新产品的几百个提案，经过反反复复的自我否定，最后再敲定出所有人都认为合适又有趣的新产品。接下来就是一系列紧锣密鼓的策划和实施。聚美优品作为一家垂直电商，必须要在某一个领域里永远领先于对手，比对手更深入。

就像主管销售的副总裁刘惠璞说的："对于我们来说，销售既不是工程师，也不是产品经理，而是始终对某件事情保持着原始热爱的人。比如说，找对象时我更乐意看到男人给我介绍女朋友，这是因为男人对女人始终持有某种对女性的原始热爱。就像如果你让一个工程师去介绍一款化妆品，他肯定会主要提到里面的成分。但我们不是卖药的，我们卖的是美丽。"

·4·

物流，电商品牌的名片

2013年3月，聚美优品的三周年大庆正式拉开序幕。让陈欧和他的小伙伴们没有想到的是，聚美优品的三周年庆典以打了鸡血、铺天盖地的势头开始，却以物流崩溃、消费者抱怨而尴尬收场。物流更成了这次促销活动的“硬伤”。

很多网友在微博上给聚美CEO陈欧留言说：“下单已经一周多，还没见到商品。陈欧坦言，这一次三周年庆典，聚美的物流确实出现了问题。2013年3月12日，陈欧在微博上道歉：“301本是个奇迹，硬生生因为物流成了个悲剧，还伤害了那么多信任我的用户。”

物流相关的资深人士分析：“聚美这一次是幸福来得太快太多，一下子没有接住，就玩坏了。想要维持化妆品供应链的稳定相当不容易，已经因为物流环节伤害了不少消费者，希望在产品质量问题上千万别再出错了。陈欧已经多次自我批评了，是个好同志。”

随着电子商业的发展，如何取信于消费者仍是各大企业面临的难题。就像业内人士分析的：“聚美优品到底是喊口号还是作秀，或者是确实试图建立新的规范，取决于其实力。”

物流问题，我来买单

据悉，聚美优品为这次促销在货运物流方面确实做了准备，还开通了闪电邮。但是对促销引起的物流紧张并没有起到太大的缓解作用。一位名叫“张鸣一铁杆枪迷”的微博网友在微博上抱怨聚美优品的物流速度堪称龟速，同一时间下单，却比易迅到得还慢；号称是闪电送，下单六小时仍不见发货，而且没法通过网上跟踪物流情况，拨打客服电话永远是“正在通话中”。

与这位“张鸣一铁杆枪迷”遭遇类似的网友还大有人在。当速途网的记者致电聚美优品的创始人陈欧时，他明确表示：“这次促销活动完全超出了聚美优品的预期，造成了网站无法正常打开等一系列问题。可见聚美优品相当缺乏促销的相关应对措施。”陈欧还承诺：“此前我们预期用户流量应该在2亿—3亿之间，但目前看来，几乎全国网民都来聚美优品购买。这一次的店庆促销已经达到了天猫双十一大促的物流局面。无论如何，我们将保证在7天内发货。”

资深电商研究员王立阳指出：“电商价格战要比的不仅是价格，更要比售后服务质量，比物流速度，退换货的服务等。后续服务更能体现出这个企业的整体水平。”

在接受速途网记者采访时，陈欧也表示，保证商品在七天内发货，此前出现物流问题的商品，将对用户进行赔偿。

自建物流网，用实力说话

三周年庆典的这次物流崩溃事件，让陈欧更加深刻地意识到物流环节对于电商企业发展的重要性。聚美优品作为国内化妆品电商的领跑者，一定要给每个用户带去最完美的体验。物流已经成为消费者与网购平台之间沟通的桥梁。

聚美优品成立之初，陈欧就清醒地意识到：“物流供应链管理将形成我们的差异化竞争力”。在2011年，聚美优品就投入重金强化公司的物流优势，先后在北京、上海、成都和广州四座城市建设了超过4万平方米的恒温仓库。4处恒温仓库的员工人数超过千人，每日分两班工作。陈欧从仓库最初的设计施工到投入运营后的具体管理，都投入了大量的心思。

2012年4月，随着聚美优品的进一步发展，聚美优品正式启动分仓计划，上海、成都和广州的分仓都陆续投入到使用当中。这一措施大大提高了聚美优品商品的配送速度，在以上设有分仓的城市，一般6个小时内就可以将商品送到用户手中。也就是说，用户早上下了单，下午就能收到商品了，完全不需要等待。对于那些没有设置分仓的城市，为了提升消费者体验，聚美优品也尽力履行“次日达、三日限时达”的承诺。

在陈欧看来，比起自建整个物流系统，建立物流配送体系更简单可行，也更节省成本、便于管理。自建物流配送体系的优势在于，聚美优品可以把节省下来的时间成本和资金成本更多地投入到优化主营的产品结构上面，为消费者营造更好的购物体验。随着物流体系一步步完善起来，配送的效率也在逐步提高，聚美优品的品牌知名度也随之“水涨船高”。

·5·

走出去，进军海外购市场

2015年2月6日，聚美优品全球品牌韩国行的晚宴告一段落，陈欧原本紧锁的眉头终于松开了。接受采访时，他笑着对《财经天下》的记者说："我感受到了韩国品牌对聚美优品的重视和尊重。"因为喝过酒，他的脸泛着红晕。刚刚的晚宴上，他和其他几位聚美优品的联合创始人，一桌接一桌地敬酒。在场一共有25桌来自60多家化妆品品牌的代表。在每一桌这几个年轻人都干掉了一杯红酒来表示他们合作的诚意。韩国是一个讲究效率的资本主义国家，但因为同处儒家文化圈内，它也是一个重人情、讲情面的国家。也就是说，这里看重能力，看中利益，但也讲感情。一杯杯红酒喝到肚中，陈欧的心总算放了下来，他说："在韩妆品牌方面，聚美优品基本上可以做到在中国市场一统天下了。"事实上，早在2013年初，聚美优品就已经开始积极开拓跨境的海外电商业务。

斥资10亿，与全球时尚同步

2015年年初，陈欧就高调放话："今年公司在物流和税收上补贴10亿，也要称霸海外购市场。"2月4日，陈欧再次在微博放话，要做日韩产品的超级代购，并且连续三天抽选100位粉丝，派送价值千元的韩妆礼包。有钱任性当然符合陈欧在公众面前一贯的高调作风，但这并不是陈欧进军海外购的唯一原因。随着聚美优品海淘的正式上线，越来越多的人发现其海外购的筹码在于价格、速度、销量和品牌。

亚洲人的肤质与欧美人有所区别，比起许多欧美品牌，日韩的美妆品牌一直以来更为中国消费者所青睐。聚美优品上卖得好的许多境外品牌也以日韩品牌为主。正因为如此，聚美优品开拓海外购市场，第一个着力点也落在了日韩美妆上。早在2014年9月，聚美CEO陈欧及副总裁戴雨森、高级副总裁刘惠璞等企业高管就频繁地前去韩国“探路”。这一次聚美优品进军海外购已经蓄势已久，他们要做的就是寻找时尚的产品，开拓最靠谱的渠道。

关注日本彩妆的人对于“cosme美妆大赏”肯定不会陌生。它是日本美妆界的重要里程碑，由消费者亲自评选出来的最公正、公平的化妆品排行榜，同时也得到权威机构的认证。目前，所有在大赏榜单上排名靠前的产品都已经被聚美优品拿下，成功获得了相关品牌的授权。不仅如此，雷厉风行的聚美优品高层团队在前往日韩两国的短短两个星期时间里，就先后拿下了100多家日韩知名品牌的相关授权，其中不乏九朵云、skin1004、韩妮采等当下最热门的化妆品品牌。

有钱任性，超额大补贴

因为聚美优品依靠品牌直供的优势，很多来自海外的产品在聚美平台上的售价比当地的价格还要便宜，当然也远远低于免税店的价格。也正是因为如此，聚美优品对于这场海外代购大战可谓是志在必得。

而且为了给海外代购业务造势，在产品刚上线的时候，聚美优品就为用户提供了许多意想不到的福利和惊喜。比如说直接从保税仓发货的商品，任选两件或者满299就可以包邮；为了吸引新用户，聚美优品甚至想出了新用户满39元就包邮的大招。如果有人以上的包邮条件都不能满足，聚美优品还会派发5元的运费补贴。

就像业内资深人士评价的："聚美优品以合规又合法的方式让所有消费者都能享受到免税店的价格，还提供了大量的优惠政策，这对那些年轻的消费者来说是格外具有诱惑力的。"

极速体验，闪电物流

有了"301"大促物流崩溃的教训，这一次陈欧在海外购物流派送方面做足了准备。2013年，国务院就已经批准了上海、广州、郑州等7个城市作为跨境电商的进口试点，也就是保税区。2014年3月，海关总署又正式发文明确了跨境电商的发展方向。在此前提下，从事进口生意的电子商业可以提前采购商品，然后通过海运或者空运的方式将商品运送到保税区的保税仓里。

这次进军海外购，聚美优品一早就在距离北京较近的郑州保税区建立了仓库。到目前为止，聚美优品已经顺利在郑州保税区建立了10000多平方米的自理仓。正因为有了郑州保税区的后方支持，聚美优品目前的所有海外代购商品都实现了闪电发货：一般情况下，用户下单后的24小时之内就会发货，并且在2到5天的时间里将货物送到用户手中。

为了进一步完善海外购的物流系统，陈欧还去韩国实地考察，打算在韩国本地直接建立仓库，以便建立起从海外直通国内的物流。自从开展海外购项目以来，聚美优品上相关的订单与日俱增，在此前提下，如果要保证闪电发货的"极速"概念，就必须保证在用户下单的当天发货，并且在两三天内将货物送达用户。"极速"概念的推出，显然也是聚美优品借以区别于其他海外电商代购的关键之所在。

那么聚美优品海外购的成绩究竟有多少呢，让一组简单的数据说话吧：

九朵云Guerisson奇迹马油霜6分钟售出10705份，EstheticHouse僵尸面膜粉12分钟售出3003份，韩国HeynatureBB霜20分钟售出4035份，Guerisson奇迹马油精华水19分钟售出15515份……抢九朵云（Cloud9）祛斑霜时甚至把服务器"挤"宕机。

虽然海外购筹划已久，但能引起如此热烈的反响还是大大超出了陈欧的预料。他说："就花了仅仅一个月的时间，我们就快速地超越了所有的行业对手，成为中国订单量的第一，同时也是发货和配货速度最快的海外购电商。虽然惊讶，但这简直太棒了！"

·6·

刘兰玉教给我的品牌理念：像法国人那样卖婚纱

在刘兰玉看来，定制婚纱就像精雕细琢一个梦想，一针一线下，一个精美易碎的如同水晶般的美梦就在她的手中成形了。在刘兰玉的心里，每一件婚纱本身就是一个故事。她常常说："来定制婚纱的客户，这段时间是她一生中爱情的最高峰。我们去倾听、分享她的爱情故事，做出属于她的那件独一无二的婚纱。"

2010年作为"85后"新锐婚纱设计师的一员，年轻的刘兰玉进入了人们的视线。短短两年的时间里，这位年轻的女孩子就包揽了娱乐圈数位明星的婚纱，罗海琼、李小璐和谢娜的婚纱都出自她手中，而且从戛纳、威尼斯等国际电影节到国内各大电影节，LAN-YU品牌的定制礼服已经成为越来越多知名女明星在红毯上的必备“战袍”。

现在兰玉工作室除了在北京和上海有三家店以外，还收购了巴黎的蕾丝工坊，很快就要把分店开到巴黎、悉尼和伦敦去了。之所以这么做，刘兰玉的想法很简单：“做时尚品牌就要到时尚之都去，我们做高级定制就一定要去巴黎。”虽然LAN-YU婚纱的品牌布局趋于商业化，但兰玉表示：“2014年这一年，我们全球范围内的定制婚纱只限量生产10件，要做就做金字塔上的那个尖。”

对于婚纱这种本身就被赋予了所有浪漫情怀的商品，刘兰玉清醒地认识到品牌价值对于商品的营销将起到多大的作用。她在采访时也说过：“目前在婚纱高级定制这个部分，我们是专心做品牌，并不考虑盈利。因为我们的商业模式是在品牌日臻成熟完美以后，再考虑下一步的营收。”

与你的客户谈恋爱

实际上这已经不是刘兰玉第一次创业了。2005年，她还是北京服装学院的一名大学生，当时她在学校附近租了一间小小的屋子，开起了一个叫作“beautiful blue”的小小工作室。大学四年的时光里，刘兰玉和这家小工作室一块成长起来。四年后，随着刘兰玉毕业，beautiful blue也被中纺收购。刘兰玉本人也来到中纺工作。但她很快就意识到，这并不是她想要的生活。刘兰玉事后说：“我只想做小众。就像一个科学家，你不让他搞自己感兴趣的科研，而偏偏让他去服务大众，其实是一件很残忍的事情。”

刘玉兰不再犹豫，她辞掉了工作，去美国继续深造，学习的当然是她钟爱的服装设计。2008年，回到国内她创办了兰玉工作室。虽然只是一间小小的工作室，刘兰玉从画设计稿、打版、制成成衣到销售及售后服务，从一开始就包揽了整个产业链的运作。

在实践操作的过程中，刘兰玉的服务理念也日臻完善。在她看来，高级定制婚纱靠的并不仅仅是创意，同时它还是一个服务行业。起步阶段，刘兰玉每天脑子里想的就是怎么样能让客户更加满意。所以最开始刘兰玉几乎是一手包揽了与婚纱有关的所有细节，就连新娘婚礼上要用的捧花，她也亲力亲为，自己去买好，然后细心地扎好，漂漂亮亮地送到新娘子手里。

通常一件婚纱从最开始的设计到最后成型，客户都需要反复试穿好几次。虽然工作时也有不少助手，但是每次给客户试衣服，刘兰玉都会亲自来做。在她看来，这是非常正常的事情。就像她说的："我也在欧洲做过高级定制，店里的老裁缝都会亲自蹲下来，帮你给衣服系上带子，为你穿上鞋子。"

《河东狮吼》里张柏芝曾说过："你开心时我陪你开心，你不开心时我要逗你开心。"在刘兰玉看来，这句话高度概括了兰玉工作室一直奉行的服务理念。"我们做这一行，就要做到跟客户一起谈恋爱。一方面，我们可以跟客户谈恋爱，逗她开心，让她绽放出最迷人的光彩；另一方面，我们也可以陪客户跟别人谈恋爱，也就是用心地倾听客户的心声，分享她做新娘的所有快乐与甜蜜。"

不是高端，而是高级

刘兰玉一直以来坚持的设计理念是"just for love"。在她心中，每一件婚纱都应该是独一无二的，而设计和制作婚纱的过程就是聆听客户的爱情故事，进行心与心之间的沟通与对话的过程。刘兰玉说："婚纱是有仪式性特征的，不是普通的衣服，是有灵魂的。"

工作室刚成立时，为了品牌效应，主打的是“明星路线”。出道至今，刘兰玉在和每一位明星合作的时候，都会付出120%的诚意和努力，去让那件举世无双的婚纱绽放出最迷人的光彩。

一般情况下，一件礼服的设计图有三种，即草图、效果图和款式图。草图是在设计过程当中最先画出来的，效果图则主要是为了向客人展示效果，款式图则是在加工婚纱的时候给师傅看的。

刘兰玉深知，要想打造出经典品牌，就必须在做工上追求完美。LAN-YU品牌出售的婚纱最低的价格一般在10万左右，但事实上真正卖出的婚纱最低也要30万元左右。婚纱的收费标准是按照耗费的工时和使用的原料来计算的。2013年，兰玉工作室卖出的定制婚纱中价格最高的是126万，这件婚纱用纯蕾丝做成，并且将新娘的名字以“钩花”的形式一针一线地体现在婚纱上。婚纱的后面还用钻石镶嵌成花蕊形状作为点缀。

婚纱要体现出品牌效应，关键在于其“不二性”。婚礼是每个女孩子内心最憧憬的时刻，当然每个人都想在那一天拥有一件唯一的婚纱，成为最美的新娘。2014年，兰玉工作室的高端定制婚纱只接受限量的10位客户，这也正是LAN-YU高级定制的品牌精髓之所在。这些高级定制的婚纱都采用法国定制的蕾丝制成，兰玉会亲自与客户进行细致入微的沟通设计，而手工刺绣则由4位有30年以上经验的老师傅来完成。如此煞费苦心，可以说每一件婚纱都是兰玉工作室的员工用心血凝结出来的瑰宝。

在刘兰玉看来，限量版定制婚纱追求的就是高级。就像她常常感叹的：“它不像金子那么值钱，却比金子更加难得。”

·7·
潘昊跟我谈品牌哲学：让路人都可以当创客

2015年1月4日，李克强总理出人意料地到访了地处深圳华侨城创意园的火柴创客空间。那几天电视上经常会出现这样一个画面：一个年轻的小伙子为总理介绍着公司，一边说，一边比画着。这个年轻人就是柴火创客空间的创始人——潘昊。

潘昊说："总理一上来就问我，什么是创客。我向他解释，创客指的是民间的科技创新者。我还向他介绍了柴火贯彻的'众人拾柴火焰高'的理念，这也是柴火名字的由来。总理立刻说要给我们再添一把火。"之后，李克强总理径直走进了创客空间，非常仔细地看了包括人形机器人团队在内的三个团队的项目。

在中国的创客界，"潘昊"已经不再是一个让人们陌生的名字。他的经历颇富传奇色彩，他早先供职于因特尔，随后辞职自己创业，他创办的Seed Studio以向创客提供开源硬件的技术和模块为主要目标，为顾客提供打样和小批量的制造服务、将创客天马行空的想法变为现实，这就是潘昊每天在努力做的事情。现在Seed Studio已经发展成为全球排名前三、国内稳居第一的开源硬件制造商。而且潘昊还有了一个全新的目标：要让分公司走出国门，走向海外。

在陈欧看来，身为创客的潘昊是在为大家的梦想服务，作为一个创新先驱人物，潘昊最关心的是大众创新和万众创新，希望创新精神成为大家的一种生活态度。有一点陈欧很认同潘昊，那就是在塑造你的品牌的过程中，永远不要以结果为导向。说到底，创客就是一种文化，需要慢慢培养，也需要细心呵护。

要把不靠谱当作一种习惯

事实上，潘昊从骨子里就是一个名副其实的“创客”。他的理念是“创客做出来的东西不能说一定就100%的可以成为一个创业的事情，一份事业，但却给了很多年轻人，尤其是90后一个做梦的机会。如果不尝试一下，你怎么知道不行呢？”

潘昊觉得创客最不能抹杀的就是想象力，要的就是天马行空、无拘无束的感觉。有时候潘昊在家里办公，3D打印机工作时“吱吱吱”的声音让他非常愉悦，在他听来这是生活中最美好的“背景乐”。结婚纪念日那天，他送给妻子的礼物是一枚他亲手用3D打印机打印的红红的爱心。最为精妙的是，这颗精致的红心是由若干朵花朵状的立体拼接而成的。潘昊在底座为它安装了一个小小的马达，一摁下开关按钮，这颗红心的各个组成部分就会耦合在一起，轻轻地舞动起来。

创客并不是人人都能做的，除了天马行空的想象力外，还要有排除万难、化理想为现实的勇气和执着。在他看来，创客说到底是一种生活方式，早已融入到了他生活的点点滴滴。他也希望有更多的年轻人能在忙碌的学习、工作之余，放松自己的大脑，想想那些原本觉得不可能的事情。脑洞大开，先把不靠谱变成习惯，接着再变成一种靠谱的东西。

让“路人”也能“造”起来

几年的时间里，潘昊除了努力做着开源硬件相关的生意，他的另一个重心就放在推动中国创客文化发展上。在潘昊看来，“虽然现在国内的创客还比较少，但越是这样，他们越需要一个能够交流、互动的平台”。正是基于这样的想法，潘昊成为了第一个吃螃蟹的人，牵头在深圳成立了第一家创客空间。慢慢地，这里成为深圳、全国，乃至世界各地创客交流想法、碰撞火花的一个“据点”。短短几年的时间里，潘昊亲眼见证了国内的创客群体从最初的非主流、边缘化到今日的逐渐壮大。

除了创办了创客空间，潘昊还从国外引进并成功举办了制汇节等活动来宣传创客文化。潘昊知道，没有文化的创客空间是没有灵魂的，只有先建立起鲜活的文化，才能建立起一个强大的属于创客的生态系统。“回头看看这些年来付出的努力，我们参与并亲眼见证了一个年轻的新生态系统从诞生到逐渐成长的每一个环节，而且我相信，我们当中很多人已经和它融为一体，成了其中的一个组成部分。”每次提到这里，潘昊就觉得很有成就感。潘昊下一步计划是希望继续降低创客的门槛，让所有对创客感兴趣的人都能参与进来。“虽然现在社会上有很多人都很关注创客，但毕竟我们还是属于一个小众群体，真正愿意投身其中，成为创客的人还是太少了。”

不久前，潘昊的创客空间又推出了一个新事物，名为“造物吧”。这个“造物吧”推出的目的就是为了吸引人们加入到创客群体当中来，体验一把“创客”的感觉。任何一个“路人”都可以在“造物吧”坐下来，花上几个小时的时间，用里面提供的各种工具、材料和硬件模块，亲手做出一个产品来。

“造物吧”推出以后，吸引了很多民众前来体验，有不少是父母带着孩子。对于这些孩子来说，“造物吧”不仅让他们见证了一个小小的产品从自己手中诞生的过程，也为他们开启了一片新天地。潘昊说：“在这里，你可以做很多东西。不需要有理工科的背景知识，你不用懂编程、电路或者机械加工，过程很简单，就像小时候我们爱玩的搭积木一样。在创客的世界里，逻辑很简单，只要你常常问自己‘因为——所以’，比如说光线有点暗，就可以动动手指头，输出一盏灯。”

潘昊想做的，就是尽自己的努力，让做东西、让创造成为人们的一种生活方式。所有人只要愿意，就可以随时随地“造”起来。

·8·

王嘉明与我分享“品牌观”：将私家车“链上”云端

PP租车是现在国内最为知名的P2P模式共享租车平台。早在2012年，PP租车的前身，Icarsclub已经在新加坡成功上线，三年以后的今天仍然在高效运营当中。2013年，PP租车进军国内，现在国内有16个城市已经开展了P2P租车业务，占据了业内90%的市场份额。

王嘉明和他的PP租车给陈欧最大的启发是，在这个高速发展的现代社会里，资源看似紧张，其实仍是绰绰有余的，其关键在于“共享”。在PP租车的平台上，王嘉明成功地将私家车“链上”了云端，实现了私家车的共享和资源的有效利用。这种基于共享理念的环保型品牌观，其实也是值得所有年轻的创业者学习的。

房和车不是太少了，而是太多了

共享经济已经成为21世纪全球经济发展的一个主流趋势了。就像SOHO中国的董事长潘石屹说的：“事实上，现在我们的房子啊，车子啊，看起来少了，其实是多了。因为有很多的闲置资源没有得到最充分、最有效的利用。现在有互联网，等于为我们提供了人与人之间更好的连接手段，也降低了交易门槛。共享的高效化和规模化的过程，也是降低过度消耗、提高资源利用率的过程，这是一种有效降低污染、保护环境的方式。”所以，以互联网为媒介实现资源的有效利用可以说是共享经济对环境保护做出的最大贡献了。

在PP租车联合创始人的王嘉明看来，生活在现代社会的我们并不应该因为资源的匮乏影响生活质量。他说：“你看，Facebook是当今世界上最大的传媒公司，但它没有一个编辑；世界上最大的出租公司Uber不拥有任何一辆出租车；世界上最大的零售商阿里巴巴，不持有任何商家，也不存在任何库存。现在亚洲最大的租车公司已经是PP租车，同样的，我们也没有一辆属于自己的车。这些公司所依靠的都是共享经济的魅力。”

互联网就像一张无形的大网，将所有社会中的人都囊括其中，在不知不觉中改变着我们的社会结构、社会秩序、经济模式乃至人们的价值观。在互联网平台上，平等、分享和共享的新型价值观正在社会中悄然建立。

衣食住行，一切皆可共享

共享经济的魅力在于它包罗万象，人类社会活动的方方面面，衣食住行它通通涉猎其中。作为共享经济的先驱者和倡导者，王嘉明认为，共享经济之所以能实现，其前提是要有比较高的消费门槛，消费者才会产生共享的需求。也就是说只有当消费品足够贵的时候才能真正产生共享经济。比如说，人们常常说的衣食住行，这里面的“住”和“行”都有比较高的所有权获取门槛，才更能够激发消费者的共享需求。“比如说，房子和车都属于大宗的消费品，物品的占有曲线很高。”王嘉明说，“如果要实现衣服的共享，也要选择衣服当中购买门槛比较高的、价值高的，比如说衣服当中有共享需求的往往是奢侈品。”

事实上确实如此，以衣服和食品为例，二者的使用权和所有权基本上是共生的，也就是说你获得了它的情况下就会使用它。正因为衣服和食品的价格门槛相对要低，所以在共享经济的环境中，很少有商家愿意涉及衣和食的共享。

不过王嘉明这位共享经济的提倡者还谈到了国外现在很流行的两种衣服共享模式，其中一种是我们大家熟知的租礼服，因为礼服的制作成本比较高，而且只需要在特殊场合穿着，所以对消费者来说采取租借的形式更加划算。另一种是C2C，就是说有一些女性朋友买了一些衣服，只穿过一次或者根本就没穿过，就不喜欢了，也不想要了。这时候就以原价一折左右的价格出售。这种新型的共享模式近几年也出现在了中国互联网平台上，比如说“闲鱼”。

汽车共享，胜者为王

2015年7月，上海一家P2P汽车共享的年轻公司Cocar因为资金链断裂问题而倒下。这一事件在P2P汽车共享领域可谓“一石激起千层浪”，引起了业内的广泛关注。

Cocar是一支非常年轻的创业队伍，进入P2P汽车共享市场的时间也比较晚。在王嘉明看来，Cocar的退出其实是团队进入市场的时机和运营管理的能力方面出了问题，而并非对整个P2P共享汽车市场的全盘否定。经过几年的不断努力，PP租车已经发展成为行业内的领导品牌，王嘉明认为汽车共享肯定是中国未来各个大中型城市的大势所趋。对于PP租车这个企业来说，必须从一开始就抱着一场马拉松长跑赛的诚恳态度，努力地培养市场，吸引消费者，引导消费者能够逐渐养成汽车共享的生活模式。

其实中国是全球超大型和大型城市最多的国家，人口密度在世界上也是遥遥领先。所以说，北上广深等城市的交通堵塞情况非常严重。这些城市纷纷出台的限制牌照和限行等规定，归根结底就是为了解决拥堵问题。但反过来看，这种“堵”的方式其实也加大了消费者，尤其是普通市民的供需矛盾。现在中国一共有3亿左右的人持有驾照，但是只有1.5亿左右的人拥有私家车，也就是说有一半的人没有汽车开；另一方面，拥有私家车的1.5亿市民其实用车的概率只有10%左右，车在其他的时间都被闲置在停车场内，白白浪费资源，而车主还要为自己的私家车付上一笔不菲的停车费。所以基于共享理念产生的PP租车就是为了将供需双方的需求联系起来。

王嘉明在采访中还类比了美国和中国，现在美国70%以上的家庭都拥有私家车，但美国地广人稀，这就导致了租客离车和车主的距离太远，对车的租用造成了很大的阻碍。所以，中国的汽车共享市场应该是比美国要广阔得多的。这也就是为什么王嘉明一直坚信，“中国是做汽车共享的最为理想的市场。”

NO.7

资本不死，战争不止
——陈欧的“资本课”

陈欧说：“其实每个人都喜欢创业之后的荣誉和财富，都喜欢上市敲钟的那一刻，但是很多人并没想过让自己一步步实现这一步，很多时候就连创业最基础的东西也没准备好，北京有很多机会，但机会未必属于你。”“资本战”永远是创业路上躲不开的绊脚石。如何取得资本，如何看待资本，如何利用资本，这是每个创业者都需要思考的问题。

·1·
先经营好自己，才能吸引投资人

在风起云涌的资本市场里，资本是一切创业公司的试金石，也是玩转市场时最重要的筹码。一个好的创业团队要想在机遇与风险并存的市场中生存下来，就一定要找到靠谱的风险投资人。风险投资，又称为VC，指的是一些投资者手中有大量资金，专门投资一些处于起步阶段但未来发展前景被看好的创业型公司。

对于创业初期的公司来说，如何让投资人看中你的潜力，相信你在未来有极大的成长空间和极快的成长速度是获得投资的关键。

没有说服力，就只能“碰壁”

对于很多创业者来说，最大的尴尬莫过于在没有充分准备的情况下去找VC拉投资，结果被白白羞辱。创业初期，为了给聚美优品取得投资，陈欧也多次拜访大大小小的投资人。时至今日，陈欧手下的聚美优品已经发展成化妆品电商行业的领头羊，而作为创始人兼CEO的陈欧再也不需要东奔西跑地去到处拉投资而又处处碰壁了。但是每当想起当年在新加坡首次创业时第一次去找风险投资人时的场景，陈欧依然记忆犹新。

那时候还是个大学在校生的陈欧创立了名为GG的游戏平台，在游戏圈内一炮走红。随着用户数量的不断攀升，为了更好地运营和维护该游戏平台，年轻的陈欧秉持着“初生牛犊不怕虎”的精神，四处找投资人。然而，当时刚刚二十出头的陈欧在很多职业投资人心中就是个不靠谱的“愣头青”。不少投资人都用看小孩的眼光看陈欧，甚至有人调侃他“不要天天想些有的没的，还是好好回学校念书吧”。

而这些四处碰壁的“峥嵘岁月”也被陈欧在聚美优品的广告《我为自己代言》中真实地还原了。广告里，在一间宽敞明亮的会议室里，年轻的陈欧有些怯意地面对着三位风险投资人。陈欧的脸上满是期待，最后却被投资人草草一句“快回学校去吧”给打发了。投资者不屑而轻视的眼神格外刺眼，而陈欧用心撰写的计划书也被扔到了空中。

这一次失败的经历被陈欧在广告中高度概括为“你可以轻视我的年轻”。正因为年轻，他无法取得投资者的信任，无法让他们从自己身上看到公司未来发展的前景，也无法成功获得投资。所以，想要取得投资者的青睐，除了要有百折不挠的勇气和信念，还要把最完美、最无懈可击的自己呈现在他们面前。

人生信用卡：获得投资的入场券

因为第一次创业失败的经历，让胸怀创业梦想的陈欧毅然决然地奔赴斯坦福大学，攻读MBA。这并不是陈欧放弃了心中的创业梦，相反，他希望换个角度来追逐自己的梦想。在斯坦福学习的几年里，陈欧接触到了大量创业相关的案例，也积累了更为丰富的创业经验。这种积淀自然也在陈欧身上体现了出来，这就是为什么当陈欧回到国内二次创业时，很快就有风险投资人向他抛来了橄榄枝。

说起陈欧生命中的贵人，如果说著名天使投资人徐小平要排第二的话，恐怕就没有人能排第一了。第一个决定给陈欧投资的正是徐小平和他的真格基金。2007年，陈欧与徐小平第一次见面。当时徐小平就从这个年轻而有想法、敢作敢为的年轻人身上看到了巨大的潜力，当即就决定要投资给陈欧。当时陈欧正处于创业失利的低谷期，而他的父母一心想让儿子回到四川老家，谋求一份稳定安逸的职业。作为陈欧的伯乐，徐小平为了让这匹千里马的潜力不被白白湮没，专门赶去四川德阳拜访陈欧的父亲，并说服他放手让陈欧一搏。

作为真格基金的联合创始人，王强也非常看好陈欧这个年轻的后辈，他曾评价陈欧说："所有创始人一开始想到的是我第一桶金从哪里来，这第一桶金陈欧已经拿到了。但是在拿第一个投资人的钱做事的时候，陈欧建立了一个信用体系，告诉你我前面的失败是我营销的不成功，是我没有敏感地把握市场，但是请你相信我这个人。所以说他已经获得了人生中最重要的一件东西，就是人生信用卡。"在王强看来，投资是一件讲感觉、讲缘分的事情，投资要随性，关键是投给什么人，而非投给什么事。

吸引投资，为人最重要

在中国的资本市场，投资人最讲究的就是利益。但是作为有着深厚儒家文化传统的中国，除了利字当头，作为年轻的创业后辈要想获得投资，就要让投资者看好你的为人。

陈欧获得的第二笔投资来自天使投资人吴炯，他是凤凰投资有限公司的创始人之一。早在陈欧回国创业的初期，吴炯就和陈欧有了接触。当时陈欧的主战场还在游戏领域，虽然吴炯并不看好这次创业的发展前景，但是他很看好陈欧这个人。

吴炯对陈欧的评价是："虽然年轻，但他特别努力，也很虚心。"陈欧经常邀请吴炯去他的公司提一些意见。当陈欧决定让公司转型，做化妆品网购时，吴炯知道消息后马上表示："很好，你要是改变商业模式，我马上投钱给你。"

在吴炯看来，陈欧背后那支高学历的创业团队也是一支默契度非常高的黄金战队。就像吴炯说的："创业成不成功，团队很重要。团队要是好，想换个方向很容易。"

说起陈欧的第四位投资人那真是来头不小，那就是当今全球最大的风险投资基金——红杉资本。当时红杉资本正在考虑是否要投钱给陈欧，红杉的投资人最看重的是一家企业的商业模式和创业思路是否可行，是否适应市场竞争。在对陈欧提交的企业策划书进行细致研究后，投资人对于聚美优品的运作模式仍心存疑惑，提问道："那么，你们要做的究竟是传统的B2C还是团购呢？"陈欧不假思索地说："团购只是外壳，核心还是B2C。模式不一定是固定的，是可以灵活变化的，最开始要考虑的是市场布局。"

处在风起云涌的资本市场，陈欧已经摸索到了其中的规律：要想获得投资大佬们的青睐，必须要有拿得出手的本事。而陈欧之所以年纪轻轻就获得了这么多资深投资人的支持，这是因为投资人在他身上看到了许多成功创业者所必备的品质，比如说诚实守信，比如说勇敢执着，比如说灵活的思维和脚踏实地的实干精神。这一切都是陈欧在聚美优品成长过程中获得投资的关键性砝码。

作为一个初涉江湖的创业者，你要坚信：把自己经营好了，你不找资本，资本也会找上门来的。娱乐圈著名VC投资人任泉到现在还常常惋惜，当时没有胆量投陈欧，错失了良机。

·2·

优化资金配置，成功的第一步

成功往往只会降临在那些独具慧眼的人身上，其中最为关键的一个环节是你如何有效利用你能够利用的资源，如何让有限的资金得到最优配置，达到最佳效果。那些最后取得了成功的创业者，往往也是更懂得如何利用资金。总有那么一些人，他能够从毫不起眼的事物上窥见商机，让资金在奇妙的排列组合中产生巨大的能量。无疑，作为新生代的创业达人，陈欧就是这样一位善于利用资金的高手。

众所周知，电商行业除了要打价格战，大家常用的另一种营销手段就是做广告。电视广告也罢，户外立体广告也罢，网页植入式广告也罢，总之就是广告。只有铺天盖地的广告都砸向消费者的时候，电商才能从中看到一线生机。

所以要做电商，就要做好烧钱的准备。电商的丛林生存法则中重要的一条就是通过烧钱来赢得用户和利润，同时将其他经济实力不是那么雄厚的竞争对手排挤出去。也许是“初生牛犊不怕虎”吧，即使是刚刚进入电商行业，还一无所有的时候，陈欧就非常不认同这种靠“烧钱”来谋生存的方式。他奉行的是高效率的执行力和有趣的创意思维，在资源有限的情况下打破常规。

高效率，资金优化配置的前提

陈欧是个在生活和工作中都非常珍惜时间，提倡高效率的人，正是基于这种有点“强迫症”的性格，他在工作中才渐渐形成了“以少胜多”的风格。而以少胜多，以最高的效率完美地解决所有问题，关键还是在于有效利用资源。

陈欧这种追求高效率的做事风格早在他大学时代玩游戏的过程中就体现得淋漓尽致。那时候陈欧对一款竞技类游戏——魔兽争霸非常着迷。这款游戏并不是只有打打杀杀，而是一款即时的、讲究战略战术的游戏。在游戏中，陈欧最为青睐的种族是鬼族。熟悉这款游戏的人都知道，鬼族可以说是整个游戏当中资源最为缺乏的一个种族。这些游戏玩家中流行着这么一句话，“十个鬼族有九个是穷死的”。虽然从资源的拥有度上看，鬼族确实要低人一等，但同时它也有一个让陈欧非常欣赏的特征，那就是它有着很强的爆发力。所以虽然这些鬼族身上的资金有限，能够获得的物资也非常有限，但只要充分合理地配置这些资金，鬼族玩家就会用极高的效率利用好有限的资源。所以，在魔兽争霸的游戏中，鬼族玩家获胜的情况并不少见。

小钱花对了，也有大用处

学生时代，陈欧就是高效合理配置资金的高手。当年他就读于南洋理工大学，在校期间他成立了一个游戏组织，这个组织当时在学校里并不起眼，甚至在成立之初很少有人知道它的名字。但在陈欧离开南洋理工大学时，它已经是学校里除了学生会以外最大的一个学生组织。说起来，这个明星社团之所以能崛起，与陈欧的“合理配置资金”的观念有着密不可分的关系。

当时社团刚成立，包括陈欧在内的社团成员不足十人。大家为社团凑了200多元新币的社费。但是让陈欧他们苦恼的是，社团招新时，他们几个在“百团大战”中扯破嗓子的吆喝，也没有多少人来关注他们这个“纯爷们”社团。

一天下午，陈欧又在社团招新的摊位前忙活了好几个小时，但是仍没有为社团拉进来几个新人。陈欧觉得无聊，就去隔壁的几个社团摊位前闲逛。当他溜达到舞蹈社团前时，发现这个社团中有几个姑娘特别青春靓丽。陈欧灵机一动，当场上前与姑娘们攀谈了起来，并花了10新币加入了该社团。陈欧外形帅气，嘴又很甜，一来二去就和舞蹈社团的几个姑娘熟了起来。眼看着到了吃晚饭的时间，陈欧又邀请几个姑娘在校门外的小餐馆里花了100元新币吃了顿饭。

陈欧在吃饭的时候趁热打铁，不仅邀请几位姑娘都加入了他的游戏社团，而且其中两个最漂亮的姑娘还答应在第二天社团招新的时候去他的摊位前帮忙。陈欧当即答应，并且马上安排其中的一个姑娘当游戏协会的秘书，另外一个姑娘当游戏协会的财务。

第二天，当两个漂亮的女孩子出现在游戏社团的摊位前时，那些平时就爱玩游戏的理工男们纷纷涌了上来。不到两个小时的功夫，陈欧的游戏社团成员人数就成功破百了。陈欧说：“当时很多男孩子都是因为这两个女孩子加入社团的。很早之前我就知道，在资金有限的情况下怎样有效地配置。”

这不仅是一次成功的营销，也是一次完美的资金统筹。当时作为社团的社长，陈欧手里只有200元社费，但他只用了10元的入社费和100元的餐费就取得了完美的效果。这种营销套路可以看作是陈欧在资金分配方式上的雏形。在日后的商场竞争中，这种营销套路也多次被陈欧运用到他与对手的竞争中去，而且屡试不爽。

在融资和使用资金方面，陈欧深有体会，他总结说："聚美优品的问题不少，最大的问题是钱太少，但最大的优势也是钱太少。我是一个实干派，希望公司的每一分钱被花在有价值的地方，我希望每一笔钱花出去都是去投资的。"

现在有很多年轻的创业者总爱抱怨，自己没有资金、没有关系，也没有技术，拿什么来成功创业。其实最重要的并不是你是否拥有雄厚的资金作为支持，而是你会不会去寻找、整合和有效利用所有能够得到的资金，并将其发挥出最大的功效。

·3·
每一分钱都要花在刀刃上

总有人爱调侃陈欧是80后创业者中的"高富帅"，年纪轻轻就已经成为在纽交所成功上市的最年轻的CEO。但陈欧心里始终认为，他也好，聚美优品也好，都是实现了逆袭的"屌丝"。创业过程中，聚美优品是一家名副其实的穷公司。上市之前，聚美总共融资仅1300万美元。

钱对于一个公司的生存和发展至关重要。但更为重要的是，精准地花每一分钱，每一分钱都花在刀刃上。一路走来，聚美优品之所以能将一个又一个的对手远远地甩在身后，最为关键的原因就是聚美是一家讲究花钱效率的公司。

在陈欧看来，聚美优品能够走到今天，靠的是精准营销：找准用户，然后花大量的精力来建立与用户在情感和价值观上的联系。聚美优品最注重的是研究用户消费和使用美妆的关系与逻辑，就像陈欧说的，“所谓成人之美，就是提供最优质的美妆产品和最合适的美妆方案，以此来留住用户的心。”

在电商这个烧钱的行业里，聚美优品或多或少显得有些特立独行，因为它强调的始终是运营效率，简而言之就是“每分钱都花到刀刃上”的花钱效率。

控制成本，聚焦用户

众所周知，对于垂直平台来说，获取用户的成本是很高的；而获取化妆品用户的成本则更高。原因大家也知道：其一，化妆品的天然属性决定了用户从一开始就有不信任感，这可以说是化妆品的“原罪”；其二，要在搜索引擎上设立关键字来吸引用户价格又太过昂贵。

让陈欧引以为傲的是聚美优品在成本控制上一直做得很好，陈欧说：“我们总的费用率只有16%，也就是说只要我的毛利率达到16%，基本就可以实现盈利。聚美2013年的毛利率是24.5%，在美妆行业里面算是低的，但关键就在于我的运营效率足够高。到递交ipo报告的时候，聚美连续7个季度盈利。这在电商公司里面是少有的。”

聚美优品是如何实现连续7个季度都盈利的惊人成绩的呢？其诀窍在于陈欧一直奉行用营销拉动规模，以规模拉动供应商。长此以往，聚美优品上各大品牌的供应商就会越来越多。聚美优品刚刚起步的时候，供应链并没有现在这么强大。但是陈欧采取了单品突击的方式，每隔一段时间就以较低的价格在聚美优品上出售“叫好又叫座”的明星产品，这样一来规模很快就做大了。有规模了以后，陈欧不再局限于让聚美优品作为化妆品的渠道商，而是开始经营自主品牌。也就是说，陈欧在规模和品牌之间建立起了强大的、有生命力的联系。

同时，作为一个专营化妆品的电商平台，为了保持高效运营，聚美优品方方面面的事情都是围绕着用户展开的。正是因为焦点明确，去掉了那些边边角角的琐碎的事情，聚美优品才能把所有的资金和资源都集中起来。在陈欧看来，“尤其不能忽略的是消费者，正是因为他们喜欢我的服务，支持我的公司，我们才能做起来”。

创意先行，能省则省

陈欧认为，很多创业公司最后之所以会死，根源在于不加节制地烧钱。钱大把大把地烧，最后控制不了火势，结果引火烧身，把自己烧死了。为了避免聚美优品也走上那些公司的老路，陈欧从一开始在花钱方面就特别谨慎。慢一点，反倒更稳妥一点。一点一点地做，不急于求成。

正因为谨慎花钱的思路，虽然聚美优品在营销上花的钱比对手要少，但取得的效果却要好得多。说起营销，大家首先想到的是线上营销。但陈欧心里很明白，线上营销的套路不外乎那几种，比如买点击率，买好的广告位，买用户流量……这些套路效果不一定好，而且都很烧钱。所以聚美优品要想在营销方面做出成绩，还是要在线下营销上玩出跟其他对手不同的花样来。就像陈欧说的：“线下不是靠广告，而是靠口碑。”口口相传的东西，才能经得起时间的考验。而广告能够被人们口口相传，自然靠的是能够引发人们情感共鸣的力量。

在线下营销中，陈欧最讲究的还是花钱的效率，如何用最少的钱取得最佳的效果，是陈欧一直考虑的问题。在摸索中陈欧发现，最适合聚美优品消费者的营销套路是巧妙地做好20%的事情，抓住80%受众的心。比如说聚美优品2013年那则风靡一时的励志广告《我为自己代言》。这位年轻的CEO再次亲自出马，喊出“我为自己代言”的口号。而且除了精雕细琢的广告内容外，陈欧在广告投放平台方面也做足了功课。当时已经临近“双十一”，这是中国电商界战况最为壮观的日子。当时陈欧亲自上阵，和市场部的同事连续熬了几个通宵，没有放过任何一个细节，对广告内容进行了最后的润色和修改。虽然陈欧在营销上一向主张节俭，花钱要花到点子上。但对于这则聚美优品的年度大型广告，陈欧非常重视，他觉得有些钱不花则已，要花就一定要花到位。为了追求品牌的仪式感，陈欧选择了在黄金时段最受观众欢迎的广告平台——湖南卫视《快乐大本营》的黄金时段来投放聚美优品的这则广告。

在这个资本战争无处不在的时代，聚美优品始终追求的是运营效率。陈欧说：“在一个烧钱的行业里，我们花了1300万就干了别人也许要花上亿上十亿才干得了的事情。最终，这1300万变成了30亿。我觉得在这个烧钱的时代里，这是资本市场对于聚美优品独特商业模式的肯定，而且也是聚美优品为其他创业公司提供的一种新思路。”

·4·

投资回报率，心里的算盘不能松懈

投资回报率，即return on investment（ROI），是指通过投资而应返回的价值，即企业从一项投资活动中得到的经济回报。它涵盖了企业的获利目标。利润和投入经营所必备的财产相关，因为管理人员必须通过投资和现有财产获得利润。对于一个企业家来说，花越少的钱，办成越大的事，证明你的能力越强。

陈欧是一个有着完美主义情结的人，他面对挫折勇往直前，永不轻易言败。对他来说，花很少的钱，做很大的事是衡量他成功与否的一个重要指标。

让“投资回报率”成为一种做事方式

2014年7月的一天下午，在陈欧的办公室里，他正为《博客天下》杂志拍摄封面照。当时陈欧手里一直拿着一款聚美优品即将要发布的新款手机，他跟记者说，希望这款手机能和他一起出现在杂志的封面照上。

记者笑着问：“陈总，你这是在算投资回报率吗？”

陈欧笑着回答：“是的，在商言商嘛。”

投资回报率驱动成就感

如果说作为一个创业者，思考如何为公司省钱是他最起码的责任，那么陈欧在这方面可谓是天赋惊人。聚美优品能走到今天这一步，与这位年轻的CEO无时无刻不在思考着“投资回报率”这件事情有很大的关系。

西红柿炒鸡蛋这道简单又可口的菜，给陈欧在创业低谷期的启示，时至今日他仍然津津乐道。当时靠着这道既营养又便宜的家常菜，陈欧才熬过了那段艰难又孤独的写代码的时光。作为一个完美主义者，这道菜可以说是“控制成本”最完美的诠释。就像陈欧说的，“当你有过花很少的钱把事做成的经历时，你才会相信自己不需要太多钱也能做成事。”这也许就是陈欧那句“钱太多人会变傻”的出处。

在公司里，陈欧以身作则，把精确地花每一分钱，每一分钱都要讲究回报率的风格由上而下地贯彻了下来。一次在接受《人物》杂志采访时，陈欧半开玩笑地说：“虽然有时难免会头脑一热，但是如果超过一万块钱，我就会想一下，这钱花出去值不值，它的回报有多少？”

戴雨森是聚美优品的联合创始人之一，作为公司的副总裁，他到现在也没有拥有属于自己的办公室，而是占据着一个小小的“格子间”。然而，他没觉得有任何不合理：“如果我一个人有一间办公室对公司发展有好处的话，我就会那么做。”当时刘惠璞被陈欧的三寸不烂之舌说动，从世纪佳缘辞职加入了聚美优品。当时行政人员把他领到一个堆满了箱子和书的工位前，把桌子上的杂物都挪开，然后告诉他，这就是他的座位。刘惠璞后来开玩笑说，当时他心里真是“无比落寞”，暗暗在心里感叹，“我勒个去，这公司好穷啊！”后来因为刘惠璞主管销售，有很多对外工作，所以陈欧才给他特批了一间小小的办公室。

有一次戴雨森和陈欧一块儿去成都出差。当时两个人一块儿挤在了“如家”宾馆一间没有窗户的标间里。当然，现在陈欧出差已经不再这么“抠”

了，他说：“现在说是为了维护公众形象，他们禁止我住太差的宾馆。”

在聚美优品，“闭上眼睛，你还能感觉出睡的是五星级还是四星级？”“同一架飞机上，头等舱还能比经济舱飞得快？”这些观点在这群年轻的创业者心里几乎是如同真理一般的存在。

作为一个年轻的企业家，陈欧十分重视“资本回报率”这件事情，并且将此贯彻为公司企业文化的一部分，成为包括他在内所有聚美员工做事的标准。

用回报率驱动成就感

陈欧在接受媒体采访时，也曾经坦言，他是一个永远需要有成就感来驱动的人。作为一个有着强烈英雄主义情结的人，当他发现他所做的事情无法为公司谋利益、推动公司的进步时，他就会觉得非常沮丧。那么，超高的投资回报率当然成了他在商战中最好的答卷。

作为一个格外重视投资回报率的人，陈欧在做很多事情的时候都显得很严谨。作为BOSS团的嘉宾，陈欧曾多次出现在《非你莫属》的舞台上。这位私底下经常段子不断的年轻CEO在舞台上却显得格外严肃，甚至有点不苟言笑。在陈欧的心里，每次出现在《非你莫属》的节目中，他代表的都是聚美优品的形象。他会考虑很多事情，什么话该说，什么话不该说，说哪些话才能迎合聚美优品消费者的心理。是的，哪怕是出现在电视节目上，陈欧也在心里打着“算盘”，计算着投资回报率这件事。

2013年，聚美优品和光影华视携手出品了一部微剧——有职场宫斗剧之称的《女人公敌》。这部剧在播出之前，就已经在网上引发了热议。网络上播出后，全网的点击观看次数总计超过了5亿次。这显然也是陈欧的营销手段之一，在微剧中陈欧倾情出演，为聚美优品赚足了噱头。当时该片导演管晓杰专门花了一万多元钱，购买了一张办公桌，放在陈欧的办公室里作为道具使用。按原计划，这张办公桌本应在拍摄结束后由陈欧买回去继续放在自己的办公室里。但最后陈欧把它退掉了。

对于陈欧在投资回报率方面的精明，管晓杰不禁感叹：“如果数学有100分，他能考102分。不是数学考102分的，没有这个脑子。”

陈欧在如何计算投资回报率这个问题上也有一套独特的逻辑和统计方法。陈欧每次都会一丝不苟地用自己的办法来对数据进行计算和分析，他不相信也不会依赖任何第三方的数据报表。刘惠璞说：“聚美优品的广告投放总是能获得10倍以上的回报。而广告费却只占销售额很小的比重，可能只有其他互联网企业的20%-25%左右。”

正是因为陈欧一直把关注的焦点放在投资回报率这件事情上，所以他采取的办法是坚持以化妆品作为突破口，进行聚焦销售。这样一来，聚美优品的运营成本就大大降低了，包括市场费用、履约费用等都低于行业内其他竞争对手。

陈欧曾说：“我想证明，在电商领域，不用融多少钱也能把它做起来。我能不能只融1000万美元就把公司带上市，而且还能赚钱？这是挑战，否则就是价格战、烧钱、融资。其实我在不停地证明自己的路是不一样的，是另辟蹊径的。”

·5·

低费用率，聚美的杀手锏

陈欧从斯坦福大学毕业以后，回国进行二次创业。最开始，他做的仍然是他最喜欢也最擅长的游戏领域。但是这家名为Reemake的游戏广告公司在中国诞生后，却遭遇了严重的水土不服。短短几个月时间里，公司账面上就只剩下了30万元的现金。

几经商量，陈欧和刘辉、戴雨森打算卖化妆品，干点“别的男人不好意思干的事情”。2010年2月，抱着扩展人脉和便于融资的想法，陈欧申请了由亚杰商会主办的摇篮计划。当时面试他的人正好是雷军，陈欧顺利通过了面试，成为雷军的学生。

陈欧回忆：“雷军后来告诉我，当时看我的创业项目，觉得超级不靠谱。但是又看了下我的简历，觉得人还挺靠谱，最后勉为其难留下了我。”雷军曾经告诉陈欧三点，让他在艰辛的创业路上获益匪浅：第一，要做一个市场足够大的东西，而不是自己喜欢的东西；第二，正确的时间做正确的事；第三，早期低成本高速扩张。

降低经营成本是企业获取利润的最为重要也最为便捷的一条路径。只有高效地控制经营成本，才能最大限度地获取利润。

由著名主持人李静创办的乐蜂网应该算得上是聚美优品最大的竞争对

手。同样是B2C美妆网站，聚美优品和乐蜂网之间向来火药味儿十足，在品牌推广和优质的供货商争夺上常常争得你死我活。总是一家稍有动作，另一家就紧随其后。

比如说，陈欧推行CEO营销策略，《我为自己代言》的励志广告在江苏、浙江和湖南等多家电视台高强度播放。随着“陈欧体”在网络社交平台的一炮走红，聚美优品为越来越多的人所关注。乐蜂网的“不论你有没有品，我要正品”、“不美不活体”等系列广告也迅速上线，与聚美优品展开了营销大战。

网站运营方面，乐蜂网在2月27日推出了“桃花节”的大型促销活动。聚美优品紧随其后，策划并推出了“301”周年庆典促销活动，虽然最终因物流系统崩溃而没有收到预期的效果。

这对欢喜冤家在长达几年的互不相让的对峙中，最后以乐蜂网败下阵来作为收场。2014年2月14日，因为乐蜂网亏损严重，其创始人李静不得不宣布正式接受唯品会的整合计划，唯品会以1.125亿美元的资金正式入股乐蜂网。自此，乐蜂网的最大股东易主，唯品会以75%的股权完全掌握了乐蜂网。

从表面上看，乐蜂网的利润率是不低的。乐蜂网的自有品牌占所有品牌的1/3，自有品牌的利润率可以达到70%。所以乐蜂网的毛利润最高能接近30%，但是毛利润并不代表纯利润。事实上，2013年里，在聚美优品的纯利润高达1亿左右的情况下，乐蜂网亏损了1.5亿。究其原因，是因为乐蜂网在销售费用和管理费用上远远高出聚美优品。严格的成本控制和高效的运营效率也一直是聚美优品能保持比较高的纯利润率的重要原因。

从选品到控成本，追赶运营效率

许多人认为，聚美优品之所以能取得今天的成绩，最重要的一个环节莫过于“陈欧体”广告的推行。其实成本控制力才是聚美优品取得成功的法宝。电商的运营成本主要包括两大部分，其一是客户获取费用，其二是履约费用，即前面提到的仓储、分拣和物流等环节。在客户获取费用方面聚美优品对于成本的控制也做得非常高效。一般来说，聚美优品每获得一位新客户平均要支出38元，而与之对应的唯品会则需要支出64元。

根据公开披露的数据，聚美优品每一单物流的平均成本是10元左右。相比之下，唯品会因为仓储物流管理的程序比较复杂，而且退货率也比较高，所以每一单的物流成本也比较高，平均是25元。同样作为电商界大佬的京东，每个订单的物流成本约为13.5元。

原因在于，聚美优品走的是“选品”路线，每个订单中包含的产品种类很有限。产品种类少的订单，进货和打包的程序少，步骤简单。相反的，如果一个订单中包含了多个品种的产品，拣货路线就不固定了，错误率自然就高了，来回跑会消耗掉大量的时间。资深市场分析师陈虎认为，随着聚美优品规模的进一步扩大，未来商品的种类也会不断丰富。但与此同时，聚美优品和它的上游供应商的议价能力也会随之增强，分摊到每单仓储物流的费用和物流费用占总营业收入的比例等各项业绩指标也会继续好转。

正因为如此，相比起家电、3C和服装产品，化妆品的单位体积小，在存储、分拣和运输等各个环节都为聚美优品提供了很大的成本节省优势。

“而且和淘宝、京东的搜索模式比起来，聚美优品和唯品会所推行的特卖模式在天然属性上就更加适合移动端用户。当这两家公司的APP安装量达到一定程度时，移动端的销售量甚至会反超PC，并且从长期来看，大部分的订单都将产生于移动端”，市场分析师李妍认为。

综合来看，在履约费用方面，聚美优品所占比重为净销售额的7.2%，唯品会为11.7%，京东为5.9%；平均每单的履约成本，聚美优品为每单12元，京东为每单14元，唯品会为每单25元。可见，聚美优品在每个订单中的履约成本是最低的。

就像华为公司的总裁任正非说的：“管理中最难的是成本控制，没有科学合理的成本控制方法，企业就处在危机边缘。全体员工都要动员起来，优化管理，要减人、增产、涨工资。”

但是往往成本控制又容易走向另一个极端。就像雷军说的：“小米愿意不惜代价、不惜成本、真材实料做好一款好产品。我们这个时代已经到了消费设计的时代，大家对产品的品质有很高的要求。我想小米跟以前绝大部分的中国公司非常不一样，我们在做产品的时候，强调的是不惜代价，像三年半前，我们第一次做手机的时候选用了高通最贵的处理器，用了夏普最贵的屏幕，在每一个环节里都是不惜代价的。我的观点是，以前我们做东西就是要便宜，在卖得便宜的要求下控制成本，控制成本的DNA一旦形成以后，就很容易自觉或不自觉地做样子货，这就是市场上有大量假货的原因。所以小米在做产品的时候，至少有一条，愿意不惜代价。”

任何企业，在控制成本、提升利润率的同时，还要做一家有良心的企业，要不惜代价地把真正能让消费者满意的产品送到他们手中。如何把握好控制成本与保持品质之间的尺度，是每个企业都需要思考的问题。

·6·

茅侃侃跟我谈资金：钱从哪里来

对于任何一个创业者来说，起步阶段最大的问题就是资金问题。钱从哪里来？这是每个准备创业或者正在创业的人都想解决的问题。作为80后创业军团中的新锐力量，茅侃侃是如何获取资金的呢？

在陈欧看来，茅侃侃能够成功获得巨额投资，有三点至关重要：

第一，找到信任你的人投钱给你，你才能放手一搏；

第二，让投资人全面了解你和你的公司的现在与将来；

第三，保持低调，谦卑与尊重是获得投资的催化剂。

钱不会从天上来

在茅侃侃看来，钱既不会从天上掉下来，也不是大风刮来的。2006年左右，中国创业市场刮起了一股80后的风，自然一些有关80后创业的报道也被“神话”了。茅侃侃是其中被说得最为幸运的一个，说他只是与某企业领导谈了两个小时，就“空手套白狼”地获得了三个亿的资金支持。茅侃侃面对这种传言也有点无可奈何，他说：“第一没有亿那么多，第二我自己也投入了不少，第三谈了两个小时确实没错，然而我认识这些老板都不止两年。”

在茅侃侃看来，获得投资的基础是信任感。这种信任感不可能靠一两天的时间培养出来。除非是之前你已经有了非常出色的案例，或者说在业内有丰富的资源与经验。你以前就做出来一点名堂了，而且你在业内的名声大家都有所耳闻，在这种机缘下才有可能在短期内促成投资。但茅侃侃说：“空手套白狼是最高境界，这种事不是没有，只是太少了。”

那么茅侃侃的第一笔资金是怎么获得的呢？

当时航天科技集团下面有不少企业涉及改制，也就是股份制改造，这种机缘下促成了茅侃侃与林总的合作，他们决定一起搭建一个真人实景的数字游戏平台，也就是后来大家所知的时代美兆。

茅侃侃在辞职之前供职于北京市科委，早在那时他就与林总结识了。两个人虽然相差了几十岁，却很聊得来，相处下来并不像长辈与晚辈，反而更像朋友。两人会经常约出来聊聊天。在茅侃侃看来，“林总虽然岁数大一些，但心态很年轻，对新鲜的行业和新鲜的事物都保持着高度关注。”

2005年，茅侃侃已经从科委辞职一年多了。一天下午，茅侃侃和林总约在了中关村的一家上岛咖啡厅聊天。聊着聊着，林总就告诉茅侃侃，公司正在推动改制，需要一个项目作为驱动。据茅侃侃后来回忆，那次聊天确实不过两三个小时，但只是确定了将来要合作这件事，并没有将投资的事情确定下来，更没有谈到具体的数额。那天下午他们聊得最多的反而是关于项目本身的一些想法，比如说每一步要如何去操作，可能遇到哪些风险，如果项目能按照计划顺利推进，投资回报率能达到多少等。

当时茅侃侃正在运营一家小型的公关类广告公司，虽然赚不到大钱，但是赚些小钱绰绰有余。在之后与林总合作推进时代美兆的项目时，茅侃侃自己也投入了资金。最后茅侃侃在公司所占的股份是25%，但这并不是按照他投入的资金比来兑换的，其中还包含了一部分“技术股份”。

每当有人问起茅侃侃，他创业的钱是从哪里来的，他是如何在短短的两三个小时里获得了国企老板的信任，搞定了三个亿的巨额投资时，他只是笑说：“钱肯定不会从天上掉下来啦，我也做不到两三个小时就搞定三个亿的投资，这不过是媒体讲给你们听的故事。”在茅侃侃看来，创业资金除了自己投入最为靠谱以外，就是从了解你、信任你的人那里获取。

想要钱，先要解决哪些问题？

事实上，大多数白手起家的年轻创业者都是凭借着一腔热血和青春开始筑梦之旅的，他们背后很少有资金雄厚的父母或者家族作为支持。很多时候，年轻的创业者除了靠自己的努力，通过兼职等手段赚取人生的第一桶金外，大多数还要依靠天使投资人或投资机构。那么，如果要打动他们，要怎么做呢？

茅侃侃认为打动一个资深的天使投资人是难事，但又不太难。说到底，你要想方设法解决这些投资人心中的五个困惑：

第一，我们是谁呢？这个问题包含几个方面：我们是一个这样的团队，我们的产品或服务是怎样的，我们的核心竞争力是什么……说到底，就是说清楚作为一个创业团队，做的到底是什么。在茅侃侃看来，大多数投资人都痛恨废话，“要言简意赅，直奔主题。如果用PPT，最好不超过5页就说清楚。如果用一页就能说明白，那你就是神。”

第二，我们要解决什么问题？你和你的团队即将或正在做的这件事情是为了满足用户哪方面的需求。最好在解释的过程中把目标市场是什么，目标市场的规模有多大，你主要是想解决目标市场中的哪些问题，你的竞争对手是谁……作为一个创业达人，茅侃侃说：“这一部分的内容如果能够利用数字和图表来解释，是最给力的，而最不给力的解释和描述就是大段大段的文字和形容词。”

第三，我们用什么办法解决？这一部分主要说明的是团队为目标市场解决需求问题的过程中提供哪些产品和服务，以及其中的具体细节。

第四，收入从何而来？这当然是投资人最关心的一个问题，也是对他们最具诱惑力的。所以茅侃侃建议，这一部分其实比前面几个部分更需要有具体的数据和图表作为支撑，切记要避免糊涂账，而要是一笔明白账。要花多少钱、商业模式以及未来的两三年内预期投资回报率是多少，这三个问题是投资你的人最关心的。就像茅侃侃说的，“天下没有免费的午餐，给你钱也许你可以烧掉，但一定是为了烧出更多的钱来。”

第五，我们要去哪里？这是一个展望未来的愿景式的问题，但是并不是用来做白日梦的。

有钱的未必是爷，没钱的只能装孙子

在茅侃侃看来，在一边艰辛创业一边找钱的路上，纵使你身藏十八般武艺，也一定要保持低调，装好“孙子”。当然，“装孙子”也是有技巧的，今天暂时低调，是为了日后能够通过自己的努力获得成功，成为令人羡慕的“爷爷”。

《叶问》中甄子丹有一句话说得好，“我不是怕老婆，我是尊重老婆”。这也是在获得投资的道路上，所谓“装孙子”与“真孙子”之间的微妙差别。“装孙子”是要保持不亢不卑，要尊重对方；而“真孙子”则往往为了获得投资而丧失了自己做人的底线。

所以说，“装孙子”是要学会如何表示谦卑与尊重，而非在有钱的“爷”面前表现出你的谄媚和奴性。说到底，最简单的一招就是真诚。在涉及所有你与投资者相关利益的时候，任何话都要靠谱实在，而不要添油加醋。面对你未来可能的投资人，一定要坦诚相待。

“装孙子”还有重要的一点就是要藏好锋芒。创业的道路上，很多年轻人一路慷慨高歌，在青春和热血的激发下，荷尔蒙分泌得很旺盛。但就像茅侃侃说的：“面对你的投资人的时候，最好还是先降降火，低调才是王道。”每一个走在创业路上的人都对未来自信满满。因此，你在投资者面前表现得越低调，越容易获得信任。

·7·

希斯特罗姆教我的“资本论”：名利场上的10亿美金神话

2013年6月出版的美国《名利场》杂志称，2012年的春天，希斯特罗姆和Instagram在硅谷创造了一个神话：这家公司仅仅成立了18个月，就被Facebook以10亿美元的天价收购。这场在硅谷轰动一时的收购大战对于Instagram的创始人兼CEO凯文·希斯特罗姆来说，就像坐过山车一般惊险刺激。而这场收购也是希斯特罗姆冒着错失良机的危险，凭借着脑中的“灵光一现”才最终促成的。

在陈欧看来，希斯特罗姆这位年轻的硅谷科技新贵，无疑也是资本战场中的高手，而他的秘诀就是要明确什么对自己最重要，在资本市场中保持自己的底线和原则。

10亿美元，创造资本神话

其实在Instagram被Facebook收购之前，即使发展到鼎盛时期，整个Instagram的员工也不过十几个人。这么少的员工几乎不可能满足这款风靡全球的APP用户数量爆炸式的增长需求的。当时Instagram团队中，希斯特罗姆的主要工作是改进产品，并且负责处理一些大企业的收购意向，而克雷杰则负责技术方面的问题。

当时Instagram才上线不过两年，但已经成为了众多科技巨头眼中的“猎物”，其中最强劲的两大“猎手”分别是Twitter的多西和Facebook的扎克伯格。

其实扎克伯格一直密切关注着Instagram的崛起，“他们从Facebook上获得了大量流量，我觉得我们完全可以成为一家公司。”希斯特罗姆一直将公司发展的重心放在产品的优化上，这一点是很重要的。也正是因为如此，刚崭露头角的Instagram就已经被扎克伯格视为Facebook未来的一大威胁。这并非杞人忧天，Instagram是一款“以移动为先”的兼顾优雅、时尚和有趣的产品。Facebook一直受困于桌面市场，无疑，Instagram为Facebook如何转向移动领域提供了新的思路。

与此同时，同为科技巨头的Twitter对于Instagram的兴趣没有一直保持下去，因为负责收购的多西被排挤出了公司的管理层。这时，希斯特罗姆接到了一位“说客”的电话，他是罗劳夫·博塔，是红杉资本的合伙人之一。博塔对希斯特罗姆说：“你知道的，哪里的变化都赶不上硅谷快。很多创业公司的用户来得快，去得也很快，就像是坐上公交车，出去走了一个来回。但是你们不同，你们留住了用户。”这位年轻的风险投资家被Instagram的“黏性”所打动，主动提出将在新一轮的融资中为其提供5000

万美元的资金，并且仍旧保持公司的独立性。希斯特罗姆思索再三，决定接受红杉资本的投资。

随后，希斯特罗姆致电扎克伯格，告知他自己的决定。然而，扎克伯格并没有接受希斯特罗姆的回复，并且在第二天发信息给希斯特罗姆，希望能够再次详谈。扎克伯格后来回忆："展示姿态并非提出方案，每家科技公司都在与其他公司进行着商讨。我希望非常明确地表明，我们对此很认真。"

作为Facebook的CEO，扎克伯格有权迅速做出某项重大决定。所以就在第二天，扎克伯格就邀请希斯特罗姆前往了他位于Palo Alto的家中。这是一场关起门来的谈话，这次谈话两位年轻的CEO就Facebook收购Instagram的事件进行了详细的讨论。扎克伯格说："当时的气氛并不是谈判，因为我们希望未来在一起工作。"扎克伯格一直对Instagram抱有求贤若渴的心态，而这次愉快的谈话在无形中推动了Facebook对Instagram的报价，最终估价高达10亿美元，而且其中包含3亿美元的现金。

最终希斯特罗姆被扎克伯格的诚意打动，而他一直以来坚持的要让Instagram保持独立发展的态度也开始动摇。"我并不肯定，究竟是哪个细节改变了我的想法。"希斯特罗姆说，"但是谈话中他向我展现了完整的计划和方案，而且公司估值也从先前的5亿美元涨到了10亿美元。在我看来，这个方程式已经呈现出完美的化学反应。"

至于最终促成Facebook成功收购Instagram的关键因素则在于，扎克伯格向希斯特罗姆承诺，收购后仍旧保持Instagram在Facebook内部相对独立的运作。之前Facebook的"收购大战"主要是为了收购人才，但是这一次却完全不同。扎克伯格说："我们之前的大部分收购都是为了获得人才，但这次我们希望保持现有的服务，并继续开发。"

可见，Instagram作为一个成立了才18个月的年轻公司，能引起两大科技巨头相继抛出橄榄枝，其核心在于其“移动优先”的产品可以弥补这些科技巨头在发展过程中的软肋。而且，这家年轻公司的存在无疑在这些“巨头”心中留下了阴影，毕竟硅谷永远不缺少“青出于蓝而胜于蓝”的传奇。

产品优先，不着急赚钱

面对资本，希斯特罗姆这个科技新贵一直保持着一种不符合同龄人的冷静和矜持。2014年7月，作为Instagram的CEO，希斯特罗姆出席了在美国科罗拉多州阿斯彭举办的《财富》科技头脑风暴会。会上，希斯特罗姆表示，Instagram虽然已经被Facebook收购，但仍保持着相当大的独立运作空间。作为一家迅速成长中的科技公司，Instagram在一切准备就绪之前，是不会贸然利用其庞大的用户群体来赚钱的。

当前，Instagram下的各个业务板块的发展情况各有不同。图片分享业务一直是其核心竞争力，也一直让其他的社交媒体眼红，但刚刚上线不久的即时通信服务却饱受诟病。也许，这一现实情况也是Instagram不急于赚钱盈利的一个重要原因。

在接受《财富》访问时，希斯特罗姆表示，虽然现在Instagram的用户群体已经超过了2亿，但它仍是“襁褓里的孩子”。当前，Instagram的主要用户群体集中在海外，而且仍在高速增长中。

尽管上线不久的即时通信服务并不被外界看好，但希斯特罗姆仍对其满怀信心。根据相关数据，即时通信服务也正在逐步被人们接受，在过去短短一个月的时间里，就已经有超过4500万用户使用了Instagram的该项服务。

对于外界同样不看好的Instagram视频分享产品，希斯特罗姆也表现得非常淡然：“在我看来，Instagram的视频分享产品已经做得很好了。我承认，受到种种条件限制，它不可能发展成为像YouTube那样的大平台，但是我相信，在未来它一定会在个人消费的移动领域占据一席之地。”

资本神话才刚刚开始

2013年，Facebook的营收额同比增加了55%，高达79亿美元。但作为Facebook大家庭中的一员，Instagram并没有做出太大的贡献。直到2014年年初，Instagram终于和广告公司Omnicom签署了一份广告合同，价值高达4000万美元。希斯特罗姆表示，从个人立场出发，Instagram羽翼丰满之前他将对任何一笔广告订单都持“赞成态度”。同时他还表示，将会考虑在Instagram的功能上增加一些商务元素和相应的工具，比如说在一些页面上植入某些商品，并且增加一些能够点击购买的相关功能。在希斯特罗姆看来，更重要的是吸引各大品牌商进驻Instagram。

2013年秋天，Instagram曾经的老伙计Twitter成功上市，市值达到了220亿美元。曾有人问希斯特罗姆，是否后悔将Instagram出售给了Facebook。他笑笑说：“我认真考虑过很多次。作为一个创业者，如果你的目标是让你的价值最大化，而且未来可以预期，那就不要计较太多，痛快地做决定吧。”在希斯特罗姆看来，Instagram的资本神话并未落幕，相反，才刚刚开始。在发展中，Facebook对于Instagram有很大的帮助，不仅让Instagram在招揽人才方面有了更响亮的招牌，而且也有利于其进行业务的延展。就像希斯特罗姆说的：“在短期内我们的用户已经增长了一倍，这是其他社交媒体无法做到的，而这一切很大程度上都是因为Facebook。”

在希斯特罗姆看来，财富并非他唯一的追求。“我享受每一天的工作，我也从来不会想‘假如怎么样，是不是会怎么样……’这类问题。比起钱来说，我们现在更需要忠实的用户。”

·8·

扎克伯格教我的“资本经”：天价收购背后的理性与疯狂

互联网，是这个疯狂的时代最疯狂的领域。

2014年，扎克伯格的Facebook再次拉开了一场收购大战的序幕。无论从何种角度来看，Facebook收购WHATSAPP这一即时通信应用的交易都非常疯狂。让人更加难以置信的并不是收购本身，而是一向在资本控制方面非常谨慎的扎克伯格居然开出了160亿美元的天价，其中包括40亿美元现金及120亿美元股票。此外，Facebook还额外为WHATSAPP提供30亿美元的限制股股票。

消息刚刚传出时，同样在资本控制方面有着可圈可点表现的陈欧也非常不理解扎克伯格的这一收购举动。但是细细分析，陈欧才明白，扎克伯格看似疯狂的收购举动背后有着极其理性的一面。在商言商，进行任何一笔投资前，投资者都会对投资回报率这件事情斤斤计较。

然而最让陈欧觉得精彩的是，除了扎克伯格的理性收购外，还有这场收购大战中WHATSAPP待价而沽的良好心态。

用耐心等来天价

2009年，两位雅虎的离职员工创办了WHATSAPP这家即时通信公司。到了2014年，短短4年的时间里，这家公司的业务已经横跨了苹果、谷歌、微软、塞班和黑莓等众多移动平台。月活跃用户累计4.5亿人次，其中日活跃用户的比例高达70%，而且平均每天都有100万的新增用户量。早在2013年6月，WHTASAPP的日信息发送量就已经达到了270亿条。据悉，该公司现在的消息发送量已经接近全球手机短信的总量。

很早以前，这家有着极强的市场号召力和广泛的用户群体的即时通信软件公司就已经引起了扎克伯格的注意。可以说，Facebook收购WHATSAPP可谓是策划已久。2013年Facebook全年营收为78.7亿美元，其中含15亿美元的净利润。即使Facebook的营收速度在现有基础上继续增长，这场160亿美元的天价收购交易也将耗费掉Facebook将近两年的全部收益。

这是一个互联网各家巨头都在疯狂备战的年代，资本战争随时随地都在打响。而WHATSAPP很清楚，自己要做的就是耐心等待，待价而沽。2013年，出售绯闻一直围绕着这家公司。除Facebook以外，谷歌和腾讯也非常看好这家做移动即时通信应用的公司，曾经也抛出过橄榄枝。这是因为，一直以来谷歌就没有发展起有吸引力和市场号召力的移动通信应用，而当时腾讯的微信也还没有正式开拓海外市场。

一年以前，谷歌与WHATSAPP洽谈收购事宜，开出的价格是10亿美元；腾讯的报价也相差无几。但是WHATSAPP经过一番考量，觉得报价远远没有达到预期，最终婉拒。

WHATSAPP是一家很有耐心、很有原则的公司，他们一直坚持不靠广告模式盈利的道路，而是为用户提供简单清爽的应用服务，并且采取付费的模式取得收入。现在这款APP已经成为苹果iOS平台上的第二大付费应用，单位价格仅仅1美元。虽然说WHATSAPP从来没有对外公布过他们的年营业收入，但是根据他们的庞大用户量和单位价格大致可以推算出他们每年的收入应该处于5000万到1亿美元之间。

在残酷的资本市场，有时候多一点耐心反而是件好事。从谷歌的10亿美元到Facebook的160亿美元，短短一年的时间里，WHATSAPP就实现了估价16倍的增长。

收购背后的理性与疯狂

可以肯定的是，在即时通讯市场，WHATSAPP并非一枝独秀，包括line和微信都是它的有力竞争对手。而且WHATSAPP还不适合移动广告，否则就有损失用户的危险。在收购之后召开的电话会议里扎克伯格也承认了这一点："我不认为通信应用适合商业化。"

可见，在这个疯狂与理性并存的互联网时代，这家移动创业公司的估价其实远远超出了其自身价值，因为它被收购这件事本身对于巨头Facebook有着很大意义。扎克伯格虽然是土豪，却不是疯子，他的收购行为虽然有疯狂的冲动出价的因素，但更多是基于他对市场的理性判断。

著名电影《教父》里有这样一句话：开出一个不可能拒绝的价格，从竞争对手手中拿下具有战略意义的资产，给自己再筑一道护城河，不让猎物落入竞争对手的手中。也许电影中的这句名言就真实地描绘了扎克伯格收购WHATSAPP的心理。

18岁以下的用户其实是移动互联网中最为活跃的群体，但是Facebook当前面临的最为严重的一个问题是它的年轻用户群体正在快速流失。这是因为随着Facebook上的用户人群趋于饱和，这些原本活跃在Facebook上的年轻用户纷纷"转战"包括WHATSAPP在内的其他移动通信平台。这是因为这些年轻人并不希望在Facebook上随时随地与自己的父母分享消息。

显而易见的，无论是之前Facebook成功收购Instagram，还是SnapChat

收购未果，都存在着这方面的考量。哪怕价格离谱也要在竞争对手还没有强大起来之前就将其拿下，总比以后要面对一个又一个新巨头的挑战要好得多吧。也许对于Facebook来说，最害怕面对的就是像MySpace那样的结局。

在社交和广告这两大领域中Facebook和谷歌的竞争愈演愈烈，而这两大互联网巨头首要关注对象则是移动。WHATSAPP未来发展的巨大潜力是有目共睹的，所以Facebook和谷歌都非常担心WHATSAPP会落入到自己对手的手中，成为自己未来不得不面对的强大劲敌。所以说，Facebook不惜为收购WHATSAPP开出了一笔天价，其中固然有APP本身的价值存在，但更重要的恐怕是为了不让谷歌得到WHATSAPP。

只是就目前的发展状况来看，Facebook与谷歌还不是同一重量级别的“参赛选手”，现阶段Facebook在资金储备方面没有达到可以与谷歌相抗衡的级别。因为谷歌的现金储备规模应该是在600亿左右，就是说是Facebook的整整五倍之多。这样一来，整整160亿美元的天价收购账单将在Facebook肩上压上沉重的财务负担。

在未来的发展中，谷歌也许会再次斥巨资收购如Snapchat这样重量级的移动应用。面对竞争残酷的资本市场，到那时候扎克伯格会不会还像这次一样砸下重金去参与竞购呢？答案或许已经昭然若揭。毕竟，在不疯魔不成活的互联网领域里，如果今天不咬紧牙关赌上一把，明天可能就连奋力一搏的机会都没有了。

NO.8

哪怕遍体鳞伤，也要活得漂亮
——陈欧的“危机课”

陈欧说：“挫折不叫失败，它只是创业路上遇到的小插曲，是你路上的小石子，你可以把它踢开，也可以跨过去，只要不被绊倒就好。”创业路上，并没有所谓的“门槛”，因为迈过去了就是“门”，迈不过去才成了“槛”。面对未知的危机，永远不要心存侥幸，也不要后悔曾经走过的路，无论它正确与否。你要做的，就是向前走。

·1·

危机发生时，道歉是第一位的

聚美优品从2010年3月创办以来，“高富帅”CEO陈欧一直以高调自信的形象出现在公众视野中，以CEO营销的模式让他所塑造的80后创业偶像形象深入人心。短短三年时间里，聚美优品的营业收入从0到60亿，陈欧随聚美优品一起经历了小马拉大车的快感和震荡。

三周年庆典的“滑铁卢”

“5，4，3，2，1……”2013年3月1日零点，聚美优品的办公楼里仍旧灯火通明，所有员工都一齐高声倒计时，迎接聚美优品三周年庆典的到来。人群中陈欧和徐小平也与大家一起，在鼎沸的人声中与所有人见证聚美优品成长中的又一个重要时刻。这一天，聚美优品以三周年庆典的名义推出了“301”大促销。

23点50分左右，巨大的客流量让聚美优品的网站出现了即将崩盘的迹象，员工们已经高兴得有点坐立不安了，仿佛看到了千万用户挤破脑袋要进入聚美优品页面的场景。

零点之后又过了半个小时，沸腾的人声仍然没有停下来，人们脸上也没有丝毫的倦意。网站仍处在半瘫状态。有人喊道：“这不是假瘫，是真瘫啊。”话一说出来，人们都大声笑了。

凌晨1点，刘惠璞从陈欧的办公室匆匆忙忙地走出来，神色焦虑，他挥了挥手，示意大家安静下来。

陈欧他们开始意识到，这并不是暂时性故障，也不会“待会儿就好了”。凌晨两点，网站仍处在崩溃状态中。凌晨3点，丝毫没有好转的迹象。直到凌晨4点，网站才渐渐恢复平静。然而大家都知道，这仅仅是短暂的平静而已，更大的风暴即将降临。果不其然，清晨6点钟，随着洪水般的用户涌现到聚美优品网站，又一次的网站大崩溃再次发生。不得已的情况下，技术人员只能向外踢用户。

陈欧一夜无眠，这对他来说无异于冰火两重天。然而最令陈欧焦虑的并不是服务器崩溃，而是随之而来的爆仓。物流承载量不够，产品积压成山却发不出去，客服电话被打爆，长达十几天的时间里多达几十万用户既收不到货，又联系不到聚美优品。尽管陈欧、刘惠璞在内的公司高层一再通过种种渠道发表声明，向用户道歉，用户愤怒的矛头仍然指向了陈欧。

危机公关，真诚道歉

“301”事件发生后，对聚美优品大失所望的用户纷纷在互联网上开始了指责。面对互联网和舆论和多方施加的压力，陈欧和他的团队采取了积极而正面的方式来应对，他们真诚地与用户沟通交流，在道歉后高效率地解决问题。

在这次危机公关中，陈欧又一次很好地利用了微博这个他与用户沟通互动的平台，在微博上频频地向用户道歉。

3月1日0点13分：“享受了一次天猫‘双11’的待遇，怎么挡都挡不住的流量啊。（大哭）我给大家道歉了。”

3月1日12点：“今天确实流量远超预期……谢谢大家的支持，我觉得很惭愧，没有让每个用户享受到好的体验。也请不要担心，我们会把周年庆活动延长两天，优惠力度不变，红包和代金券都可以使用，用户的利益我们坚决保证。”

3月6日：“301周年大庆落下帷幕，谢谢大家的支持。这次我们搞砸了，订单远超处理能力，虽然我们的仓库已经24小时连续运作好几天了，目前还压了上百万单。除了深深的歉意，我们不睡觉也会全力解决问题。另外，再次重申，我们的客户和品牌比声明还重要，聚美会一直为正品100%代言。”

陈欧积极而诚恳的道歉有效地化解了大部分用户的愤怒，融化了聚美优品和用户之间的隔阂。更为难得的是，在聚美优品召开的紧急高层会议上，身为公司CEO，陈欧勇于承担错误，他没有将责任推卸到其他任何一位员工身上。都说危难时候更容易看出一个人的人品，这次危机公关也展现出了陈欧作为一个领导者的气魄和担当。

而且为了平息这次风波，在事件发生后陈欧第一时间挺身而出，直面外界压力。他带着聚美优品的所有员工，三天三夜几乎没有合过眼。他绞尽脑汁地想着解决的方案，并连夜搭建起3万平方米的临时仓库，以求快速解决物流问题，给一直信赖聚美优品的用户一个交代。

道歉后的浴火重生

2013年5月6日，已经从“301”事件中突出重围的陈欧做客优酷《老友记》，与他的第一个投资人徐小平进行面对面的交流，这也是陈欧在经历了“301”事件后首次接受媒体的采访。这次访谈不仅向大家披露了陈欧在过去几个月里的心路历程，也让陈欧更加直接地面对浴火重生后的自己。

在节目当中，徐小平保持了一贯犀利的风格，一个个问题像连环炮一样抛给陈欧，一点也不手软。

“聚美优品出问题了。”“速度太快也不是好事。”“面对消费者你有什么要说的？”“怎么来弥补大家？”徐小平的问题步步紧逼，仿佛一个严厉的老师斥责自己不听话的学生。

节目中的陈欧，与以往大家熟识的“高富帅“形象有所不同，他显得有些疲惫。可见自从春节开始持续到3、4月份的宣传和促销让他一直处于高强度的工作中，甚至都没有时间来调整一下自己的状态。面对恩师连环炮似地发问，陈欧像一个做错事的孩子，语气里有些委屈，但更多的是真诚：“第一是道歉，我觉得跑得太快真的是扯着蛋，真没有做好。聚美优品整个流程全宕机了，发货都发不出去了，客服电话也接不起来。我们一定会补偿大家。”

接着陈欧再次自我反省道：“说实话，聚美优品之所以有这么大的风波，最大的问题是我们得罪了消费者，我们伤害了消费者，如果消费者在我们这儿体验很好的话，就没有那么多负面影响，也没有那么多的投诉，很多结果要好很多。”

面对这次“301滑铁卢”，陈欧没有推卸责任，而是坦诚地直面错误和用户的批评指责，在这位年轻的CEO心里充满了对聚美用户的歉意和愧疚。在“301”事件发生后，陈欧一改往日在媒体上塑造的高调张扬的公众形象，以靠谱、真诚的歉意来带领聚美优品渡过了这次难关。

·2·

面对恶意中伤，坚决维护个人形象

2012年，陈欧在微博上说过这样一段话：“我这个人有‘道德洁癖’，很在乎价值观，不合理的事情我看不下去，我对真善美的追求一直很强烈，加上在国外待了很多年，对于不太好的现象我不会选择睁一只眼闭一只眼，而是要做出最直接的反馈和表达。”

短短4年的时间里，陈欧一手创办的聚美优品将于2014年5月在美国上市，而这个年轻的CEO的身家也将在一夜之间膨胀到将近百亿人民币。这个让世人讶异的财富神话，是从陈欧将自己的照片刷满地铁站墙壁的那一天开始的。“我是陈欧，我为自己代言”，随着这个宣言一炮而红的，除了聚美优品，还有这个30岁的、为自己代言的年轻企业家。

这场CEO营销就像一枚硬币的两面，一方面让陈欧和聚美优品一夜走红，另一方面也让陈欧承受了和鲜花、掌声一样多的质疑。

一波未平，一波又起

2014年5月16日，聚美优品在美国上市。然而，上市后的聚美优品面临着更多问题。上市后半年多，聚美优品的股价从最高点时的39.45美元一度狂跌到了2015年1月6日收盘时的14.50美元。自从上市以来，聚美优品就各种风波不断，其中最为严重的是关于出售假货的争议。2014年7月，包括聚美优品、1号店、京东商城等电商都先后被指出出售假冒奢侈品。而这些假货都是同一来源，即第三方平台“祥鹏恒业”的店铺，随后陈欧表示聚美优品将“断臂”自救，关闭盈利最为丰厚的第三方平台。

由于一系列的数据造假问题和自身业务调整，聚美优品甚至遭遇了多家美国律所和一家中国律所的集体“围攻”。

2014年12月初，美国律师事务所Johnson&Weaver发布声明称，正在调查聚美优品是否存在发布虚假或误导性的有关当前业务、业务前景、供应商数据的行为，而且已经代表在2014年5月16日至11月20日购买过聚美优品股票的所有投资者对聚美优品发起了集体诉讼。一波未平，一波又起。12月16日，美国另一家律师事务所Milberg LLP再次向聚美优品发起诉讼，指控聚美优品在上市及后续过程中并没有披露出业务运营的真实信息。

诉讼指控称，聚美优品在集体诉讼期中发布了虚假的误导性声明和未披露以下信息：第一，聚美优品通过市场服务业务转变为商品销售业务的方式改变了营收模式；第二，这种转变给聚美优品此前成功的财务表现带来了巨大风险；第三，聚美优品并未像其宣称的那样扩大市场服务业务。

诉讼的关注点主要集中在，2014年9月份开始，聚美优品正式宣布将原来的第三方平台的化妆品销售业务全部转为自营模式，以专柜购买、品牌合作和聚美海外购的模式取而代之。

这些对聚美优品提出指控的美国律师事务所认为，随着这些不利事实的出现，聚美优品的证券价格一路下跌，已经损害了投资者的相关利益。该事务所表示，遭受损失的投资者在2015年2月10日以前可以向法庭提交申请，成为该诉讼案的主要原告。

你永远不知道，陈欧这半年在做什么

2014年12月上旬，聚美优品已经遭遇了美国律所的集体诉讼。到了12月16日，对聚美优品提出上述指控的律所已经达6家之多。一开始，对于这些质疑和指控，陈欧选择了用沉默来回应。但是当他接到第三家律师事务所的诉讼以后，原本淡定的陈欧再也坐不住了。他认为，长时间的沉默根本不能解决问题，只会让大家对他本人、对聚美优品的误解越来越深。他决定要再次站出来，向公众澄清事实，唯有真相才能打消所有的疑虑和质疑。

2014年12月16日，聚美优品创始人及CEO陈欧在微博上公开发表了一篇名为《你永远不知道，陈欧这半年在做什么》的长文，回应这半年多来的种种质疑，此外也对砍掉第三方奢侈品业务、遭遇诉讼和发展跨境电商等进行了简单的回应。陈欧在长文中说道："你只看到我们的抹黑新闻，却没看到我们的心路历程。一篇长微博，让你知道我们这半年经历了什么……"

在这篇长文里，陈欧用了两个"你只看到……却没看到"句式为副标题回应了"聚美优品被传售假"和"聚美优品被美律所调查"这两件事，他说"你只看到售假传闻，却没看到聚美是最干净的电商"，"你只看到聚美被起诉，却没看到背后的利益"。

文章一开头，陈欧就解释了在这风波不断的半年时间里自己一直保持沉默的原因："黑眼圈不可怕，反正上市这半年，已经被黑习惯了。一直在风口浪尖，为了避免是非，我也很少出来发声，但越沉默负面越多。也有很多人问，聚美这半年到底在干什么，陈欧这半年在做什么。或许，我得出来清清嗓子了。"

面对半年多来一直不断的出售假货的质疑，陈欧直接回应道："你只看到售假传闻，却没看到聚美是最干净的电商。"他解释，第三方平台收

假售假事件把无数电商都卷了进来。虽然聚美的核心业务是化妆品，第三方出售的手表完全是边缘业务，聚美也在这次事件中深受其害。

关于应对措施，陈欧说道：“出事了，别的平台，关掉涉案这家店，罚了款发个声明，然后该怎么卖继续怎么卖。聚美的选择史无前例，直接挥刀自宫，零容忍的砍掉了整个第三方奢侈品的业务线，有授权的都停掉，从根源上去解决这个问题……我的出发点很简单也很自私，因为我无法容忍我的名字和假货挂钩，我也没法容忍让信任我的人失望。我也希望砍掉边缘业务不要影响消费者对聚美化妆品的信任。”

关于被美律所集体起诉的原因，陈欧也给出了详细的解释，他在长文中写道：“为什么聚美被起诉？说白了，聚美在负面冲击和砍掉奢侈品第三方业务的双重影响下，最近增速放缓，股价跌了。一堆华尔街的律所，跳出来起诉聚美，说我们上市前没有告诉他们会砍掉第三方业务线，有误导投资者的嫌疑。起诉的目标，自然是公司进行赔偿，这样律所就会赚钱。这在美国已经形成一条产业链，也使得美国有一批律所专门盯着上市公司，在第一时间去当“第一原告”，获得最大利益。这些律所和律师又被称作‘股市秃鹫’。”

面对这场风波，陈欧在沉默长达半年后，采取了微博发长文的形式进行反攻，力图向消费者澄清事实真相。也许只有像这样把事情的真相原原本本地还原在消费者面前，才能得到人们的认同，打消人们的疑虑。

聚美优品作为一家年轻的成长中的公司，未来要走的路还很长。只希望聚美优品确实能像陈欧在微博中所反思的那样：“只有对消费者100%负责，获得消费者信任，才会有长期股东价值，否则有一天我们必然被负面评价淹死。”

·3·
过分追求速度，容易迷失方向

纵观“301”事件之前，聚美优品的发展虽然不能称之为顺风顺水，却也一路平平稳稳。短短3年的时间里，聚美优品成为了化妆品电商界的“领头羊”。

2013年9月，陈欧接受了《创业邦》杂志的采访，他说道：“如果你问我经历的最大挫折是什么，我觉得是‘301’，因为这之前我还是很顺利的。如果是因为对手太强大或因为政策的缘故我被打败，那我就认了。如果因为自己没做过努力，或是自己选择错误而失败，那我是没法饶恕自己的。”

聚美优品飞驰在高速发展的道路上，与速度同在的，除了激情，往往还有陷阱。如果过分追求速度，贪图享受快感，而忘记了自省，往往容易迷失方向，掉进成功路上无处不在的陷阱中。

第一个陷阱：钱太多

很多人奇怪，钱多明明是好事情，怎么反倒成为陷阱了？

陈欧是这么看待这个问题的：“当我看到很多行业因为钱太多，犯很多错误，因为钱在某个角度上未必会变成你的生产力。”

确实如此，对于一家企业来说，钱一旦多了，也就意味着它拥有了更多尝试和试错的机会，而试错的机会多了很可能就不会那么慎重地去仔细地考量每一个决定，认真地落实每一个步骤。

在创业道路上，身为80后的陈欧是一个特立独行的人，从开始经营聚美优品的第一天起，他就非常反对用烧钱的方式来占有市场份额。他说：“我看过很多企业通过疯狂地烧钱来做营销和打广告。所以陈欧一开始就不敢让聚美优品融资太多，他说：“因为我们知道，一旦钱太多，人的智商就会下降，就会丧失决策的能力。”

另一方面，钱一旦多了起来，就会在无形之中改变企业的经营方式。实际上有的时候，企业并没有改变经营方式的需要，纯粹是因为钱多得没有地方花了，为了把钱花出去，才导致了改变。就像陈欧说的：“当你融到了大量的钱，就很可能把钱烧在了没有必要的市场行为上，导致公司的快速亏损。”

互联网业内，雷军做的小米营销模式一直是值得大家学习的。小米可以说是互联网营销中的一个成功案例。但小米还在互联网之外加入了很多其他的元素。比如说，互联网思维是很实在的，厂商和用户之间的关系也只是简单的买与卖的关系。在此基础上，小米加上了情感因素与互动环节。具体的做法也有很多花样，比如每一个月会举办一次米粉同城会；比如在MIUI论坛上，包括消费者、供应商和渠道商都可以在产品的研发阶段参与新产品的开发与设计；再比如，通过微信、微博、QQ空间等社交平台与消费者进行互动。

就像雷军说的：“我做过一个比喻，小米是家中式小餐馆，来往的都是回头客，每个顾客都了解我们的菜品，我们也叫得出每个顾客的名字。”

对于小米来说，他们做的不是产品，而是更加专注于做用户，做社交网络。在这个互联网时代里，人际交往的方式已经在潜移默化中发生了变化。像Facebook这样的社交平台就是应时代背景而产生的。在这样的环境下，人与产品之间的关系也会改变。所以，在某种程度上可以把小米公司也理解成一家这样的社交网络公司。

说起来，雷军的小米公司肯定不差钱。但是有钱也不要任性，要采取最具效率、最适应市场的行为来进行营销，这样才能成为最后的赢家。

不同的是有些公司把钱变为库存以后，最常见的一种做法就是打折、甩卖，周而复始。有些公司有一个错误的观点：没有资源就无法起步、无法营销。正是看透了这一点，从一开始，陈欧就决定让聚美优品做一个“相对来说没有资源的企业”。

也正是因为聚美优品在起步阶段获得的融资很少，所以陈欧和他的团队在营销策划上花费了很大的力气。为了把每分钱都花在刀刃上，每一次投放广告时他们都会慎重考虑。在最初阶段，聚美优品可以说是小心翼翼地在追求着盈利。

第二个陷阱——贪婪

说起这第二个陷阱，就不得不提到聚美优品发展过程中的“滑铁卢”——“301”事件。2013年3月1日，正值聚美优品三周年店庆，短短3天时间里，聚美优品销售额突破了10亿，活动效果堪比淘宝推出的“双十一”大促。但是随着“大促”告一段落，之后的配货不及时、网站商品与实物不符、联系不上客服等问题都一一凸显了出来。在301大促落幕后的很长一段时间里，聚美优品还深受这次“滑铁卢”的影响，处在崩溃的边缘。

事后，陈欧对此进行了反思，很快他就找出了这次事件的罪魁祸首：“301”巨大的客流量已经完全超出了公司的预测。

在“301”大促到来之前，陈欧为了鼓舞士气，跟公司员工宣布，这次促销的销售目标是1个亿。当时，包括刘惠璞在内的公司高层都认为这不过是陈欧在为大家许下愿景，画了一个美好的大饼。所以，根本就没有人把这事放在心上。根据刘惠璞的保守预测，他从相宜本草那儿仅拿了700万元的产品。结果，“301”大促刚刚拉开序幕，网站上很多产品在上架的一瞬间就被一抢而空。刘惠璞不得不打电话给供货商，让他们马上补货，而且是有多少补多少。

陈欧痛定思痛，总结道：“这次“301”事件，所有悲剧的起源都在于太过追求速度。当你一心求快，就会违反经济规律，超出自身能力的极限。最后也会因为贪婪，而把自己弄死。过分追求速度，就会使自己万劫不复。”

·4·

哪怕被打成马蜂窝，也要坚持梦想

凌晨的窗口 失眠整夜以后，

看着黎明从云里抬起了头。

日落是沉潜，日出是成熟，

只要是光一定会灿烂的。

海阔天空，在勇敢以后，

要拿执着，将命运的锁打破。

冷漠的人，

谢谢你们曾经看轻我，

让我不低头 更精彩的活。

海阔天空，狂风暴雨以后，

转过头，对旧心酸一笑而过。

最懂我的人，

谢谢一路默默地陪我，

让我拥有，好故事可以说。

看未来，一步步来了。

这是台湾信乐团《海阔天空》中的一段歌词。在现实生活中，我们在接受赞美的同时，总是需要面对许多的批评和质疑。对于那些在创业道路上艰难跋涉的年轻人来说更是如此，如果不先承受那许多的批评与指责，当成功来临的那一刻又怎么能有一个智慧而平和的心态来面对那些赞誉与掌声呢？

说到底，上帝都是公平的。人前迎接你的鲜花有多少，人后你要承受的牛粪也有多少。

接受鲜花，也要接受牛粪

陈欧在"301"事件发生后的很长一段时间里还心有余悸，作为一个年少成名的青年企业家，他一路走来可谓顺风顺水。除了一些小小的挫折外，他接受得更多的是鲜花，是掌声，是赞美。他怎么也没有想到，原本热闹开场的"301"奇迹最后会演变成一场闹剧。当所有的批评和指责如潮水般向他涌来的时候，他的内心有委屈、有愤怒、也有不甘心。

"301"事件后一个周末的下午，刘惠璞推开了陈欧办公室的门。他见陈欧背对着他，默默地盯着窗外。当时刘惠璞以为陈欧在打电话，于是就悄悄地走了。过了半个多小时，他又一次推开门进来，发现陈欧仍一动不动地坐着。这次刘惠璞可以肯定，陈欧没有在打电话，而是在发呆。

刘惠璞依旧敲了敲门，问："在打电话吗？"

陈欧回过神来说："没有。"

刘惠璞追问道："那你怎么一动不动地坐着，不舒服吗？"

陈欧说："我就是觉得特别累，想想接下来该怎么做。"

事后刘惠璞说，在创业初期，陈欧刚刚拿到徐小平的投资，烧了很多钱都没有找到方向时他也没觉得这么疲惫。在陈欧眼里，这次"301"事件是聚美优品史上的"滑铁卢"。陈欧对自己的要求非常严格，甚至可以说是严苛，这个"污点"的存在让他很难接受。

那么这次"301"事件的责任人到底是谁呢？虽然陈欧不是直接责任人，但是作为聚美优品的CEO，他无疑是最终责任人。就像天使投资人徐小平说的："他（刘辉）是你兄弟，就算他是你爸爸、是你爷爷，如果他不能胜任大战，你把他放在指挥的位置上，还是你的责任啊。"

事情刚刚发生时，一向追求完美的陈欧觉得非常委屈。自从聚美优品创办以来，他投入了所有的时间和精力，已经努力做到最好了，为什么出了事情还要一个人来承担责任呢？

这时候，周围的朋友对陈欧说了一句话："当你承受了所有的掌声和鲜花，那你可能也会吃所有的牛粪。"陈欧明白，这次"301"事件就是他作为聚美优品的CEO，在享受了所有成就的快感后，必须"咬碎牙齿和血吞"的苦果。想明白了这一点，陈欧内心不再觉得委屈。就像人们常说的"能力越强，责任越大"。自己作为公司的CEO，自然要承担比别人更多的责任，即使有时候这些责任并不是由你直接负责的。

接受“牛粪”，深入反思

心态慢慢平和下来的陈欧不再纠结于已经发生的事情，而是开始思考，导致“301”事件发生的问题根源到底是什么？拨开重重迷雾，陈欧认识到问题的根源还是出在公司的管理上，也就是说公司的创始团队没有跟上公司的发展速度。

“301”大促其实就像是一枚硬币的正反面。从正面来看，这次大促强有力地证明了聚美优品已经不是3年前成立之初那个无人问津的小公司了。陈欧也好，聚美优品也好，都有创造销售奇迹的能力。从反面来看，“301”大促无情地揭示了聚美存在的短板，公司的运营模式已经远远落后于公司的发展速度了。

作为一个“眼睛里容不下沙子”的完美型人格的人，陈欧发现问题就开始高度重视。2013年5月，距离“301”事件已经过去4个多月，陈欧再次出现在公众面前，接受《创业邦》的采访。采访中，陈欧说道：“聚美的成长速度很快，从0到60亿，成长速度快其实也意味着问题很多，因为有些东西是需要时间的。比如，创意营销靠大脑就可以了，这些东西可能不需要一个团队来支撑。但是像运营、供应链、物流、仓储、技术这块，都需要时间去积累。不得不承认，聚美是个年轻的团队，可能在某些方面，相比其他一些经过打造的完美团队是有差距的。”

在包括中国在内的很多东亚和东南亚社会里，都非常奉行“威权说”，也就是说要树立起领导的绝对地位和威信。陈欧作为聚美优品的CEO，在错误发生时，虽然内心有委屈和不平，但面对公众的质疑和指责，他仍旧挺身而出，接受了所有的批评。只有一个内心真正强大的人，才能在鲜花与“牛粪”之间保持心理上的平衡。不仅如此，还能审时度势，从自身出发寻找问题的根源，并采取积极的态度来面对问题、解决问题。虽然这次“301”事件对陈欧本人和聚美优品都造成了一定的影响，但也正是经受过了风雨的洗礼，陈欧这位年轻的企业领导者和聚美优品这家年轻的公司才会迸发出更加旺盛的生命力。

·5·
危机把握好了，就会成为转机

在事件过后的好几个月的时间里，陈欧都觉得自己好像被一捆无形的绳子给绑住了手脚，做什么都被网友骂。后来他回忆，在那段时间里他甚至连微博都很少发，更别提像往常一样和网友们在微博上互动了。直到2013年年底，陈欧才逐渐从“301”事件的阴影中走出来。他在接受采访时感叹：“真正能让你倒下的，不是对手，而是绝望的内心。所谓门槛，过去了就是门，没过去就成了槛，但如果倒下了，那就永远没有机会迈出那关键的一步了，顶住！”

陈欧是个骨子里很要强、不轻易服输的人，虽然那段时间他内心处在极大的煎熬当中，但他一刻也没有忘记自己作为聚美CEO的职责。如果说创业这条路就像坐过山车一样，那聚美无疑已经到了车轨急转弯的地方。如果危机把握好了，也会成为柳暗花明的转机。

那些打不死你的，终究会成就你

抱着补偿和回馈用户的心理，陈欧在2013年“301”事件以后，开始积极地调整聚美优品的仓储物流系统。很快，聚美优品在北京、上海等地的仓储就被升级为原来的3倍，拣货和发货流程得到了全面升级。而且陈欧还带着公司的技术团队，加班加点地对公司的网站进行了升级优化，以确保以后聚美优品不再经历之前“301”那样的悲剧。

为了挽回聚美在用户心目中的形象，陈欧决定用实际行动说话。经过一番周密的安排和准备，2013年8月1日，聚美优品再次以3.5周年庆典的名义举办了一场大型促销活动。这个消息一经传出，就受到了人们的普遍关注，当然其中也不乏网友们的吐槽：

“聚美优品，不要颠覆周年庆典的游戏规则。”

“还能像陈欧这样把周年庆典掰开了来玩儿啊。”

“3.5可以大庆，那3.6、3.7、3.8……是不是也要庆祝一下？”

面对网络世界扑面而来的种种吐槽，这一次陈欧调整好了心态，能够更加乐观地接受了。他认为这些吐槽的声音至少证明了人们仍在关注聚美优品，并且曾经对聚美报以信任。而这次，陈欧要做的就是不再辜负这些信任他的用户。

在网友们的一片吐槽声中，聚美优品的3.5周年庆典活动如火如荼地开展了起来。因为这次促销活动推出的产品都很给力，而且价格也很有竞争力，所以聚美优品的这次3.5周年庆典活动顺利地吸引了众多消费者。可以说，有陈欧的地方，永远不缺乏话题。这次的3.5周年庆典同样成为了当时的热门话题。幽默的陈欧也借着这个势头在微博上幽默了一把，他说：“下个月就是我的30.5岁生日了，要不要办个party来庆祝一下呢？”

做小强，愈挫愈勇

陈欧认为，自己就像是那只怎么打都打不死的小强。为了好好把握这次“801”大促的机会，为聚美优品正名，陈欧在活动开始前几天，就开始针对之前闹得沸沸扬扬的假货事件做准备并顺势推出了真品联盟。

所谓真品联盟指的是所有授权给聚美优品销售的化妆品品牌的每一件产品都有一串对应的数字，即防伪码。也就是说，聚美优品所卖出的每一件商品的防伪码都是独一无二的。第一批加入真品联盟的化妆品品牌有60多家，其中包括不少一线大牌。用户在收到聚美优品的化妆品以后就可以在真品联盟或者化妆品官方网站上输入相关的防伪码，从而判断产品的真伪。

这位年轻的CEO非常急于通过“801”这次活动来挽回聚美和自己的声誉。但是具体到这次活动的相关策略上，陈欧显得非常小心谨慎，用他自己的话说“这次就是收着来”。对于这次准备已久的“801”大促，陈欧心里只有一个期望，那就是希望“801”成为聚美优品涅槃重生的起点。之前种种关于聚美优品质疑的声音，他都在这次给出了明确的答案。也正是因为这种谨慎的筹备心态，聚美优品才顺利地在“801”当天扛住了蜂拥而来的用户流量。这一次也是聚美优品历史上第一次扛住了如此大规模的流量冲击。同时为了避免上次的爆仓悲剧再次重演，在大促预热期间，陈欧就对公司的仓储物流部门下了死命令：“801当天所有下单的货品必须在三天之内发出，将完美的用户体验放在第一位。”

哪里跌倒的，就在哪里爬起来

2013年的年底，很多网友就纷纷猜测，2014年聚美优品还会举办“301”大促的庆典活动吗？对这件事情的期待，人们怀着不同的目的：有的人隔岸观火，看个热闹；有的人支持聚美，希望陈欧能够把握好这次机会，成功逆袭；也有的人不怀好意，希望这次聚美再次出糗，雪上加霜。

2014年3月1日，聚美成立4周年的日子，在众人瞩目中，陈欧再次推出了周年庆典促销活动。在庆典之前，聚美上上下下的员工几乎都奋斗在第一线，紧张有序地为聚美即将到来的“逆袭”大战做着准备。这一次，聚美没有让一直支持它的用户失望，网站没有宕机，仓库没有爆仓，物流有条不紊，销售额一路飙升。

到了下午3点48分，心情大好的陈欧在微博上特意晒出了公司一早准备好的4周年庆典蛋糕。照片上，蛋糕一共分为三层，白色奶油底色上点缀了各种红色和粉红色的装饰，如梦如幻。这个蛋糕与聚美优品的风格如出一辙，是青春的、时尚的、梦幻的，也是千千万万女性用户所喜爱的风格。

作为聚美优品的高级营销副总裁，刘惠璞在事后总结2014年“301”周年庆典活动时，也禁不住大发感慨。其实有时候，“大促”对于用户的体验会造成某种程度上的伤害，从而影响消费者第二次购买商品的意愿。促销如果举办不好，效果会适得其反，很大程度上会抑制促销前后消费者购物的需求。大促活动再次证明，对聚美优品来说真正的考验并不是能卖出去多少产品，而是如何最大限度地在大促的紧张压力下提升用户的购物体验。

·6·

我看扎克伯格危机公关：帝国无边界，隐私有争议

随着Facebook的上市，再次证明了在互联网时代社交网络有多么火爆。Facebook的上市可以说是近十年来美国高科技产业发展的又一个里程碑事件。

连同IPO招股说明书一同公布的还有一封扎克伯格亲笔写的公开信。在信中，这位27岁的科技新贵写道："Facebook的存在是为了让世界更加开放，连接更加紧密，而非仅仅是建立一个公司。"

然而，这样一段纯粹的话语究竟是擅长包装的华尔街使出的伎俩，还是扎克伯格一厢情愿构建出的"理想国"？与聚美优品所售卖的化妆品从第一天起就带有不被信任的"原罪"一样，Facebook在追求更自由、更开放世界的同时，在隐私政策上也一直备受争议。很多隐私权益保护者都在为Facebook的用户感到担忧，因为他们的信息都被掌握在Facebook手中。在Facebook的成长中，它用户数量的增长几乎永远与隐私争议"一路同行"。

同为80后的年轻创业者，同样公司从创立之初就带有某种不被信任的"原罪"，这次陈欧又从扎克伯格面对隐私质疑的危机公关中体会到了些什么呢?

行走在隐私的钢索上

北京大学新闻与传播学院副教授胡泳认为，从Facebook创立之日起就一直无法摆脱隐私问题。对于新一代的SNS公司来说，它们最强有力的资产是用户，而且门槛并不高。一旦得罪了用户，用户只会抓紧逃离。

随着Facebook像旋风般风靡网络，它同时也榨取了用户信息中的每一丝、每一毫的价值。每一天，每一个小时，每一分钟，Facebook就像是一个巨大的磁铁，吸引着千千万万的用户。对这些用户来说，Facebook已经成为他们日常生活和人际交往中不可或缺的一部分。他们利用Facebook和家人、朋友交流，阅读新闻、了解时事，查看星座运势，下载音乐、玩游戏，上传与家人朋友聚会的照片等等。

因为Facebook上禁止匿名的缘故，可以说，在这个巨大的社交王国里，用户的个人信息被榨取得干干净净。在Facebook上，用户不仅要交代清楚自己的家人、好友、同事、同学，还要表明自己的种种观点和偏好。这些暴露在Facebook上的个人信息，比如说兴趣爱好、生日乃至订婚时间等，都在很大程度上为广告商提供针对性的广告提供了便利，使信息具有了商业价值。Facebook就像是一台装上了永动机的数据收集引擎。任何用户在这个平台上进行的每一次交流都逃不开Facebook敏锐的“视线”，并被存入到庞大的数据库中。

潘巍是麻省理工大学媒体实验室的一名研究员，在接受采访时他表示，Facebook的企业价值在很大程度上取决于它拥有多达8亿的用户数据，而它的商业模式就是对这些用户投放有针对性的广告。

潘巍表示：“我不得不说，隐私即将寿终正寝。相信我，这绝对不是危言耸听。”

隐私争议只是时代特征?

北京时间2011年5月28日，Facebook的创始人兼CEO马克·扎克伯格出现在了中国八国集团电子论坛上。在这次论坛上，扎克伯格再次就Facebook一直以来面临的隐私问题发表了新观点：Facebook的产品虽然带来了有关隐私权的争论，但人们已经习惯了最初使其感到不安的新特性。

在扎克伯格看来，隐私问题是附带在社交网络产品上的天然属性，这是一种状态，而非一种结果。扎克伯格在论坛上表示："Facebook的服务允许'好友'在彼此之间能够进行追踪，这个功能曾经受到很多用户的批评。但是之后这些声音就渐渐听不到了，而这些用户也都开始使用Facebook的服务。"

扎克伯格表示，2006年时，Facebook推出了新闻推送服务，当时有100万用户联合抗议，大约占当时网站总用户数量的10%左右。这项服务功能可以提供相关好友正在做什么的推送。"人们最初觉得这种做法太过火了，他们希望可以在Facebook的网站上共享信息，但不愿意被过多地关注。"扎克伯格说，"而现在，这种服务早已经成为Facebook基本服务的一部分。如果哪一天Facebook上没有这种功能了，我想大多数用户会想：'怎么回事？Facebook怎么能没有这种服务呢？'"

并非无为，隐私权限控制之谜

可以说，从Facebook诞生的第一天起，扎克伯格就始终面临着关于隐私问题的种种争议。对于种种质疑，扎克伯格采取了技术流的办法来解释Facebook是如何管理用户的隐私问题的。

扎克伯格早先透露，Facebook如今为了确保用户数据不存在被泄漏的安全隐患，每天都会在后台进行80万亿次的隐私检查。

为了向Facebook的用户澄清Facebook是如何控制用户隐私数据的，扎克伯格于2014年4月专门进行了一次公开演示。

以前，Facebook有专门的团队负责管理它的隐私功能，此外，还有专门的团队来负责某些隐私方面的突发事件。“但是，随着公司一步步地成长起来，为了加强可操作性，最后演变成了两个特殊的隐私团队。”扎克伯格在演示中解释道，“其中一个是隐私产品工程团队，专门为用户控制发布内容的可见度提供权限设置。简单点说，就是你想让一些人看到你发的状态，而不想让另一些人看到，这都是需要事先设置的。同样的，选择器还能帮助你选择让谁看到你状态的更新。另一个团队是隐私基础建设团队，主要帮助工程师搭建起一个框架，以确保如有数据丢失就会被锁定在数据库里。这样一来，工程师就不必担心隐私泄露后，Facebook会挂掉。”

为了让这次关于“隐私”的演示会更加具有说服力，Facebook还花了一天的时间收集了4000份调查，这些调查是关于用户对于隐私控制的反馈的。为了使这些来自调查问卷的反馈情绪更加个人化、急切化，在演示中，扎克伯格将调查中得到的一些信息和内容都展示在了显示器上。同时扎克伯格还表示，会非常重视这些反馈意见，并将其体现在之后的产品功能上。比如说，Facebook在之前为了保护青少年，已经禁止了公开发布状态这一项，但调查显示，一部分青少年用户强调非常希望能够重新公开发布状态。这一反馈结果也让扎克伯格及Facebook管理团队更加确信，应该把公开发布的权利重新还给青少年。

·7·

张旭豪给我的启示：如何突出重围

“饿了么”已经占据了外卖市场70%的份额，然而在2014年11月27日，“饿了么”再次陷入危机公关事件：关于“饿了么”遭遇商户联合抵制、资金链恐断裂等消息在网上盛传。随后，“饿了么”立即回应，所谓资金链已经断裂的传言纯属“无稽之谈”，并且表示公司马上会开始新一轮的派发红包补贴活动。

根据资深人士分析，“饿了么”等于借这次危机公关又一次拉开了大肆烧钱的序幕，一方面是借此来证明其资金链的稳定性，另一方面也以此为契机，再次引发在线外卖平台的烧钱大战。

和“饿了么”一样，聚美优品自创立初期就被各种不实谣言包围着。面对谣言的迷雾，有时候不能仅仅依靠“谣言止于智者”，还要采取实际行动，让人们看到自己的实力。

资金链断裂：“饿了么”真的饿了？

2014年11月26日，一则关于在线外卖平台“饿了么“资金链断裂的消息开始在微信朋友圈里广为流传：“在过去几个月的补贴大战中，‘饿了么’一天补贴的费用高达500万元，一个月要‘烧’掉1.5亿元人民币。‘饿了么’上一轮融资的8000万美元仅够烧3个月，从8月烧到现在怕已所剩无几。”

面对谣言，“饿了么”马上成立了危机公关小组。他们很快发现，微信上的虚假消息主要来自于两篇文章，即《外卖O2O平台“饿了么”迷路了！》和《“饿了么”多地关站拖欠账款——资金链恐已断裂》。文章中提到，在过去一段时间里，“饿了么”已经相继关闭了在铁岭、营口等多个城市设立的分站。而且近期，“饿了么”所推出的在线支付减免、首单立减等减免活动的力度已经大大减弱了。而且，近期在长沙还发生了一起60多家商户联合抵制“饿了么”的事件，还有杭州地区的用户指责“饿了么”扣押活动的钱款等。文章根据种种迹象分析，这些问题之所以发生，其根源或许在于“饿了么”的资金链已经断裂。

“饿了么”的市场总监李海燕针对这则在微信盛传的消息和相关文章进行了回应：“铁岭站和营口站并不是严格意义上的彻底关闭，而是“饿了么”去当地进行了实地考察，发现当地的市场比较小，投资回报率并不高，没有开设站点的必要。因此才取消了在两地开设的站点。”

此外，李海燕还针对文章中的内容解释，自从2014年4月，“饿了么”开始推出品牌馆后，就开始在全国各个城市和地区开设站点。开设站点的主要原因是为了给没有物流配送系统的中高端品牌餐饮企业提供有针对性的物流配送服务。现在，“饿了么”已经在全国开设了230多个站点，在北京地区一共开设了十几个站点。

线上支付，商家不满

针对“饿了么”因为拖欠账款而遭遇商家集体抵制的问题，“饿了么”的联合创始人兼CEO张旭豪亲自出面回应：“前不久在长沙的确有商户挂出横幅，公开表示抵制‘饿了么’。但数量并没有文章提到的60多家那么多，只是个别商家，这主要是‘饿了么’在技术更新上的调整造成的。”

追踪“饿了么”这次危机公关事件的记者又专门去采访了长沙曾经参与抵制“饿了么”的某家餐厅负责人，这位负责人介绍，因为当时“饿了么”要调整付款模式，采取线上支付，曾经有将近一百家商户表示了对“饿了么”行为的不满，但是只有个别带头的企业挂了横幅。

其实长沙这次大餐饮商户对“饿了么”表示不满，主要是因为“饿了么”开始大力推广线上支付。大约从2014年9月1日开始，“饿了么”将原来的货到付款形式改成了统一由“饿了么”进行收取，然后再将款项汇款给各个商户。有餐饮店的相关负责人表示：“餐厅需要钱买第二天的食材，但是改成线上汇款以后，‘饿了么’经常会拖上3-4天才能汇款，而且不一次性汇齐，这会影响餐厅的正常运营。”

张旭豪表示，抵制事件发生以后确实有几家餐厅退出了“饿了么”平台。但是“饿了么”很快就对付款的速度进行了调整。据张旭豪介绍：“现在‘饿了么’平台上的经营已经恢复到之前了，补贴模式也恢复成了最开始的做法。”

千万红包大派送，谣言止于无形

对于盛传的“饿了么”资金链断裂的问题，张旭豪也做出了回应：“其实这些说法是没有依据的，只是一些人根据‘饿了么’所公布的日订单为100万的数据所计算出来的数字。实际上，‘饿了么’不是每一单都提供补贴，不同地区提供的补贴金额也不同。所以，这些数字不存在参考价值。”

正在公众都把焦点集中到“饿了么”如何回应资金链断裂事件的时候，各大网络和社交平台上一篇名叫《千万红包覆盖全国 饿了么力争餐饮外卖新高峰》的文章也开始广为传播：“自上周末起，‘饿了么’在线支付返红包活动已在全国一线城市上线，并将陆续登陆‘饿了么’各业务范围城市，预计最终将覆盖全国共计200多个城市，满足全国网友的外卖餐饮需求。活动期间，只需通过iOS或安卓平台下载‘饿了么’APP并在线支付订餐，成功订餐后即可领取返现红包。据了解，此次发放的现金红包金额不等，最高可达100元。注册用户红包将直接发放到用户账号中；非注册用户以短信兑换码的形式发送到用户手机，注册后凭兑换码兑换即可。同一注册用户每天限领两个。不仅如此，起送价不足的单个用户还可使用‘微信拼单’功能招呼小伙伴一起拼单，邀请好友注册并可获额外红包，与好友体验网络便利的同时享受给力优惠。”

显然，这是“饿了么”在借助网络手段回应有关资金链断裂的不实消息。实际上自从2014年8月起，“饿了么”已经相继送出了20余万份免费的午餐，这无疑是给在线外卖平台的烧钱大战又放了一把火。“饿了么”的创始人张旭豪曾说：“一年之内，在线外卖订餐格局将基本形成。”为此，“饿了么”又相继推出了“免减”、“免费配送”、“新用户优惠”、“免费入驻平台”、“赠饮”等优惠补贴。

·8·

茅侃侃跟我谈危机：“瓶颈之痛”，每个人都会遇到

作为一个年轻的创业者，一旦你的创业之路开始上道，到了基本满足自给自足时，你就不得不面对瓶颈问题了。这是每个创业者曾经面对、正

在面对或即将面对的问题。所谓“瓶颈之痛”指的就是公司发展到一定规模后，面临着停止甚至是负增长的可能性。

陈欧从茅侃侃身上学到，面对瓶颈问题要客观，因为它是早晚会出现的。你唯一的办法就是与它正面交锋，战胜它，从它身上迈过去。就像茅侃侃说的：“就像婚姻和恋爱有所谓的三年之痛，七年之痒，创业中的瓶颈问题是三年之痛，需要的是突破；而天花板问题是七年之痒，需要的是转型。无论是三年之痛，还是七年之痒，哪怕你在外面彩旗飘飘，也不会轻易放弃一段感情。自己辛苦创办的公司更是这样，不想轻易放弃，就要学会在瓶颈期和天花板状态下理性处理。”

瓶颈与天花板，创业路上的“拦路虎”

没有永远扩张的市场，没有永远增长的生意，没有永远不被超越的企业。在创业的道路上，瓶颈和天花板都是一定会出现的，只是时间早晚的问题。

在茅侃侃看来，瓶颈和天花板是有所区别的。所谓瓶颈，问题一般出现在企业的内部；而天花板，则问题多出现在企业需要面对的市场之中。“这两者要区别对待，就像谈恋爱和婚姻，不可以混为一谈。”

当一个企业发展到一定程度时，遭遇瓶颈之痛，一般情况下内在原因更大。所以大部分情况下是因为公司内部的管理问题和一路走来不断积累的疲惫感和松懈感等，当然也有可能是因为取得了一些成绩而沾沾自喜。

对于瓶颈问题要怎么解决呢？

茅侃侃有两个妙招分享给其他的创业者：其一，要依靠制度的力量来进行约束和规范，创业者要凝练企业文化，并将企业文化与企业运营二者紧密地结合起来，形成一套有管理、有制度、有评估的流程。其二，茅侃侃提倡为企业注入适当的新鲜血液，也就是空降兵。企业就好像一个人体，这样一来能够将这个有机体的生理机能重新调节到一个新的健康水平上。企业也好，人也好，如果长期处于一个同样的工作节奏中，迟早会产生倦怠感。这时候就要想尽一切办法将这些倦怠感消灭掉。

天花板问题就像婚姻中的七年之痒，比瓶颈问题更麻烦。因为这时候已经有了很多长时间积攒的问题，而且内因、外因兼而有之。企业的天花板指的是在市场容量有限的前提下，核心业务及其他相关收入已经达到顶峰，即使在市场中没有其他竞争对手（这往往是不太可能的），作为企业的管理者，也必须要面对市场已经饱和的残酷现实。这时候，企业需要做的就是考虑转型。

往往上市公司遭遇天花板问题时，处境更为尴尬。资本市场中，利益是第一位的。其实这些公司的股民或者投资者们并不了解公司的业务，但他们都希望股价能每年涨！涨！涨！即使是腾讯，作为全球市值第二大的互联网公司，同样也遭遇了天花板问题。

2010年，腾讯特意发布公告，将年度收入预期值调低。这并不是因为腾讯遭遇了什么严重的市场问题，而是因为作为一家知名上市公司，腾讯的压力很大。在资本市场中，它的股民和投资者都希望它一路疯涨。然而作为中国市场中具有相对垄断地位的互联网公司，腾讯能够从用户身上继续榨取的利润已经相当有限了，而很多增值服务的市场也趋于饱和状态。所以，如果腾讯不适当地将预期值调低，在第二年里将面临更大的压力。

就像茅侃侃说的："无论是瓶颈还是天花板，早晚都是会到来的。没有任何一种狗屎运可以帮助你躲开这个现实。因此，每一个上道后的创业者，最好能引入足够好的职业经理人，然后将自己的经历抽离一部分出来，更多地关注战略层面，好好想一想这3年、7年走过来了，后30年、70年该怎么继续下去。”

经典，在于不可复制

在资本市场中，从来不乏成功的经典例子。而经典之所以称之为经典，往往就在于它的不可复制性。在这个世界上，从来没有什么都不用做就可以长命百岁的企业，也不存在任何成功突破或转型的范本可以给你照本宣科。

在茅侃侃看来，“当我们面对瓶颈和天花板的时候，只能靠自己，没有任何一种固定的解决方案与转型模式可以让你照搬过来解决问题”。

《在那西天取经的路上》一书中，茅侃侃就举了李想创建汽车之家的例子，来说明他是怎么解决天花板问题，并且最终成就经典的。

李想是80后创业群体中的精英，创业经验非常丰富。2006年，李想之所以会放下泡泡网，带着自己的团队去做汽车之家，就是因为当时泡泡网遇到了发展过程中的天花板。当时的IT类门户网站已经过了蓝海期和红海期，各自形成了流派，并且拥有了固定的用户群体。此外，各大门户的风格也已经基本定型，各自拥有了能够认可其风格的广告客户，当然也是基本固定的。也就是说，泡泡网在市场中已经没有太多的空间可以继续去扩张了，这是市场的问题，不是靠企业或管理者个人的努力就能解决的。

当时摆在李想和他的团队面前的路不多，只有一条，那就是进入一个全新的领域。事实上，李想也是不得不赌一把，也就是说凭借着自己对垂直类门户的擅长和对产品细节的专注，进入到一个新的领域里，创造出新的价值，并争取得到用户的认可。2006年，李想没有再犹豫，他果断进入了汽车垂直门户网站。就像茅侃侃说的：“正确的事情谁都会做，然而正确的时间却是可遇不可求的。”显然，李想把握了最恰当的时机。

每个走在成长道路上的企业都要做好遭遇瓶颈和天花板的思想准备，这是不可避免的。总是有一些第三方的专家试图告诉那些年轻的创业者，谁谁如何取得了成功的突破或完成了华丽的转型。然而在茅侃侃看来，“这个模式或那个模式，对于其他人来说，没有任何参考意义，不如多参考参考很多企业是如何转型或因为内因而挂掉的”。

路是人一步步走出来的，走在路上的欢乐与艰辛也只能冷暖自知。哪里要拐弯了，哪里需要继续往前走，这条道路上的每个岔路口都需要自己来把握。

·9·
张一鸣教我换个角度看危机：每一句话都被挑错又何妨

在一波正在崛起的80后创业者中，无疑，张一鸣是极具代表性的。身处传统内容制作行业的激烈碰撞之下，作为今日头条的张一鸣同样也面临着他从未遇到过的场面。在版权引发的各种商业竞争之下，他该如何调整自己，他的真实意图又是如何？

陈欧也好，张一鸣也好，他们都是这个时代的先驱人物。有关注，就会有争议。面对种种非议，张一鸣告诉陈欧的是：坚定内心，哪怕每一句话都被挑错又如何呢？

极客思维：算法是一个生命体

2014年是互联网创业风起云涌的一年，而其中最引人注目的当属出生于20世纪80年代的这一批人。相较于那些还略显青涩的、在懵懵懂懂中寻找投资的90后相比，这些80后创业者显然已经在被60后、70后占据主导地位的商业战场中扎下了自己的根基。虽然不深，但足够他们继续生存。

80后创业者是商业世界的新鲜血液，他们的标志是创新。他们永远不满足于技术上所谓的"微创新"，而是致力于要改变中国现代公司的治理结构。

现年31岁的张一鸣骨子里是个纯粹的极客，在他的世界里，最美好的事物都是用坐标和矩阵来表现的。他不善言辞，认为数学是对事物之间最基本关系的准确描绘。在接受《博客天下》采访的时候，他说："世界上很多关系都可以表示成几何关系，不论是包含、临近、正交还是分类，都可以用数字表达出来。"拥有超过1亿用户的今日头条就是这位有些技术宅的极客一手缔造的。这个推荐搜索引擎创建的逻辑起点也与数学有着密切的联系。2012年6月，张一鸣开始将自己头脑中的构想付诸现实。他开始撰写初始代码，希望能开发出一款可以精准地向用户推送他们感兴趣内容的软件，前前后后花了一个多月的时间，代码编好了。8000多行的代码让这款兼具理性和感性的软件初步具备了人类婴儿阶段所具备的智商。

现在今日头条的算法团队早已经不再是张一鸣一个人了，而是60多个员工，并且购买了1000多台华为和戴尔等公司的服务器。这些服务器就像是生命体的存储介质，比如说人类的大脑皮层，帮助系统把最新学到的东西都存储下来。

这套算法就像是搜索信息的雷达一般。2012年7月31日，这套神奇的能够准确地捕获人们感兴趣的各类信息的算法总算与人们见面。诞生之初，今日头条的很多员工对自己所做的事情持有截然相反的看法：有的人关注于缺点，觉得这套系统并不靠谱；也有人看重未来的种种可能性，觉得这套系统有时候虽然不准，但预期效果有很大的意义。但作为创始人，张一鸣说："这个系统的诞生和当时人类第一次把显像管装在了电视机上的意义相似。尽管当时电视屏幕上全是雪花片，但是这些雪花片是有意义的。就今日头条而言，这是第一个全网内容根据每个人的兴趣而变化着的产品。"

在张一鸣看来，算法就如同一个生命体。他说："你要驯养它，调教它，让它自我进化。"

所以，作为今日头条的创始人，张一鸣是以一个极客的思维在经营和推动着在他手中诞生的产品。在他看来，算法才是今日头条的核心所在，也是其与传统媒体的本质区别。每次说到他设计的算法，张一鸣总像一个期待奖励的孩子，用一种玄而又玄的语气感叹道："它是一个生命体，你在观察它，它（算法）同时也在屏幕后观察你。"

正是这种典型的极客式思维一度很难让其他传统媒体人理解，这也成为后来张一鸣遭到传统媒体一致讨伐的症结所在。

对于今日头条来说，它只负责把用户可能会感兴趣的各类信息推荐给他们，而作为一款软件它本身并非自媒体，也不产生任何信息。正因为如此，才为之后传统媒体讨伐今日头条的版权问题埋下了巨大的隐患。

版权问题，涉猎算法禁区

在极客公园创始人张鹏看来，张一鸣是一个纯而又纯的极客，一方面他才华横溢，另一方面又总容易涉足险境。今日头条从诞生之日起，一路经历了诸多波折与成功，当张一鸣这位极客逐渐进入高阶游戏时，他身上那种与生俱来的不管不顾的精神和对技术的纯粹追求开始给企业的发展带来了负累。

2014年对张一鸣而言，无疑是无比艰难的一年。今日头条因为版权问题一度陷入相关权力部门的调查之中，并且持续遭受业内的痛击。那段日子里，张一鸣在接受采访时曾非常疑惑地问记者："胡舒立（现任财新传媒总发行人兼总编辑）这么重视版权的女士都非常赞同今日头条的做法，都说今日头条给财新网进行引流，将用户正常回流到财新网。为什么一些门户网站甚至是今日头条的合作方和受益者却反过来骂我们？"

对于深陷泥潭的今日头条，财新网副总编辑康伟平也做出过回应，她说："财新网一直坚持维护版权，重视版权价值。但是同时我们也希望能够扩大影响，同步发展自有平台。在这个意义上，我们愿意和今日头条合作。"

是的，对于大多数今日头条的合作方和受益者来说，今日头条就像是比广告更为有效的营销方式，可以把自己的信息更为精准地发送到需要它们的用户身边去。然而，有了利益，就很难没有纠纷。

麻烦还在不断地升级。到了2014年6月23日，国家版权局管理司司长于慈珂在接受相关采访的时候，表示目前正在对今日头条就版权问题进行立案调查。商场的生态系统如此复杂，在政府、企业和用户的关系链里，在权力和财富紧密纠结的森严的等差序列当中，很显然的，这一套由张一鸣一手缔造的，意图为1亿用户提供阅读导向和决策的算法并不能给张一鸣本人提供一套可行的对策。

在张鹏眼中，张一鸣是一个具有极客和科学家混合型人格的创业者："他很重视逻辑，和人沟通时也很直接。"张鹏记得有一次在私下里与张一鸣聊天，张一鸣对他说，在这场围绕着今日头条版权问题的风暴当中，自己最为困扰的是不知道媒体的诉求究竟是什么。因为按照张一鸣的逻辑，今日头条把媒体的内容推荐给更多的人看到，对媒体而言也很有利。

这套将牛奶和蜂蜜带到他身边的算法，同时也给张一鸣带来了很多烦恼。最受传统媒体诟病的一点是，这套由张一鸣设计的推荐搜索引擎算法是以牺牲传统媒体内容版权为代价的。换而言之，这套核心算法已经悄然越界，闯入了某些传统媒体版权的禁区。

面对围攻，张一鸣并没有放弃，他开始把大量的时间花在与传统媒体的沟通上面。他亲自上门去拜访发刊批评今日头条的《新京报》社长戴自更。

当天张一鸣向戴自更提出了相应的解决版权问题的方案。他认为，今日头条的优势在于其精密的算法能够有效提高媒体新闻和广告的投放精确度，媒体可以与之采取多种形式的合作，或者今日头条通过付费的方式购买内容版权，或者采用媒体入驻今日头条进行广告分成的模式。

就像张一鸣说的："我们的目标是建立一个生态系统。苹果不仅希望软件能够合法合规地在平台上展示，还希望软件的创作者可以赚钱。我们也是一样，作为一个分发渠道，希望创作优质内容的人越来越多，而且都活得很好。"

后来有记者问他："见面前，你做了哪些准备？会不会担心，对方不理你？"

张一鸣说："做产品的时候，你不是为了打破规则而去打破，而是为了创造价值。这个过程中可能会与一些规则、人群或是组织产生冲突和摩擦。有人会想，这么多的大传媒机构在攻击你，你的处境肯定很艰难。如果你把焦点放在用户价值和产品技术可能取得突破上，你就会有信心和胆量去做这件事情。"

NO.9

奋斗才刚刚开始，80 后的我们一直在路上

——陈欧的“人生课”

于陈欧而言，人生就如同需要一路奔驰的竞技场。人生海洋，所追求的是做那艘通往梦想彼岸的梦之船的船长。蓦然回首，走过的人生之路是曲线也好，是直线也罢，只求无愧于心，无愧于曾经的热血青春。别担心，奋斗才刚刚开始！

·1·

人生需要不断越位

野心，在这样一个提倡个性的时代似乎已经成为褒义词。我们每一个人都有野心，只是有大有小，各有不同。然而这个世界上，有一批像陈欧这样的人，他们所渴望和追求的目标，他们野心和梦想的规模，都是我们难以比拟的。因为在他们的心里有一张蓝图，勾勒着一个帝国的模样。

陈欧在30多年的人生里，始终扮演着一个规则的挑战者的角色，反反复复地和外界公认的已经设定好的种种规则进行着一种近乎单挑的决斗。对他来说，唯有冲出前方已经铺好的种种轨道，才能实现人生的越位，拥抱真正的自由。

传统教育模式下的叛逆者

陈欧这种不断追求冒险和超越的性格与其童年生活有着莫大的关系。严苛的中国式家庭传统教育让心高气盛的陈欧不想依靠任何外界的力量来证明自己。

陈欧的父亲很强势，陈欧在成名后曾经开玩笑说，自己的童年几乎是在父亲的强压下度过的。回想起童年时代，身为当地副局级干部的父亲对陈欧一举一动的监视可以说是无处不在。而他与父亲的关系说得生动一点就像是“官兵”和“贼”——被逮到一次打一次。

几十年后，陈欧上高二时的英语老师漆小菊部分验证了陈欧的这些说法。当时陈欧已经确定了高中毕业后出国留学的意向，而漆老师则为他辅导英语口语。有时候她会去陈欧家进行家访，在她的印象里，陈欧的父亲经常不在家，多数时候都是陈欧的母亲负责接待她。但是即使如此，陈爸爸的影响力一直笼罩在这个家庭上空，漆老师说："有时候陈欧父亲会打电话回家，安排陈欧做些什么。"

漆小菊记得每次去陈欧家，与陈妈妈谈起陈欧时的场景，她说："你会看到一个幸福的妈妈，脸上洋溢着骄傲的笑容。"不过，这位英语老师也曾经窥见过这个传统家庭在子女教育方面极为严厉的一面。一次她去陈欧家，当时陈欧玩游戏忘了时间，陈欧的妈妈就当着漆小菊的面大声吼他。

陈欧的父亲在接受《博客天下》采访时，说自己其实是一个"披着民主外衣的典型的封建主义家长"。当时在家里，陈欧每次与父亲商量事情，虽然走过场般地经过了商量的程序，但其实陈欧父亲在这以前已经拍板了，商量也不会改变任何事情。陈欧父亲自己也承认，"我表面上民主，其实骨子里很独断。"

正是因为如此，陈欧在成年以后经历的一场又一场商场游戏，一直也没有摆脱掉童年与父亲较量时所遵循的规则，那就是努力摆脱别人的轨迹，订立自己的规则。

"狼爸"教育模式下的"出逃者"

16岁之前，陈欧的发展轨迹被父亲牢牢地掌控。为了摆脱这种心理上的不平衡，陈欧有时候会沉迷于游戏世界，但这种小小的叛逆根本无法打破父子之间力量悬殊的微妙平衡。16岁时，陈欧远赴新加坡南洋理工大学读书，总算是暂时摆脱了家中这位"狼爸"的控制。在这片新天地里，陈欧搭建了GG游戏平台。大学毕业以后，为了方便以后争取投资，陈欧又在父亲的劝说下去斯坦福大学攻读MBA。然而研究生的时间刚刚过了一半，陈欧内心那颗躁动的种子又开始蠢蠢欲动。这一次，陈欧与父亲之间爆发了有史以来最大的一次冲突。

陈欧不顾父亲的强烈反对，从美国跑回了国内，要二次创业。但是在身处官场大半辈子的父亲眼里，“万般皆下品，惟有读书高”。当时陈欧父亲将陈欧“押送”到了机场，临到安检的那一刻，陈欧还在寻找机会溜走。这场父子之间好莱坞式的拉锯战最终以陈欧父亲将陈欧押上飞机才宣告结束。陈欧父亲一直等到飞机的舱门关闭，他才放心地离开机场。在父子二人从小到大的较量当中，这是陈欧反抗得最为激烈的一次。

陈欧回到美国，半年后，一天陈欧突然打电话告诉父亲：“爸爸，你的决策是对的，在商学院里我见到了成百上千种案例，这对我以后的创业帮助很大。”

这是人生道路上陈欧最后一次遵从父亲的意愿，走在父亲为他安排的人生路上。自此，陈欧那看似柔和其实充满了韧性的性格仿佛是一根被压抑已久的弹簧，迸发出惊人的力量。

2013年的一天，钛媒体的创始人赵何娟在给陈欧做采访时发现了一个细节。那天，恰好是陈欧30岁的生日宴会。生日应该是很高兴的日子，尤其对这样一个年少得志的人来说，但不知道为什么，那天的陈欧在人群中显得有些寂寞。这位名校海归毕业，身上贴着工作狂和“永动机”标签的CEO举着一杯葡萄酒，站在徐小平身边，连连感叹，快速成名，聚美优品出乎所有人预料地提前完成了未来若干年才能完成的扩张计划，“似乎创业也就是那么一回事”。听了陈欧的话，徐小平摇了摇头，笑而不语。

两个月后，聚美优品遭遇了自创办以来最大的一次“滑铁卢”——“301”事件。当时面对这一突发事件，赵何娟再次拿出陈欧在生日宴会上说的那一席话来问陈欧，30岁究竟是一个什么样的心理感受呢？陈欧的神情有些怅然若失，他坦诚地告诉记者：“人到了30岁，突然会觉得恐惧，某一个时刻突然会觉得找不到方向，进入了惆怅的状态。但是这不是自满，不是骄傲，更不是不想奋斗。”

偶尔陈欧也会丧失目标。聚美优品上市后不久，一天晚上下班后，陈欧坐在自己的车里，突然不知道要去哪儿。“我不知道吃什么，也不知道去哪儿玩，当时觉得自己很空虚。因为如果面前再也没有一个东西可以去挑战，我就找不到动力。我就是这样一个人，需要有一个目标让我去征服，只有处于这样的状态下，我才会感受到活着的快乐。”

聚美上市后，陈欧有时候会想，如果有一天他不再当公司的CEO了，他要去干吗呢？他对记者说：“也许，我会去买一艘船，当船长，开着船去环游世界。也许，我会在一个无人的小岛上建个小村庄，要么就去火星上看看。可能这才是我比较喜欢做的事，这才是我真正的梦想 。”

记者问：“这不也是创业吗？”

陈欧笑了笑，并没有正面回答：“我是一个喜欢征服和冒险的人。”

也许正是因为陈欧骨子里就是一个冒险主义者，所以他才难以忍受世俗对他的约束和束缚。也正是这种难容于世的性格，促使他一次次去尝试，去突破，去开辟新的“疆土”。

·2·

比起赚钱，创造价值更让我快乐

2013年夏天的一个下午，陈欧在办公室接受记者采访。

夏天灼热的阳光照在他的脸上，奋斗、拼搏、渴望成功，这几个关键词好像也同时被写在了陈欧那张年轻的、意气风发的脸上。

记者问：“对你影响最大的一本书是什么？”

陈欧想了想，回答说：“《乔布斯传》很有价值。我希望能让自己变得更有价值。挣钱不代表价值。当个有钱的废人是没有价值的，当个能改变生活和社会的人，你会觉得自己的名字更有价值。”

创业者都是工作狂？

只要不是去出差了，陈欧几乎永远是公司上上下下最晚下班的那一个人。通常到了晚上10点、11点，还是能够看见他办公室的灯亮着。然而对于人们送给他的“勤奋”二字，陈欧却不以为意。2014年，陈欧参加了一个时尚杂志的颁奖典礼，在会场陈欧说出他一直藏在心里的话：“我只是不愿做一个有钱的废人。”

有一个记者曾回忆起他与陈欧的“两面之缘”。第一次见到陈欧是在聚美优品副总裁李德的办公室里，那天这位记者正在为李德做专访。这时候陈欧风风火火地从外面走了进来，他身穿一件白衬衫，袖子干净利落地挽到了手肘处。他看到记者后简单地打了个招呼，又非常简洁地和李德交代了几句，随后又马不停蹄地走去旁边一个办公室。前前后后不过5分钟的时间。

这位记者第二次见到陈欧，还是在李德的办公室里。不同的是，这次陈欧是专门过来和这位记者聊几句的。这一次，陈欧还是穿着白衬衫，衣袖还是挽得高高的。他一边说话，一边打着手势，语速飞快，让人不得不随时紧跟着他的思路。后来这位记者笑着回忆："跟他说话不能走半点神，否则一不留神，你就不知道他说到哪儿了。"这次见面的时间前后加起来也不到十分钟，但是陈欧在工作中风风火火的作风和随处可见的激情给这位记者留下了深刻的印象。

在这位记者看来，如果不是真正全身心地热爱着自己的事业并将所有的时间和精力都投入其中，是不可能达到像陈欧这样的状态的。果不其然，这位记者向聚美优品的人一打听就知道了，陈欧是公司里出了名的"工作狂"。

创业初期，陈欧常在工作中寻找激情，要是哪一天空下来了，无事可做的时候，他会觉得特别无聊。他说："以前在美国读书，生活非常充实，上午睡到自然醒，然后去上课，下午上完课有时还会约上同学打打高尔夫，晚上会去健身房运动或是和朋友一起去酒吧坐坐，聊聊天。回想起来，当时每天的生活都满满的，也很注重生活与学习上的平衡。"回国以后，陈欧开始了二次创业的征途，基本上每天早上7点左右就要起床，9点开始上班，进行各种会议，见形形色色的人。忙碌了一天，回到家中，常常已经过了午夜，只剩下睡觉的时间了。只有周末的一点点时间是属于陈欧自己的，这时候他才能抽空约朋友出来小聚一下。

在陈欧看来，要创业势必就要把生活的重心都转移到工作上去。他说：

“人生的每个阶段都是不一样的，创业的阶段对我而言，工作就是生活的全部。对我来说，创业带来的成就感远远比单纯去享受更能让我身心愉悦。”

如今，聚美优品已经在国内化妆品电商行业站稳了脚跟，成为了其中最具影响力的企业。在旁人眼里，这个什么都不缺的年轻人是个不折不扣的“工作狂”：创业伊始，他就做好了要承担所有寂寞的准备；在工作中他推崇“成就感高于一切”，他在工作和生活的不平衡之间游刃有余……也许在很多人看来，陈欧的生活缺少趣味，乏善可陈，除了工作就只剩下工作。但在陈欧看来，青春年少时的奋斗与激情都是一种生命的活力，而创业同样也不失为一种时尚的生活方式。

拼命三郎，只为创造价值

在采访时，记者问陈欧：“你这么努力，那么你的目标是什么呢？”

陈欧想了想，说：“我的目标有很多，我想让更多的人拥有更美好的生活方式。想让我周围的同事生活得更好，也想让我的消费者生活得更好。就像乔布斯，他的目标是让所有人的生活方式有所改变。你看，历史已经留下了他的名字。在这些方面，钱并没有太大的价值。”

如今，陈欧正在带领着飞速发展中的聚美优品积极开拓海外购市场。于他而言，这场没有硝烟的战争同样是为了给更多人带来更美好的生活。

2015年的2月到3月，为了联系韩国那边的供货商，陈欧飞了两次韩国。几乎每次去韩国，陈欧都会喝得不省人事。他还在微博上自嘲：“现在在韩国吃饭前得先吃解酒药，否则肯定吐成狗”，“不过，吃了解酒药，最后还是吐成了狗”。

为了让聚美优品新推出的海外购能够茁壮成长，陈欧再次展现了他“拼命三郎”的本色，这不仅体现在喝酒不含糊，还体现在与网友据理力争，为海外购保驾护航上。

一次，有一位网友在微博上质疑聚美优品开通的极速免税店的发货速度是“龟速”。陈欧对海外购的物流配送很有信心，他快人快语的个性使得他马上在微博上与这位网友辩论了起来：“你真不知道保税区备货电商速度快吗，聚美极速免税店就这个速度，看不顺眼别来黑！”

陈欧事后解释，“我这么说，是为了教育一下这位消费者。中国的跨境电商又叫作保税区备货电商。意思就是从日本来的纸尿裤要先放到郑州等地的保税区仓库，等消费者下单后，再从这里发货，这和国内发货，次日到达一样，很正常啊。”对于消费者的一些误解，这位年轻的CEO很当回事，有些着急。

对年仅32岁的陈欧而言，他相信聚美优品在美国纽交所成功上市的那一刻并不是他人生辉煌的顶峰。他想要的更多，他想带给人们的也更多。

但是对于一个创业者来说，一路上就像游戏闯关一样，灭掉了一个怪兽，又有新的怪兽扑来。现实，并不是那么如意。先是因为第三方平台供货方面的问题，导致聚美优品的股价发生剧烈震荡，之后又是一连串的质疑。本来已经萌生去意的陈欧不得不一次又一次地站出来，为聚美优品奋力一战。首先陈欧“断臂”自救，率先砍掉了以前最赚钱的第三方业务。之后他又重出江湖，靠着一条微博挽救了聚美优品10亿市价。

对陈欧来说，上市以后，聚美优品如何实现突围是最为重要的。“公司上市后最重要的就是突破，突破的切入点在哪里？我第一个想到的就是跨境电商。”陈欧说这些话的时候，没有半点犹豫，“跨境已经是大势所趋，是最能够有效帮助老百姓提高生活质量的途径。如果国家不做这件事，那老百姓就只能代购。结果就是把巨额的税收利润都留给外国人了。但跨境电商却能够把钱留在国内，也提升了老百姓的生活质量”。

跨境电商，是聚美优品上市后，陈欧面对诸多非议迈出的又一大步。在他看来，这不仅能帮助聚美优品重新定位、取得突破，也能为老百姓带来全新的购物体验，何乐而不为呢？

·3·
为梦想奋斗，不在生活中加班

作为一个把生意做到纽交所去了的年轻CEO，高调为自己代言的陈欧是很多人心中的“高富帅”、“工作狂”。但陈欧本人并不认同，他觉得自己骨子里是“屌丝”，而现在不过是“屌丝逆袭”了。

和所有的80后一样，陈欧每天身处于人声喧闹的水泥森林里。在他看来，要想一直保持头脑的高度清醒，就必须给自己留下喘息的时间和空间。就像他说的，“永远不要把生活和工作混为一谈，没有人能受得了”。

工作中，他是聚美优品雷厉风行的少年总裁，挥斥方遒，为梦想而奋斗；生活中，他是个还带点孩子气的大男孩，也有自己所热衷的各项活动。也许，这才是一个真实的、全面的陈欧。

工作与生活中的“两面派”

工作中，陈欧常常表现出极为严厉的一面，甚至有人评价他“发起脾气来几乎要掀掉房顶”。作为一个让员工咬牙切齿的完美主义者，陈欧对自己、对他人的要求都非常严苛，很难容忍错误发生。

有一次，一个刚毕业不久的小姑娘做的是HR。陈欧让她打电话通知一位工程师来面试。结果这个初出茅庐的小姑娘对业务还不熟悉，打错了电话，把另一位应聘销售岗位的求职者叫来了。陈欧发现小姑娘捅了篓子，马上径直跑去了人力资源部，把一大叠材料扔在了她的桌子上，大声说道："做事之前为什么不先过过脑子，出了事你能承担得起责任吗？"刚毕业的小姑娘哪见过这个阵势，眼眶马上就红了。陈欧也发觉自己有点过火，平复了下情绪，又说道："还不快通知那位工程师赶过来，以后要认真点。"

然而作为"两面派"的陈欧，严厉只是他性格的一个侧面，他也有着非常孩子气的一面。只是他的这一面可能只有在生活中密切交往的少数几个朋友才能感受到。生活中的他，是风趣而幽默的。陈欧的同事刘惠璞这样评价他，"他是个奇葩，超级两面派。生活中，他给人的感觉是只有18岁，爱跟身边的人开玩笑，永远是最爱找乐子的人，把每一个人都照顾得很好。但是一到了工作中，他马上就变成了58岁的状态。"

陈欧是聚美优品出了名的加班狂，他办公室的灯经常是整栋楼最后一个熄灭的。但是陈欧自己也说，除了创业初期以外，基本上从办公室回到家中，他就会让自己完全从工作中抽离出来。打打游戏，看看电影，约上几个好友出去喝酒聊天……陈欧的日常生活和大多数80后年轻人没有太大的区别。

成就感：生活的激情

陈欧是一个彻头彻尾的完美主义者，他有着强烈的成就感意识。这种成就感意识在创业中发挥了关键的作用，成就了他事业上不断奋进的野心和进取心。事实上，在生活中陈欧也非常追求成就感，对他而言，成就感是生活中不可或缺的调剂品。唯有源源不断的成就感，才能让这个80后的年轻CEO感觉到自己真实地活着。

少年时代的陈欧就很爱幻想，他常常想象有一天自己可以像鲁滨逊那样去漂流，有一艘很大很大的船，做一个船长，带着很多人去实现环游世界的梦想。然后，在漫无边际的大海上随机地停靠在一座小岛上，在小岛上做一个长长的美梦。后来，他开始创业，聚美优品在他手下越做越大，他又开始想象，有那么一天公司已经做得足够大，科技也足够发达，到那时候他要坐上宇宙飞船去太空里看一看，甚至去外星球待上一阵子。陈欧觉得自己骨子里是一个“理想主义和冒险主义者”，他总是喜欢天马行空地想象着未来的种种，“我更想去一些没有人去过的地方，那样会比较刺激，等到公司做到了，我就可以放心地去了。”

正因为陈欧对成就感有着一种近乎偏执的追求，所以除了在工作中获取成就感之外，另一件能让他实实在在地享受成就感的事情就是滑雪。陈欧对于滑雪非常热爱，甚至到了痴迷的地步，“有时候周末没什么事，我就会开4个小时的车去河北，在那边痛痛快快地滑上两天的雪，到了周日晚上再开车回来”。

其实当年在美国斯坦福大学攻读硕士学位时，陈欧就已经迷上了滑雪这项运动。每次到了假期，陈欧就会约上同学和朋友，一起结伴去滑雪。记得有一次，陈欧先把车停在一个地方，然后再换乘大巴去滑雪场。那天陈欧玩得非常尽兴，结果下山后他才发现在滑雪过程中不小心把车钥匙给弄丢了。更倒霉的是，当时已经到了深夜，手机用了一整天马上就要没电了。无奈之下，陈欧只能顶着寒风，去附近的一个公用电话亭给朋友打电话求救。接着又在寒风中等了快两个小时，才等到了赶来给他送备用钥匙的朋友。

在陈欧心中，滑雪之所以迷人，其实和创业一样，就是能一次又一次给他带来坐过山车般惊险又刺激的快感。尽管陈欧有好几次为了滑雪付出了不小的代价，但他对于滑雪的热情一点都没降温。还有一次，陈欧和朋友在一个很陡的雪坡上练习滑雪。那位朋友在大陡坡前怯场了，不敢径直滑下去，于是陈欧帮他把雪板拆掉。哪知道拆的时候一不小心，雪板从手中滑落，飞到了树林当中，怎么找也找不到了。没有办法，陈欧和朋友只能徒步走下山去。这段路程本来只需要几分钟就可以滑完，结果却走了整整两个小时。当时正值寒冬，气温在零下三十多度。当他们一行人终于坐上回城的大巴时，感觉整个人都已经冻僵了。

正如他所说："我希望我做的事情对我有帮助，旅游也是一样的。比如说我如果有七天的假期，也许我会找个滑雪场待上整整七天。这样一来，假期结束了，我滑雪的技术又会上到一个新的台阶。那么，这七天的时间就没有浪费。即使回来的时候，我已经摔得遍体鳞伤，我也毫不在意，因为那种成就感是别的任何东西都不能替代的。"

和许多80后一样，陈欧每天都过着快节奏的生活。在他看来，生活和工作都是人生的一部分，而唯有你自己才是人生真正的主宰者。所以，你要学会控制工作和生活，而不是让它们来控制你。

·4·

人生仅有一个标签未免太无趣

知乎红人陈素封说过："过一个平凡无趣的人生实在太容易了，你可以不读书，不冒险，不运动，不写作，不外出，不折腾……但是，人生最后悔的事情就是：我本可以。”这句话，在一定程度上反映了许多80后的心声。

在陈欧看来，人的一生就好比一本已经预先设定好了厚度的无字书，而每个人这一生的任务就是你如何书写属于自己的那本“书”。一本“人生书”里的故事要好看、要有趣，就必须要多几个标签。

黄色性格的领导者

中科院应用学硕士、心理咨询师闫明曾经根据色彩心理学分析过陈欧，认为他是典型的“黄色性格”。黄色性格的人是天生的领导者，如同古时候带兵打仗的将领，战场厮杀是他们活着的意义。只有不断获取成功，不断得到成就感，才能让他们的人生价值得以实现。

作为“黄色性格”典型代表的陈欧有这样一些特质：不达目的，誓不罢休；工作中永远追求极致的速度和效率；把人生视为一场竞赛，而终点永远在前方；有强烈的求胜意识；不易气馁，不易妥协，尊重自己的内心，不在乎外界的评价，永远坚持自己所选择的方向和道路，勇往直前。作为聚美优品的创始人，陈欧就是这样一位集合了几乎所有黄色典型性格的领导者。

作为聚美优品的CEO，陈欧时常被人问起：“作为一名男士，为什么要选择做化妆品网站呢？”他总会笑着回答：“因为我做事情不喜欢按照常理出牌。”

这是典型的陈欧式回答，这也是陈欧处理事情一贯的风格。对于黄色性格的人来说，他们最害怕的不是遇到问题，而是怕生活静如止水，没有任何问题让他们去挑战。不按常理出牌，是“黄色性格”的人处理问题的典型特质，他们也往往能找到出乎所有人意料的解决问题的办法。比如说，陈欧亲自出马为聚美优品代言，娱乐营销和内容营销双管齐下，这也是一次不按常理出牌而圆满解决问题的成功案例。商场如战场，“黄色性格”可以说是与生俱来的竞争者，在激烈的竞争环境中有着很大的先天优势，非常适合创业。

陈欧常常这样描述自己："我非常强势，你可以选择理性的方式来试图说服我，但我也同样会用强势的理性方式来说服你。"强势、执着、不易妥协、不达目的誓不罢休，这些都是"黄色性格"的人内在的强大驱动力所在。这样的驱动力往往让他们在事业中成为他人强有力的可怕的竞争对手，在商场中成为最出类拔萃的创业者。创业是工作中比较特殊的一种，永远需要做好面对各种苦难和问题的准备，而且周围的人经常很难理解你。如果换一种更为柔弱、温和的性格，面对高压时则往往容易崩溃。而作为"黄色性格"，经常是愈挫愈勇，"黄色性格"中的强势和执着会在恶劣的竞争环境中得到淋漓尽致的发挥。

陈欧的合伙人戴雨森评价他说："他的抗压能力早就超越了同龄人，而且这种能力不是体现在遇事的时候从容不迫，而是面对种种责骂和质疑，他能迅速地消化掉这种负面情绪，不容易受到干扰。就好像去参加高考，陈欧不会因为中途有一道题做不出来，就影响后面的发挥。"在陈欧看来，人生就是一场竞赛，还没有到达终点怎么能轻言放弃呢？

正如陈欧所说："要是在古代，我一定是个带兵打仗的人，在真实生活中，创业的豪气、匪气令我着迷。现在，我的英雄主义情结一点没变，我还想做到更极致。"

我不是富二代，我是创一代

陈欧办公室靠窗的位置摆了一个鱼缸，里面养了一只小小的鲨鱼。陈欧没有为它布置任何水草或是细砂，这条鲨鱼就这么孤零零地在鱼缸狭小的空间里游来游去。可以说，当今中国的互联网市场环境就像是这个鱼缸。生于1983年的陈欧，在自己刚离开校园时，就带着一帮孩子，凭借着

1300万美元的融资冲破重重束缚，在四年的时间里成为纽交所的上市公司。

2015年5月16日，聚美优品刚刚上市，陈欧就马不停蹄地赶了回来。很多公司在上市之后，公司高管都要出去玩一圈。但是聚美优品上市以后，几个高管马上就坐经济舱从纽约赶回来工作。对于陈欧来说，聚美优品上市只是一个起点，而他肩上的担子又重了许多。在回来后的首次采访中，陈欧对《外滩画报》的记者说："今天刚开了一个业绩会，上市之前你不需要每个季度都达标，上市后就需要了。"陈欧觉得自己的压力很大，"上市对于一个公司的正规化是全新的挑战，这也意味着知名度、透明度和适应度都需要上到一个新的台阶"。

在接受采访时，陈欧保持着一贯飞快的语速，坐在沙发上扭来扭去，坐累了就干脆站起来接着说。因为年轻、高调，陈欧被人们贴上了许多标签，他有点无奈地说："昨天被打得很惨，有人说我是富二代。"陈欧叹口气，说自己没忍住在微博上回击了。对于这个白手起家的年轻创业者来说，他最不希望被贴在身上的标签可能就是"富二代"和"官二代"，因为在他看来这是对他之前种种付出的全盘否定。

陈欧自己也说过："我不是富二代，我是创一代，因为我是自己创业。我年轻，但是说实话，我从一开始所有的资金都是白手起家。从16岁开始，我没有花过家里一分钱。所谓创一代，就是你是否是利用家里的资源，或者朋友的资源做起来的，我们是很职业的创业者。我们通过自己的努力和奋斗去获得这一切，而不是说因为家里给你一块地皮你就成功了，或者家里给你投了一千万两千万，我们所有资金都是靠自己争取的。就像我说的，我从16岁开始，没有花过家里一分钱。"

·5·

希斯特罗姆跟我谈人生：我不是循规蹈矩的人

凯文·希斯特罗姆是风靡全球的图片共享网站Instagram的联合创始人兼首席执行官。2012年4月，希斯特罗姆以接近10亿美元的天价将公司卖给了Facebook。

作为Instagram的创始人，在希斯特罗姆眼中Instagram不仅只是一款用来分享照片、分享生活的图片软件，更是一种美的创造。而作为这项与“美”有关的事业的发起人，希斯特罗姆认为要想让产品长期具有生命力和灵魂，那它的设计者必须是一个有趣的、不循规蹈矩的人。

将Instagram以高价卖给Facebook以后，希斯特罗姆这个年轻的创业者并没有离开在他细心呵护下成长起来的公司。早在与扎克伯格达成协议时，希斯特罗姆就让他未来的老板承诺了，将来为Instagram创造更为光明的前景。

我不是循规蹈矩的人

硅谷科技园里快节奏的生活就像黑白胶卷一样，总少了一些趣味和鲜活的颜色。“我绝不要做一个无趣的人”，这是希斯特罗姆从创业第一天开始就秉持的想法。他的一天，无论是工作日还是休息日，都是从亲近自然、发现自然之美开始的。

希斯特罗姆是个做事很有计划的人。每天清晨，他都会去公寓附近的公园里跑步，有时候会去遛狗。清晨时，空气很好，人也很少，初升的太阳将阳光洒满大地，连光线都显得格外鲜活微妙。每次跑到中途，希斯特罗姆兴致来了就会掏出手机来，“咔咔咔”地对着那些变幻莫测的光影按几下快门，然后将照片上传。分享生活、分享美的一天就这样愉快地开始了。

跑完步，希斯特罗姆会去临街的咖啡馆喝上一杯Espresso咖啡，顺便吃一个甜甜圈或是三明治。他总喜欢坐在咖啡馆靠窗的固定位置，宽大的玻璃窗让视野很开阔，很容易就可以看着窗外的人流和车流，陷入自己的遐想当中。与很多美国人爱在早餐时读报的习惯不同，希斯特罗姆早餐时要么发呆，观察街道上形形色色的人和事物，要么拿着手机浏览Instagram上好玩的图片。在他看来，生活和工作并不需要完全隔离，不妨在生活中做一个细心的观察者，在工作中去完善你的产品。

让很多人奇怪的是，希斯特罗姆这个80后的年轻人经常步行上班。当别人匆匆忙忙赶到办公室时，他经常已经气定神闲地坐在那儿了。每天早晨，坐在办公桌前，希斯特罗姆会先把这一天中最重要、最为迫切的3件事情一一列出来。如果走运的话，当天他就能把这3件事情都完成。就像他说的，“不管怎么说，这种做法能让我保持正确的前进方向。”在公司总部结束一天的忙碌工作以后，他会为本周剩下来的时间制定详细的日程安排。在他看来，“这样做可以最高效地利用时间，当然，还得努力克制自己，别反复去查邮件。”

2012年12月，希斯特罗姆在接受《The Verge》采访时被问及：“你有照相机吗？如果有的话，它是什么样子的？你喜欢用哪种镜头和胶卷呢？什么时候你会想起来要用它？”

这个一直在和图片、摄影打交道的年轻人听完后笑了：“没错，我有一台佳能20D，但我已经不记得上次用它是什么时候了。自从买了iPhone4

以后，我就迷上了用手机来拍照。你知道的，手机拍照有一些限制条件，你得更加细致、更加认真地观察周遭的世界。这样，你会成为一名更出色、更细腻的摄影师。”

无论是在生活还是工作中，希斯特罗姆都努力让自己活得更有趣一些。因为作为产品的设计师和创始人，你越有趣，产品就越有灵魂。

艺术情调不可少

可能很少有人知道，Instagram这位年轻的CEO还是一位资深的音乐发烧友。大学时代，希斯特罗姆就是学校音乐社团的活跃分子，“音乐，让我觉得更加真实地活着”。创业以后，他要经常带着产品团队以及工程师和设计师满世界地跑，日程上从早到晚都是各种会议，可以让他静静坐着听音乐的时间自然而然就少了。然而只要情况允许，他还是非常乐意听音乐，并且非常享受那种沉浸在音乐氛围中的难得的休闲时光。他把大部分的时间都花在了在Spotify上收听好友收藏的歌曲上面，有时候还会通过Pitchfork或者KCRW等应用去找一些新艺人的歌曲来听。“我喜欢听好友分享的歌曲，因为大家品味类似，很容易就从里面找到让你惊艳的歌曲。也许，这也是分享的魅力所在。”

每天在Instagram上欣赏用户分享的照片也是希斯特罗姆的必修课，对他而言，这既是工作，又是业余爱好。在Instagram上，他关注了很多优秀的摄影师，他说：“colerise总是让我产生出去旅游和饱览大千世界的冲动。退休以后，我也许会去环游世界，然后天天在Instagram上分享照片，享受自由自在的生活。Tartinebaker分享的美食照片让我口水直流，要知道，美食和美景一样，都有致命的诱惑力。Moneal的照片总是能将非常微妙的光影关系处理得非常到位，这让我想成为一名更优秀的摄影师，把美带给更多的人。”

让每张照片都独一无二

经常有人问希斯特罗姆："Instagram平台上你最喜欢的照片是哪一张？"

他总会笑着回答："每张照片都是独一无二的，我最喜欢的可不止一张啊。就算是同一张照片，也经常能看出不一样的东西来。"

其实，照片共享已经成为人们的一种生活方式，是讲述日常生活故事的一个重要元素。现在很多知名刊物，比如说《纽约时报》等都已经接受了Instagram，并且用它作为记录总统大选等重大事件的工具。甚至还有报刊利用Instagram报道了桑迪飓风这种实时发生的事件。在接受采访时，记者问希斯特罗姆："Instagram过滤后的照片是否适合出版呢？"

在希斯特罗姆看来，"我不确定照片被过滤的话会不会受到影响。但是，世界上有很多最珍贵的照片都是拍摄在黑白胶卷上的。我不敢说，Instagram就是这个世界上记录重要时刻的最佳工具，但是很多摄影师总是选择在Instagram上发表他们的摄影作品。其实照片没有对错或好坏之分，只要它是美的，是独特的。"

·6·

扎克伯格当我的"人生导师"：我只是做了喜欢的事

刚过而立之年的马克·扎克伯格最爱穿休闲T恤、牛仔裤和球鞋，一头棕色的卷发，再加上一咧嘴笑就露出来的一对虎牙，让天生娃娃脸的他更加显得稚气未脱。而他，早已经用自己的方式改变了全世界人们的交友方式。

很多人喜欢把扎克伯格称为“盖茨第二”，但他本人却并不认同。虽然他们都痴迷于电脑，都在19岁开始创业，都曾就读于哈佛大学并选择辍学创业，但在扎克伯格看来，成功没有任何可复制性，“成功有时只是一个意外，而我只是做了自己喜欢做的事情。”

陈欧也好，扎克伯格也好，作为80后创业团体的一员，他们都是这个时代践行自己理想的先驱者。在他们看来，其实创业最具吸引力的部分就在于可以去做自己喜欢的事情，并且从中实现自己的价值。

做喜欢的事，要专注

2013年的一天，扎克伯格做了一件很大手笔的事情，他一口气把自己家附近的三栋住宅都买下来了。你可以说他有钱任性，但他这么做的根本目的并非为了显摆，而是为了追求一个高标准的简洁的生活环境，努力消除住所周围环境对他的干扰。

在他家中有一间宽敞明亮的书房是他专门为自己办公和思考准备的。整间屋子里除了一个大大的书桌和一把舒服的椅子之外，几乎别无他物。对扎克伯格来说，极简的办公环境才能让思维碰撞出更多火花。就像他说的，“我很热爱我的工作，我有时候能在这里连续坐上好几个小时。你别看我一动不动，可我的大脑在高速运转着。Facebook很多新创意都诞生在这里。”可见，这些科技界的怪才们对于办公环境都有自己特殊的要求，那个环境一定是让他们舒适的，可以全身心地投入到思考当中去的。

扎克伯格家住在在加利福尼亚州的门罗帕克市，每天早晨扎克伯格要么骑自行车上班，要么干脆走路。他的住所离Facebook的总部很近，只隔着几个街区，走路也只用花20分钟左右的时间。如此快捷轻便的交通让他经常能够在办公室待上15个小时。所以，他经常是整个Facebook最晚离开的人。

在很多人眼中，这个硅谷的创业神童永远穿着灰色T恤或者卫衣，加上一条宽松的牛仔裤，他穿着西装出席正式场合的次数屈指可数。哪怕是当时为Facebook上市做准备的路演，扎克伯格仍旧我行我素，保持了他一贯低调休闲的着装风格。美国杂志《时尚先生》将扎克伯格评选为2010年最差的着装人物之一。面对大家一直以来的好奇，2014年11月6日，扎克伯格在出席一次记者问答会上终于向大家揭开了谜团。他说："我对时尚不感兴趣，只想让自己的生活变得尽可能简单，不用为做太多决定而费神。"在扎克伯格看来，每天早上从睡梦中醒过来，就能帮助世界各地超过十亿以上的用户进行信息之间的沟通是一件很幸运也很有意义的事情。如果把时间和精力浪费在一些轻率而愚蠢的事情上，他会觉得自己辜负了时间、辜负了信任自己的用户。

像扎克伯格一样晒书桌

人们常常觉得长着一张娃娃脸，酷爱休闲风格穿衣打扮的扎克伯格是标准的"技术宅"。然而事实并非如此，能够在风起云涌的硅谷生存下来，扎克伯格显然有其过人之处。在他看来，在硅谷做自己喜欢做的事，除了要把手头的事情做好，还要想办法让大家和你一样喜欢上你所做的事情。这时候，你如何传递相应的信号就成为非常重要的事情了。

围绕着马克·扎克伯格这位Facebook的创始人兼CEO，人们心中总是有着这样那样的问题：这个小伙子平时很酷吗？他是不是个难以亲近的工作狂？他每天工作几个小时？听说Facebook办公大楼里没有单独的办公室，大家的地盘都一样，是真的吗？扎克伯格也和大家混在一块儿吗？他究竟是个什么样性格的人呢？

据Facebook纽约分部的一位工程师说："事实上，扎克伯格并不是一个很难打交道的工作狂，他私底下和所有年轻人一样，爱开玩笑，喜欢自己折腾技术类的东西。不过，他的家就在公司附近，所以他待在办公室的时间比我们其他人都长。他非常聪明，喜欢为Facebook构建新事物，为Facebook注入灵魂。他是很好的工作伙伴，也是很优秀的领导。”

聪明如扎克伯格，甚至可以一句话都不说，就利用桌子为自己代言。不论是公司上市的重要时刻，还是有重要人物到访公司，凭借简简单单一张办公桌，扎克伯格就会精确地传情达意。

2012年Facebook上市前夕，扎克伯格在网上亲自发布了一张自己办公桌的图片。图片上，办公桌上摆着一台苹果电脑Macbook Pro、一瓶佳得乐和一份外卖。苹果电脑旁边贴着一张海报，上面写着“Stay Focused;Keep Shipping”，意思是“专心致志，继续服务”。为了引人注意，扎克伯格还特意在电脑上显示出了他在Facebook上的个人主页，但是该页面的顶部空出来了一大片空白区域，看上去就像是一个巨大的搜索栏。虽然只是一张简单的办公桌照片，但扎克伯格却传递出了大量的信息：Facebook正努力在和Google较着劲儿，而且未来可能打算在搜索引擎市场中大干一番。在上市前夕的微妙时刻，这张简单的照片自然引起了很多人的关注。

这张晒办公桌的照片在发布当天就获得了7万多个“赞”和6000多次“转发”。当然，这些数字对于拥有1130万粉丝的扎克伯格来说并非难事。

《纽约时报》的某位作家在看过扎克伯格这张晒桌照片以后，也评价道：“不管出于何种意图，扎克伯格是想通过这张照片传递信息，告诉大家他不会被Facebook即将上市后获得数十亿美元的胜利冲昏头脑。”

喜欢，进而追求完美

在扎克伯格看来，做一件事情要想取得成功，首先必须对它抱有超常的热爱。作为Facebook的创始人，扎克伯格和乔布斯一样，是非常典型的完美主义者，他非常关注细节问题。

Facebook成立初期，为了找出系统编程中的漏洞，扎克伯格经常在电脑面前一动不动地坐上好几个小时。有时候到了深夜，他如果还没有完成自己的预期工作，就会继续加班。虽然私底下，扎克伯格非常好说话，但工作中却是非常苛刻的老板。这位少年成名的年轻总裁在公司的脾气有时候非常火爆，当他对某些员工的工作表现不满意时，做出来的某些反应常令人跌破眼镜。比如有一次，一名工程师所演示的产品完全不符合扎克伯格所要求的水准，他竟然在愤怒之下将杯子中的水泼在了这名工程师的电脑上。更有甚者，他还曾经拿着一把去日本旅游时带回来的武士刀，走到一些表现不够好的员工面前，开玩笑地说如果有谁把网站搞砸了，就砍掉他的脑袋。虽然最终没有任何人真的受到伤害，但这种总裁作风一方面体现了这位年轻总裁随性而不成熟的一面，一方面也反映了他在追求自己热爱的事情上的执着精神。

所以，如果有谁想和扎克伯格一起共事，一起做喜欢的事情，一定要先想想自己是否有足够强大的内心。

·7·

茅侃侃教我的生活哲学：像恋爱一样去工作

茅侃侃是中国80后创业团体中独树一帜的一朵“奇葩”。作为一个早早离开了校园，在社会中打拼的年轻创业者，茅侃侃的阅历远比其他在“温室”中成长起来的80后同龄人要成熟。即使如此，他仍旧保持了一颗小男孩的童心。在他看来，每一次的创业就如同谈一场恋爱，刚刚开始总是轰轰烈烈，不计后果，但随之而来就会遇到各种意想不到的苦难和压力。这时候，要学会保持一颗平常心，在西天取经的路上磨砺自己。

创业如恋爱，大不了从头再来

茅侃侃的一句座右铭是：“当梦想照进现实，神马都是浮云。”在他看来，什么时候能如梦初醒，对自己的事业抱有对女生、对恋爱那么大的热情时，也就是创业者开始上道的时候了。创业的道路上，陷阱与机会永远并存，如果你不去试一试可能永远不知道摆在你面前的潘多拉盒子里装的究竟是什么东西。就像开始一场恋爱的时候，总需要一些奋不顾身的勇气和执着，才有可能与所爱之人携手共老。否则如果一开始就瞻前顾后，恋情往往会夭折在开始之前。

刚刚步入社会时，茅侃侃的第一份工作是和两位认识的伙伴共同成立一家公司，名为“北京联成互动企业顾问管理有限公司”。这是一家专门处理公共关系的公司。就在2002年的冬天，茅侃侃人生中创办的第一家公司画上了句号。这家公司结束运营的根本原因并非外界传闻的公司资金周转不灵，更不是公司合伙人关系破裂。真实的原因其实非常简单，在一次陪同客户的采访当中，茅侃侃结识了当时市科委软件中心的一位主任。

当时19岁的茅侃侃非常活泼阳光，别人提一个问题，他就会侃侃而谈，兴致勃勃地答上一大堆。他对公共关系领域充满了激情，而且人很聪明，对长辈又尊重，很快就赢得了市科委这位姜主任的青睐，并向他抛出了橄榄枝，问他是否愿意去市科委的软件产业促进中心试一试。

茅侃侃一想，这是个很不错的机会，可以好好锻炼一下，而且将来说不定能有更大的发展空间。当时在北京软件产业发展得如火如荼，市科委软件产业促进中心将成立一个对外宣传和公共关系相结合的部门列入了计划，而茅侃侃将成为这个部门里的第一个员工。

这一次从头再来，并非传统意义上的彻底离开，然后重新开始，而是有一个更高的平台摆在了茅侃侃面前，面对这个机遇，很少有人能拒绝。19岁的茅侃侃果断地离开了“联成互动”，选择从头再来。

创业有时候就像谈恋爱，很少有人能与初恋对象成功走入婚姻殿堂，也很少有人第一次创业就能干上一辈子。茅侃侃也是一样，他再次选择从头开始，离开一手创建的“时代美兆”，开始了新的“健康管理”行业。所谓“健康管理”行业指的是茅侃侃和他的合伙人致力于将LBS+移动互联网应用与“健康管理和医疗管理”行业相结合，同时还开辟了一个新的副业，那就是码字写书。

创业如恋爱，要合理释放压力

恋爱说起来是件美得不得了的事情，其实在谈恋爱中的享受和压力是并存的。一方面你享受了爱情带来的甜蜜和幸福，另一方面你也承受着可能失去某段恋情的未知压力。创业亦是如此。面对压力，所有人都需要选择一个好的释放渠道。对于创业者来说，释放压力的渠道并不好找。不固定的时间里经常会发生某些突发事件。在茅侃侃看来，只要找到了合理释放压力的渠道，就能轻松化压力为动力，从而推动事业的发展。

茅式排压法第一招：看电影。

工作之余的空闲时间，如果一个人宅在家中，茅侃侃就会选择看看电影，以排遣压力。在茅侃侃看来，看电影“不但有助于释放压力，还有助于你安静地思考，不少影片还有助于提高你的抗压能力，秒杀一切半路杀出来的临时状况和那些小鬼小神”。了解茅侃侃的人都知道，他看电影比较“重口味”，尤其偏爱那些恐怖的、带有某种心理上的恐惧暗示的电影。电影是另一种了解社会、了解人性阴暗面的有效渠道。作为一个创业者，当你看多了电影中种种可怕的桥段，当你逐渐习惯了电影中描述的可怕，并且开始适应并分析这些可怕产生的根源的时候，在发泄压力的道路上就已经成功迈出了第一步。当然，其实好的排遣压力的影片不仅有那些重口味的电影，一些或搞笑或感人的影片更适合随时随地用来舒缓神经、释放压力。作为一个创业者，要记得随时在身边准备几张DVD。

茅式排压法第二招：K歌。

在大都市里遍地可见那种24小时营业的量贩式KTV。这可以说是所有排压方式中最管用的一招了，而且随时随地就可以采用。认识茅侃侃的人都知道，他是个夜猫子，是京城各大夜店和KTV的常客。就像他说的：“K歌是一种最直接的发泄，无论从精神还是体力上，同时加速了你身体机能的新陈代谢，能够帮助你通过自身血液循环把那些暂时的压力释放掉，放空后回家好好睡上一觉。”

茅式排压法第三招：发呆。

创业初期，茅侃侃有一段时间也经常失眠，每天想的都是工作的事情，结果睡觉前大脑还处在高度的紧张和兴奋当中。后来茅侃侃养成了一个习惯，如果某段时间工作上压力很大，那么睡觉前他就会发会儿呆。时间不用很长，十几二十分钟就足够了，让疲惫工作了一天的大脑处于放松状态。根据相关研究数据，能将这第三招运用得出神入化的人，往往智商也很高。

说到底发呆就是一种自我催眠。发呆的最高境界就是放空脑子，对自己是一种有助于思考的放空式催眠。那么茅侃侃是如何将发呆这一招用得恰到好处的呢？通常他会准备一杯温开水，喝上一口，慢慢地咽下去。有时候还会点上一根香烟，盯着空白的墙壁或者电脑屏幕，直勾勾地盯着，思考某一件当前最为棘手的事情。发呆的关键在于，所想的事情必须是按照自己的思路往好的方向发展。茅侃侃常常坐着，按照这个思路想下去，发挥所有的想象力，全神贯注地往好了想。想着想着，他眼前的不再是电脑屏幕或是墙壁，而是他所想象的正在发展中的事情，历历在目地浮现在他眼前，而他本人仿佛身在其中。这个时候他会继续发呆，直到事情的发展让自己满意为止，直到自己“嘿嘿嘿”地笑出声来。好了，这时候就大功告成了！他会再喝一口温水，长长地舒一口气，顿时觉得浑身舒坦，压力也缓解了很多。

其实最后一招发呆，说白了就是一种有效而积极的心理暗示的方法。但是也要注意适度，不要中毒太深，以免养成做白日梦的习惯。

工作就如同恋爱，随时随地要准备着面对各种各样的突发状况。面对压力，只有让自己彻底放松下来，整理好自己的心情，继续面对未来存在着的各种压力和苦难。只有正视困难，摆正心态，才能成为一名合格的创业者。

后记

“我激励大家找到一件愿意为之赌上青春的事情，找到一个愿意为之赌上青春的人。如果没有了加油，现在还来得及；如果再不加油，再过几年你只能纪念你逝去的青春。”

16岁远渡重洋，留学新加坡南洋理工大学；26岁获得斯坦福大学商学院硕士学位，没有留恋国外高薪的工作，而是回国创办了当前中国最炙手可热的化妆品网上特卖平台；为青春喝彩、为自己代言，励志的“陈欧体”一夜之间蹿红；年销售额突破10亿；2014年5月16日，聚美优品正式在美国纽交所挂牌上市，市值高达35亿美元，年轻的80后CEO陈欧成为纽交所220余年历史上最年轻的上市公司CEO……回首往昔峥嵘岁月，陈欧的创业之路看起来似乎很顺利，事实上风光背后有着太多太多的辛勤和汗水。

阳光、有激情、有朝气、充满正能量，这是陈欧在众人心中留下的标签，同时也是他希望传递给所有80后的信息。就像他说的，“为了希望，不管怎么样，大家都要保持乐观的心态，努力奋斗，千万不要被生活压力打倒了”。

陈欧的创业理想萌芽于大学本科阶段，大三、大四时，当同学们都忙着到处找工作时，陈欧却不想再继续那种按部就班的生活。大学四年级时，他靠着一台笔记本电脑创造了风靡一时的在线游戏平台GG，同时也获得了人生的第一桶金。

至于之后回国创业的动力，则与陈欧在斯坦福大学深造的那段经历密不可分。陈欧曾跟记者说："在斯坦福读书时，我们商学院都崇尚这样一句话：Change lives, change organization, change the world，也就是改变生活，改变组织，改变世界。"这一理念深深地影响了陈欧，也成为他之后回国创业的原动力。

无疑，聚美优品在很大程度上改变了人们的生活，为人们注入了正能量。陈欧认为，当前中国的创业环境为年轻人提供了更多机遇，但是要想取得成功仍旧困难重重。陈欧总结，要想创业成功，创业者本人必须具备"三力"："第一是魄力，创业必须承担风险，所以创业者必须要有勇气、要果断，很多时候要狠下心来，为他人之不敢为。第二是判断力，如果说一家年轻的企业是漂浮在浩瀚海洋上的一艘船，那创业者无疑是这艘船上的船长，很多时候必须要为企业的发展方向做出判断，避免犯下致命的错误。就像我刚回国创业时选择了游戏行业，几次碰壁以后转向了化妆品电商行业，这就是找到对了方向。最后是领导力，也是身为创业者所必须具备的最重要的素质。作为公司创始人，你必须是整个企业的轴心，要将很多人聚集起来，将资源整合在一起。如果没有领导力，公司团队就建设不起来，公司就是一盘散沙。一家没有凝聚力的公司，最终的结局必然是失败。"

创业路上，陈欧一路且行且歌，虽然经历了重重困难，且前行路上仍有许多未知的挑战在等待着他，但这位年轻的80后创业新贵仍旧保持着一颗少年般阳光灿烂的心。就如陈欧所说："挫折不叫失败，它只是创业路上遇到的小插曲，是你路上的小石子，你可以把它踢开，也可以跨过去，只要不被绊倒就好。"

图书在版编目（CIP）数据

成功绝非偶然：陈欧的人生哲学与创业经验 / 杨欢著 .—北京：时事出版社，2016.3

ISBN 978-7-80232-943-0

Ⅰ . ①成…　Ⅱ . ①杨…　Ⅲ . ①陈欧 – 生平事迹
Ⅳ . ① K825.38

中国版本图书馆 CIP 数据核字（2015）第 320440 号

出 版 发 行：时事出版社
地　　　址：北京市海淀区万寿寺甲 2 号
邮　　　编：100081
发 行 热 线：（010）88547590　88547591
读者服务部：（010）88547595
传　　　真：（010）88547592
电 子 邮 箱：shishichubanshe@sina.com
网　　　址：www.shishishe.com
印　　　刷：北京建泰印刷有限公司

开本：787 × 1092　1/16　印张：21　字数：250 千字
2016 年 3 月第 1 版　2016 年 3 月第 1 次印刷
定价：35.00 元